A SHORT HISTORY OF
ENGLAND

英格兰简史
从公元410年到21世纪的帝国兴衰

The Complete Story of
Our Nation in A Single Volume

[英] 西蒙·詹金斯 著

钱峰 译

化学工业出版社
悦读名品出版公司

图书在版编目（CIP）数据

英格兰简史/［英］西蒙·詹金斯（Simon Jenkins）著；钱峰译.—北京：化学工业出版社，2016.9（2017.5重印）
书名原文：A Short History of England
ISBN 978-7-122-27677-3

Ⅰ.①英⋯　Ⅱ.①西⋯　②钱⋯　Ⅲ.①英格兰-历史-通俗读物
Ⅳ.①K561.0

中国版本图书馆CIP数据核字（2016）第171724号

For the Work currently entitled A Short History of England
Copyright © Simon Jenkins, 2011, 2012
Simplified Chinese edition copyright © 2016 ERC Media (Beijing), Inc.
All rights reserved.
本书中文简体字版由 Simon Jenkins 授权化学工业出版社独家出版发行。
未经许可，不得以任何方式复制或抄袭本书的任何部分，违者必究。

北京市版权局著作权合同登记号：01-2016-4277

责任编辑：王冬军　裴　蕾　　　装帧设计：水玉银文化
责任校对：陈　静

出版发行：化学工业出版社（北京市东城区青年湖南街13号　邮政编码100011）
印　　装：北京市雅迪彩色印刷有限公司
710mm×1000mm　1/16　印张23　字数335千字
2017年5月北京第1版第4次印刷

购书咨询：010-64518888（传真：010-64519686）售后服务：010-64518899
网　　址：http://www.cip.com.cn
凡购买本书，如有缺损质量问题，本社销售中心负责调换。

定　　价：98.00元　　　　　　　　　　　　　　　版权所有　违者必究

专家媒体 | 推荐

杰里米·帕克斯曼（Jeremy Paxman）
英国《新闻之夜》著名主持人，记者，作家

詹金斯是不列颠最活跃的评论家之一，他的作品值得反复阅读，每次阅读都会令你获得愉悦并沉思。《英格兰简史》——一部如此经典的智慧之作。

马克斯·黑斯廷斯（Max Hastings）
英国著名作家、记者、主持人，每一家英国报纸都刊载过他的作品

任何一个有文化有修养的不列颠居民都应该备有三四本詹金斯的《英格兰简史》。

《泰晤士报》（The Times）
詹金斯对英格兰的一切都充满了爱与热情，阅读《英格兰简史》，你也会感染这种热情。

《金融时报》（Financial Times）
《英格兰简史》是一本笔力深厚、史料翔实的历史书，它叙述了从撒克逊之黎明到大卫·卡梅隆的有关英格兰的一切。

《新政治家周刊》（New Statesman）
詹金斯的《英格兰简史》观点睿智，对英格兰的评价诚实而精妙。如果你想了解一个真实的英格兰，那么这是一本必读作品。

《旁观者》（The Spectator）
这是一本经典的关于国王、伟人、战争的历史书，详实的史料和耳熟能详的故事令其引人入胜。

《今日历史》（History Today）
詹金斯用记者敏锐的视角审视英格兰令人折服的历史细节。我很高兴，终于有一本值得信赖的作品系统讲述了英格兰广袤复杂的历史。

《城市早报》（City A.M.）

我用一整个晚上读完了《英格兰简史》，詹金斯爵士带我走过英格兰的历史，生动地描绘了一幅绿色欢乐的英格兰画卷。

《好书指南》（Good Book Guide）

詹金斯的《英格兰简史》是一本绝妙、经典的老式故事书，充满历史的细节与奇闻异事，让你爱不释手。

《乡村人》（Countryman）

一本令你拿起来就放不下的好书。《英格兰简史》讲述了英格兰为什么以及如何成为一个大国的历史。

引 言

我这一生都在英格兰的土地上四处漫游。我攀爬过康沃尔郡的悬崖,到过诺福克郡的沼泽,徒步走过平宁步道。我熟悉英格兰的城市和小镇,熟悉这里的每座教堂和屋宇。尽管如此,直到现在我也并未真正了解英格兰,我所知道的英格兰只是地理意义上的存在,是自儿时起就熟悉的人物和事件:阿尔弗雷德大帝、诺曼征服、《大宪章》、阿金库尔战役、亨利八世的妻子们、英明女王贝丝、克伦威尔、格莱斯顿、迪斯雷利,第一次世界大战以及温斯顿·丘吉尔。它们每一个都是历史长河中的闪光点,而这些闪光点需要某种叙事将其串联起来。

我写作本书的出发点便是用尽可能简洁的语言完成这种叙事,我觉得这么做乐趣十足。英格兰的历史,无论是胜利还是灾难,都是国家历史上最波澜壮阔、精彩纷呈的篇章之一。英格兰起源于黑暗时代(Dark Ages,即中世纪),也许更早,可以从欧洲大陆的日耳曼部族占领不列颠群岛东海岸讲起。这些日耳曼部族带来了"盎格鲁人"(Anglii)这个称呼,这个称呼也许是从德国和丹麦的海岸的"角度"(angle)一词变化而来。这些部族在大不列颠群岛东北海岸的聚居地被称为盎格鲁人的土地,后来叫英格兰。这些新来者很快将早先居于此地的"古不列颠人"赶往西部和北部,一直赶到哈德良长城(Hadrian's Wall)、威尔士高地和爱尔兰海，就这样形成了英格兰此后大致稳定不变的边界。

英格兰人本身也遭受过北欧人的侵略。但是英格兰人不但抹去了先前不列颠人的烙印，而且在其后频繁遭受的侵略活动中保持了自己的盎格鲁—撒克逊文化和语言，他们表现出惊人的百折不挠。同时，英格兰拥有岛国的先天地理优势，岛国民族通常也热衷于航海。他们很快发展出共同的语言、共同的法律和共同的政体，这是撒克逊人血液里对自治的坚持以及诺曼人中央集权的传统之间斗争的结果。这种斗争是本书的主旨。英格兰在王权和民意的较量之下成长，但民意通常很难达成一致，至少建立第一个"英帝国"的不列颠群岛上的凯尔特人的民意很难达成一致。这产生了很多矛盾，导致了英国《大宪章》、亨利三世之战和农民起义的出现，最后以都铎王朝和斯图亚特王朝的宗教革命与政治革命收场。这些革命发展出议会民主制监督下的君主立宪制，事实证明这是欧洲最稳固的政治体制。

然而事事并非皆遂人愿。英格兰与诺曼征服者缘起之地法国的关系大多数时间是糟糕的，中世纪和18世纪期间，两国冲突不断。英国大多数统治者明白需要对其他国家采取防御姿态，而不是侵略姿态。然而从金雀花王朝（1154—1399）到威廉·皮特（William Pitt）父子担任首相期间，英国对海外疆域的渴望从未减弱，这种渴望促使英国一度发展成为世界上疆域最大的帝国。这为国家带来了极大的荣耀，也使不列颠群岛人民在共同努力下建立了"联合王国"，这份宝贵的遗产保留至今。虽然不列颠帝国来之不易，但其仅仅持续了不足200年时间。20世纪，英国的全球主导地位传承给了自己的后代美国，其最典型的遗传特征便是美式英语口语的流行。英国随后走向衰败，不复昔日的荣光，其世界大国地位岌岌可危，影响力在欧洲政府和全球经济的影响之下有所削弱。我将会在本书尾声部分探讨这些问题。

这是一本专门探讨英格兰的书。我认为威尔士、苏格兰和爱尔兰是有着各自历史的国家。自成立以来，它们只有不到一半的时间隶属于"大不列颠及北爱尔兰联合王国"，这种隶属关系往往使它们在大不列颠传统历史中处于从属地位。然而英格兰是一个独立的国家，不同于诸邻国，其子民英格兰人与苏格兰人、威尔士人和爱尔兰人也截然不同。只有在总指时，我才会使用"不列颠"和"不列颠人"的字眼。事实上，英格兰如今隶属于两个联邦，一个是大不列颠及北爱尔兰联合王国（The United Kingdom of Great Britain and Northern Ireland），另一个是欧盟（在2016年6月23日举行的脱欧公投中，51.9%的英国人表示同意脱欧。），两个联邦的组成国家及其成员的主权程度各不相同。无论是对于大不列颠还是欧洲而言，英格兰都是其合法成员。而成为英格兰人更多的却是自我界定的问题，意味着认同一种独特的文化、眼界和地理。成为英格兰人也有同化的问题，可能需要花上几年或几代人的时间。英国人的精神在于容纳各种出身和种族，并认同这片最初由盎格鲁—撒克逊人占领的土地上特有的文化。

英格兰人不擅长描述自我。在信心爆满的大英帝国时期，他们觉得不需要这么做。而如今，大多数英格兰人不喜欢把自己当作欧洲人，却也不擅长将自己和其他凯尔特邻居区分开来。他们发动战争镇压威尔士人、苏格兰人，尤其是大肆打压爱尔兰人。

对一些人而言，历史是机遇的问题；对一些人而言，历史是英雄和坏人缔造的；而对另一些人而言，历史是地理、经济，甚至是人类学方面的往昔岁月。讲述国家历史的方式有很多，目前最流行的是从个人角度和争议话题入手。历史有社会、文化、"通俗"等多种角度可以选择，就英格兰本身而言，还可以从帝国发展的角度出发。不过国家简史只能有选择地展开叙述，主要从政治角度入手。国家是一个政治体，其诞生和发展便是一则有关国家内部权力争斗的故事，主人公可以是君主、士兵、政客、贩夫走卒，也可以是当代人数众多的选民。我认为历史不仅是平铺直叙的年表，而是一系列具有因果关系的事件的集合。这种因果关系也蕴藏着英格兰何以发展至今的秘密。

A SHORT
HISTORY OF
ENGLAND

目 录

引言
V

第1章
撒克逊的黎明
001 （410—600）

第2章
英格兰的诞生
011 （600—800）

第3章
丹麦人
020 （800—1066）

第4章
征服者威廉
031 （1066—1087）

第5章
征服者威廉的子孙
040 （1087—1154）

第6章
亨利和贝克特
048 （1154—1189）

第7章
《大宪章》
057 （1189—1216）

第8章
亨利三世和西蒙·德·蒙福尔
064 （1216—1272）

第9章
锤击凯尔特人
072 （1272—1330）

第10章
百年战争
082 （1330—1377）

第11章
农民起义，法国之失
091 （1377—1453）

第12章
玫瑰战争
103 （1453—1483）

第13章
博斯沃思战役和亨利·都铎
111 （1483—1509）

第14章
亨利八世
119 （1509—1547）

第15章
宗教改革，反宗教改革
134 （1547—1558）

第16章
英明女王贝丝
142 （1558—1603）

第17章
斯图亚特王朝早期
156 （1603—1642）

第18章
英国内战
167 （1642—1660）

第19章
王朝复辟
178 （1660—1688）

第20章
光荣革命
189 （1688—1714）

第21章
沃波尔和老威廉·皮特
200 （1714—1774）

第22章
从波士顿到滑铁卢
213 （1774—1815）

第23章
改革之路
225 （1815—1832）

第24章
维多利亚早期
233 （1832—1868）

第25章
格莱斯顿和迪斯雷利
243 （1868—1901）

第26章
爱德华家族
256 （1901—1914）

第27章
第一次世界大战
264 （1914—1918）

第28章
气势低迷的岁月
271 （1918—1939）

第29章
第二次世界大战
285 （1939—1945）

第30章
福利国家
296 （1945—1979）

第31章
撒切尔主义
311 （1979—1990）

第32章
撒切尔的继承者们
322 （1990—2011）

336 | **后记**
343 | **百件大事记**
348 | **自1066年以后的英格兰国王**
351 | **联合王国历任首相**
355 | **作者的话**

第1章

Saxon Dawn
撒克逊的黎明
（410—600）

公元410年，腹背受敌的罗马皇帝霍诺里乌斯（Honorius）派人向不列颠尼亚省①的罗马殖民者送去一封信。这些殖民者此时已经失去了罗马军队的保护。这些军队为了保卫罗马帝国在过去半个世纪内被迫撤出不列颠尼亚省，于是殖民者写信恳请罗马方面派援兵对抗撒克逊人来自北海方向的进攻。但罗马皇帝此时正被西哥特人（Visigoths）包围，因此一块远离已知世界的偏远殖民地并没有多大战略意义。地中海兴盛千年的文明正在走向衰落。自顾不暇的霍诺里乌斯便写信建议这些殖民者"采取措施保卫自己"。

在不列颠群岛，公元5至6世纪是极其黑暗的时期。铁器时代的凯尔特人，即所谓的古不列颠人于公元前1000年至公元前600年之间从欧洲大陆迁移而来，在公元3世纪时与罗马侵略者通婚。但后来罗马军队的撤退使他们毫无自我防卫或保护

---

① 不列颠尼亚省（Britannia），是古罗马帝国对大不列颠岛的拉丁文称呼。——编者注

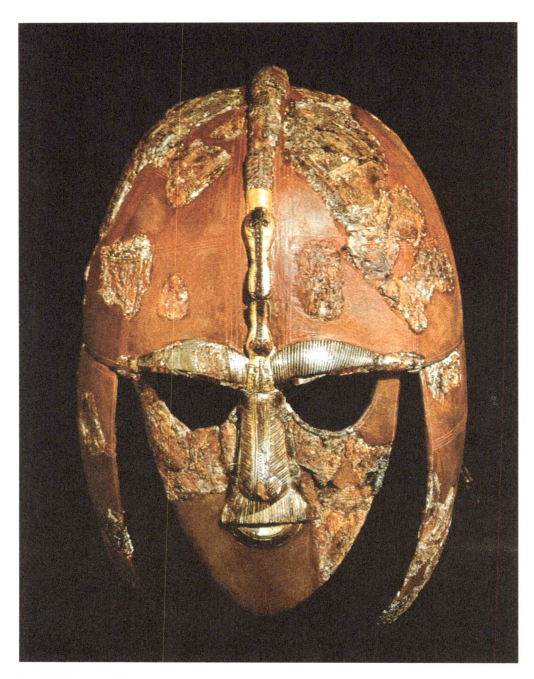

〉〉日耳曼族的盎格鲁—撒克逊人强行在不列颠群岛东海岸定居下来,英格兰由此而生。
图中是萨福克郡萨顿胡(Sutton Hoo)古迹发现的武士头盔,现藏于大英博物馆。

己方别墅、寺庙和戏院等罗马遗产的能力。他们曾请求罗马方面派兵打击这些袭击者,在遭到罗马方面的拒绝后,对这些侵略者更是毫无反抗之力。

这些新的侵略者从哪里来?探寻"英格兰诞生"问题的历史学家很快就陷入了争议。关于不列颠群岛东半部此时发生了什么,存在两种说法。

一种说法认为,向南朝法国进发的日耳曼部落遭到了克洛维斯国王领导下的法兰克人的阻击,只好从北海绕道,来到不列颠群岛。他们的侵略之举,也许还得到了已在大不列颠居留的罗马雇佣兵的协助,这在本质上是种族灭绝。他们残杀或彻底征服了英格兰东部的土著不列颠部落,譬如爱西尼人(Iceni)和特里诺凡帝人(Trinovantes),并抹杀了这些部落的文化。这种论点得到了少数当时幸免于难的目击者的支持。同时代的唯一资料来源于6世纪的一名威尔士(或西国)僧侣,名叫吉尔达斯(Gildas)。他用生动的语言记述了当时的侵略惨状:"毫无虔诚之心的人……在着火之后并未停止,直到几乎整个岛屿陷入火海,大火伸着野蛮而血红的舌头在西部海岸肆虐"。他引述了5世纪一份名为《不列颠的呻吟》(*the Groan of the British*)的文件里的话,这份文件描述了失去罗马保护后的古不列颠人的惨状:"野蛮人把我们赶往海边,可海水又迫使我们回到野蛮人那边。"7世纪后期,有"英国历史之父"之称的比德(Venerable Bede,540—604)在其著作《英吉利教会史》(*Ecclesiastical History of the English People*)一书中对上述种族灭绝的论点表示认可。他在书中提到了盎格鲁人的大肆侵略行为,这些盎格鲁人甚至抛弃了自己的日耳曼聚居地。在此之前的不列颠文化几乎全部被摧毁,古不列颠语言(即布立吞语言)和罗马基督教就这样在不列颠群岛上消失了。而未被大火夷为平地的所谓的罗马—大不列颠别墅和城镇也走向衰败。

另一种说法认为,当时不列颠并没有遭到外来侵略,而是内部扩张。此时日耳曼人和比利时人早就在大不列颠东部地区定居,他们经常同北海沿岸的人进行贸易,有时也向后者发动攻击。最新考古学DNA研究证实了不列颠群岛附近海域是通航"领域"的观点,而内陆则形成了一个较为牢固的屏障。因此罗马撤退时期的大不列颠群岛文化被一分为二,一个是日耳曼部落居住数百年之久的北海海岸，另一个是语言和文化方面属于凯尔特式的爱尔兰海和大西洋海岸。这种说法认为当时英格兰东部的"古不列颠人"或凯尔特人寥寥无几，因此也没有什么好铲除的。这解释了少量布立吞语（Brythonic Language）痕迹和地名存在的原因，但却不能解释海外侵略和凯尔特人狂热信仰唯一上帝等说法。

对于这两种截然不同的论点，恐怕只有一种结论可以说得通，那就是两种说法各自有其正确的内容。罗马人离开后，日耳曼定居者才一波波到来，加入到了原有的日耳曼定居者中。

不管怎样，很明显，在5至6世纪期间，一个在语言和社会方面与欧洲大陆一脉相承的部族势不可当地越过罗马不列颠尼亚省，朝西进发，土著不列颠人无力还击。比德认为，这场西进运动的参与者有朱特人（Jutes）、弗里斯人（Frisians）、盎格鲁人和撒克逊人。Saeson、Sassenach和Sawsnek分别是古威尔士语、盖尔语和康沃尔语中对英格兰人的称谓。大约公元450年，亨吉斯特（Hengist）和霍萨（Horsa）兄弟领导下的朱特人来到肯特，势力扩展到怀特岛（Isle of Wight），他们曾被罗马—不列颠统治者沃蒂根（Vortigern）聘为雇佣兵。与此同时，来自德国最北边与丹麦毗邻的石勒苏益格—荷尔斯泰因的"角度"（angle）的盎格鲁人也到达，用自己的名字命名了东盎格里亚，并最终命名了英格兰。来自德国北部的撒克逊人在南海岸定居下来，足迹遍布泰晤士河流域，形成了现今称为埃塞克斯（Essex，意即东撒克逊）、米德尔塞克斯（Middlesex）、韦塞克斯（Wessex）和苏塞克斯（Sussex）的疆土。这些人被称为撒克逊人，他们的语言被称为盎格鲁—撒克逊语。认为侵略发生的学者坚称异教徒的撒克逊人抹去了罗马基督教的一切痕迹。相比之下，此时的威尔士人正在经历"圣徒辈出"的基督教时代。许多威尔士教堂都是6世纪，甚至是5世纪建立的，大不列颠最古老的大教堂位于威尔士班格尔（Bangor），是戴尼奥尔（Deiniol）于525年创办的。几乎在同一时间，圣派特罗克（St Petroc）在英格兰的康沃尔郡（Cornwall）传教，而圣卡隆巴（St Columba）正从爱尔兰前往爱奥那岛（Iona Island），并于563年左右在那里建立了一所修道院。

吉尔达斯不仅记述了撒克逊人对古不列颠人所造成的痛苦，还记述了古不列颠人的抵抗之举。6世纪40年代，他用笔记录了和平时期自己在塞文谷（Severn valley）生活的经历，当时撒克逊人的侵略活动在英国西部陷入停顿状态。他将此归功于一位不列颠领袖，这位领袖于5、6世纪之交时在一个叫巴顿山（Mount Badon）的地方大败撒克逊人，此地可能位于萨默塞特郡（Somerset）南凯德伯里（South Cadbury）堡垒附近。吉尔达斯只提到一位指挥官的名字，那便是安普罗修斯·安布罗修斯（Ambrosius Aurelianus），他生于5世纪末，是罗马人与不列颠人的混血儿，他"在战场上有赢有输"。他的绰号可能是"大熊"，因为他身上所披战袍是用熊皮制作的。熊在凯尔特语中有"长胡子的男子"（artos）之意。

>> 作为异教徒的撒克逊人最初驱赶了由罗马传到英国的基督教。图中是一幅12世纪的手稿，描绘的是撒克逊人的神——沃登，周围都是他的后裔。

在黑暗中的这一抹闪光是最接近"亚瑟王"（Arthur）传说的一段历史。基于这段历史，衍生出了一个恢宏的传说。正是从吉尔达斯的笔下，才衍生出后来有"9世纪宣传员"之称的历史学家内尼厄斯（Nennius）和有"20世纪幻想家"之称的蒙茅斯的杰弗里（Geoffrey of Monmouth）所描绘的亚瑟王，而亚瑟王是大部分北欧骑士文化意象内容的源头。托马斯·马洛礼（Thomas Malory）也据此在15世纪写出了《亚瑟王之死》（Morte d'Arthur）这本畅销书。马洛礼之后，又有19世纪的阿尔弗雷德·丁尼生（Alfred Tennyson）、拉斐尔前派、好莱坞和"圣杯"（Holy Grail），这些创作者根据猜想创造出一个存在于撒克逊人到来之前的神秘王国卡米洛特（Camelot）、一位叫梅林（Merlin）的术士，还有许多侠义之行、伤心往事和悲剧。不列颠人、撒克逊人、诺曼人和都铎王朝人都声称亚瑟王是自己的祖先，那段纯净而恢宏的历史仿佛具有某种不可思议的吸引力。

即便吉尔达斯笔下的这段和平时期确实存在过，这段时期也并没有持续多久。6世纪末，撒克逊人已在塞文河畔定居，一名叫布诺（Beuno）的威尔士圣徒报告说"听见河对岸传来口音奇怪的人说话的声音"。他担心这些人有一天会"占领此地，将此地收归囊中"。当撒克逊人最终占领汇入北海大峡谷的河流时，不列颠人正忙着占领苏格兰、爱尔兰、威尔士、康沃尔、坎布里亚（Cumbria）以及苏格兰边境的古北地区。凯尔特语此时被一分为二，分别是戈伊德尔语（包括爱尔兰语、苏格兰盖尔语和马恩岛语）和布立吞语（包括坎伯兰语、威尔士语和康沃尔语）。此时或更早，出现了从康沃尔出发，跨越英吉利海峡，向法国阿莫里凯（Armorica）迁移的行为。因此，先前由罗马统治的不列颠人变成了法国布列塔尼人（Brittany），他们的语言称为布列塔尼语，这种语言和当代威尔士语同宗同源。

7世纪末，撒克逊人在早期国王的统治下不断汇聚壮大。第一位便是英武不凡的肯特国王艾塞尔伯特（Ethelbert），他的统治时间从580年开始，直到他616年去世。艾塞尔伯特王是一名异教徒，他迎娶了法王克洛维斯国王（King Clovis）的孙女贝莎（Bertha）公主，从而巩固了和海峡对岸的法兰克人的联盟，不过这桩婚事的附加条件是法国公主婚后保留基督教信仰。贝莎公主带来了自己的牧师，据说他们在坎特伯雷圣马丁古老的罗马教堂中举行了礼拜活动。或许正因为此，教皇格列高利一世（Pope Gregory，540—604）后来才派圣·奥古斯丁率传教团前来肯特。

与此同时，在北方，诺森布里亚（Northumbria）在一位伟大勇士的领导下团结起来，这位勇士便是伯尼西亚（Bernicia，593—616）国王艾塞弗里斯

》英国人对撒克逊人的扩张进行了断断续续的抵抗。位于萨摩赛特的南凯德伯里被认为是一处古老的英国堡垒,传说跟亚瑟王有关。

(Ethelfrith),他后来在撒克逊人定居地修筑防御工事对抗不列颠人的反抗活动。位于不列颠北方的葛德丁部落可能以爱丁堡山地地区为根据地,该部落的活动被一名叫阿纽林(Aneurin)的吟游诗人写进了《葛德丁》(*The Gododdin*)一书,这是不列颠文学(与英格兰文学相对应)的首部伟大作品。据作者记载,一支由300名战士组成的军队在首领米尼道格(Mynyddog)的带领下向南行进,时间大约是600年,他们在约克郡卡特瑞克(Catterick)附近遭遇了艾塞弗里斯。阿纽林描写了其中一名不列颠士兵:

也许几年之后便是一条男子汉，

朝气蓬勃，勇猛过人……

还未娶妻，

已赴沙场

还未入土，

已成乌鸦盘中餐。

葛德丁部落几乎全军覆没，只有阿纽林幸免于难，逃出来给我们讲述了这个故事。他的这首诗歌见于中世纪威尔士语手抄本，不过学者们认为原稿是用不列颠北方部落所用的坎布里亚语写成的，这种语言和威尔士语很相似（这么说来，现今爱丁堡机场用盖尔语写成的指示牌应该用威尔士语写才对）。

对不列颠人而言，更大的灾祸接踵而来。达尔里亚达（Dalriada）是一个横跨爱尔兰海的王国，横亘于阿盖尔（Argyll）和安特里姆（Antrim）之间。603年，达尔里亚达王国派出一支由苏格兰人和爱尔兰人组成的军队，与前面提到的艾塞弗里斯国王打响了德格沙斯坦（Degsastan）之役，有人认为战场就在罗克斯堡（Roxburgh）附近。诺森布里亚王国又一次打了胜仗。国王艾塞弗里斯随后挥军南下，沿着西海岸去寻衅威尔士人。615年，艾塞弗里斯在古罗马小城切斯特（Chester）附近与1200名威尔士基督教僧侣打了一场遭遇战，因僧侣们"祈祷抗命"而将他们屠杀殆尽。之后，国王艾塞弗里斯领军继续前进，又打败了威尔士大军，将疆域扩展到迪河沿岸。一个世纪后，身为盎格鲁—撒克逊人的比德认为，艾塞弗里斯国王是诺森布里亚王国的真正创始人，认为他"比以往任何一位英格兰伟人都更加沉重地打击了不列颠人，到了能与以色列首位国王扫罗相媲美的地步，只不过有一点，他对真正的宗教一无所知"。

撒克逊人统治的英格兰疆域开始初步形成，南至哈德良长城，东至塞文河和德文郡边境。一些古不列颠人可能幸存下来，生活在潘宁高地（Pennine uplands）以及约克郡（于627年被占领）西部的艾尔麦特（Elmet）等地。不过周围的英格

>> 撒克逊人来自于农耕文化，喜爱英国东部肥沃的冲击土壤。图中是11世纪描绘8月收获场景的日历。

兰绝对称不上是一个国家，因为没有官方机构、国王或教会接替先前罗马人的治理。撒克逊军队首领统治着人民，而西方信奉基督教的凯尔特人认为这些军事首领是四处烧杀抢掠、没文化的异教徒。撒克逊人来自低地地区，而不是高地地区，他们惯于征战及在北欧辽阔的平原地区耕作。他们会砍树，会用犁头在冲积平原土壤上深耕细作，然而一到海拔较高的地区，他们就无计可施了。高地地区的土地比较贫瘠，不列颠人也没那么好对付。在向东行进的过程中，撒克逊人征服的热情似乎渐渐消散。

撒克逊人一向忠于家庭、乡土和宗族，这份忠诚体现在一句盎格鲁—撒克逊短语"亲戚朋友"（kith and kin）中，该短语从"有教养的（因而相对就有'没教养的'）和熟悉的"（couth and known）这句话衍生而来。他们生活的中心不是某位遥远的国王或某个朝廷，而是坐落在每片居住地中央地带的公所，众多自由农民（最低阶层的自由民）在该公所发誓效忠于他们的领主。这些农民的长老或郡主以及乡绅拥有军队，负责保卫乡民的生命安全和土地，并由此受乡民爱戴。撒克逊人所发的誓言将他们与同一血缘的亲属和一起耕作的其他乡民紧密联系在一起。这种契约式的"权力准许"做法与古代的不列颠部落文化和诺曼人的公爵权威截然不同,后世的法律制定者认为这是"自古以来的惯例"。这种做法后来发展成为派公民代表参加国王召开的"贤人会议"(Witengemot),这是议会最原始的前身。在维多利亚时期的浪漫主义者看来,这一切皆是撒克逊人对希腊人口中"民主"的遥远回应。

The Birth of England
英格兰的诞生
（600—800）

596年，教皇格列高利一世在罗马一个市场上注意到有两名金发的奴隶，于是问他们从何而来。两名奴隶说自己是"盎格鲁人"。据史学家比德记载，教皇当时听完说道："不是盎格鲁人，而是天使。（Non Angli sed angeli.）"

大不列颠彼时是法兰克帝国遥远边界上一处被遗忘的殖民地，当时法兰克帝国的疆域涵盖了今日法国和德国的大片国土。教皇格列高利一世热衷于传教事业，教皇向肯特国王艾塞尔伯特和他那位来自法兰克帝国、信奉基督教的王后贝莎的朝廷派去了一名主教，这就是奥古斯丁主教。579年，奥古斯丁率领40人的本笃会（Benedictine）传教团抵达位于肯特东北部的赛尼特岛（Thanet），艾塞尔伯特国王下令在户外接见一行人，其原因是异教徒害怕这些传教士"施妖术"。

奥古斯丁的传教活动取得了成功，艾塞尔伯特国王皈依基督教，并于602年将坎特伯雷的一块土地捐献出来盖新教堂。奥古斯丁成为坎特伯雷的首位大主教，塞尔伯特国王也制定了英格兰的首部法典，该法典共有90个条款，规定新教堂享有多项权利。这部法典也是首部用"英语"即盎格鲁—撒克逊语写成的公文。次年，国王艾塞尔伯特和奥古斯丁与来自班格尔等地的威尔士教会领袖在塞文谷举行的一次会议上大胆寻求和解，后者奉行的是传自罗马的一种凯尔特礼拜仪式，是修道院式，而不是福音式。该宗教仪式有属于自己的一套历法、悔罪仪式和剃度方式，剃的是前额的头发，而不是头顶的头发。即使在罗马教廷权威代表在场的情况下，双方也无法达成共识。奥古斯丁很气愤，据说他向不列颠人威胁道："如果你们不能和你们的朋友和平共处，那么你们就应该向你们的敌人开战。"最终，他一无所获地返回了肯特。

与此同时，东盎格里亚（East Anglia）的瑞德瓦尔德国王（King Redwald，600—624年在位）正在从英格兰中央地带扩大疆域，后来形成了麦西亚（Mercia）中央王国。国王本人鲜为人知，人们仅知他死后也许在东部萨福克郡的萨顿胡（Sutton Hoo）举行过船葬。船葬遗物于1939年被人发现，如今陈列于大英博物馆。船葬遗物中有来自地中海和拜占庭的碗碟与宝石，也有来自德国莱茵河流域的宝剑和精美头盔。萨顿胡船葬遗物打开了了解古代世界文明的一扇窗户，窗内虽晦暗不明，却引人入胜。

在诺森布里亚，葛德丁部落的灾星艾塞弗里斯国王被爱德温国王（616—633年在位）取代，后者军队庞大，实力雄厚，足以向南荡平麦西亚直至肯特的国土。击败西撒克逊王国之后，爱德温国王班师返回约克郡，不仅带回了艾塞尔伯特国王信奉基督教的女儿埃泽布嘉（Ethelburga）公主，还带回了一位名叫保林（Paulinus）的罗马修道士。保林于627年为爱德温国王及其手下各领主施洗礼，并建立了约克大教堂。一名改信基督教的领主向爱德温国王谈及一只冬日晚餐时出现在大厅的麻雀，他说这只麻雀"从一扇门飞进来，在壁炉发出的光和热中停留了片刻，接着从另一扇门飞出，然后消失不见……同样，人的生命也在世间停留片刻，可是在这之前和之后情况如何，我们并不知道。如果这种新教义能够明确解答我们这方面的一些疑问，那么我们不妨信奉"。不过爱德温国王手下的大祭司就没有这么深刻的思考，他拿起一根长矛冲进自己治下的寺庙，下令将整个寺庙付之一炬。

爱德温国王的威势并未持续多久。麦西亚王国一位名叫彭达（Penda）的厉害角色向他发起了挑战。彭达是异教徒，与威尔士统治者格温内思的凯德沃伦（Cadwallon of Gwynedd）素有联系。633年，这些领袖人物会合，在约克郡哈特菲尔德—奇斯战役（the battle of Hatfield Chase）中杀死了爱德温国王，诺森布里亚的大片国土毁于战火和屠杀之中。北方的基督教事业一时间跌至谷底，不过一年之后，另一位信奉基督教的撒克逊人奥斯瓦德（Oswald）从爱奥那小岛的偏安之所出击，占领了诺森布里亚。他带来了一个叫艾丹（Aidan）的传教士，并与此人一起于635年在诺森布里亚海边的林迪斯法恩（Lindisfarne）建立了一座修道院。英格兰似乎迅速接受了基督教。即便是彭达也允许他的子女受洗皈依基督教，并称"任何不顺服他们所信奉之神的人都是卑劣可怜的"。655年，彭达最终被奥斯瓦德的弟弟奥斯维（Oswy）击败，英格兰的最后一位异教徒统治者死去。撒克逊传统里的自然守护神兼战神蒂乌（Tiw）、沃登（Woden）、托尔（Thunor）和弗雷娅（Freya）后来演变成一周中某一天的名称。

关于英格兰应该信奉什么样的基督教，答案莫衷一

>> 林第斯法恩岛的修道院是北欧教堂文化在黑暗时代的繁荣发展的见证者。图中是受到光照的《马可福音》手稿的开首版面。

是。林迪斯法恩践行的是爱奥那岛式的仪式，657年，奥斯瓦德的弟弟奥斯维在惠特比（Whitby）修建了一座新的修道院，此时这种宗教仪式才得到巩固。不过诺森布里亚王国的很多人遵循由修道士保林引入约克的罗马式宗教仪式。关于何时斋戒和庆祝复活节的问题爆发了内部争端，后来很快引发了诺森布里亚教会内部的争论，并演变成了爱奥那岛传统派和坎特伯雷现代派之间的矛盾。664年，奥斯维召集坎特伯雷的教会首领到惠特比参加宗教会议，诺森布里亚王国的科尔曼（Colman）和里彭王国（Ripon）的威尔弗里德（Wilfrid）在这里掀起了唇枪舌剑。威尔弗里德曾去过罗马，他十分支持罗马基督教的传教活动，他之所以代表坎特伯雷参加此次会议，是因为他会说盎格鲁—撒克逊语。在他看来，教皇的权威和罗马不断发展的传教活动彰显了凯尔特人的落后局势。他巧舌如簧，对这次宗教会议施加了很大的影响，更为重要的是，他说动了奥斯维，他声称圣彼得是"教会的基石"，掌管着通往后世生活的钥匙。科尔曼率领下的爱奥那岛人一怒之下返回爱尔兰，这一举动本身就是宗教仪式纷争的鲜活证明。威尔弗里德成为约克主教。

罗马趁热打铁。669年，教皇新派的一名特使抵达，这就是塔尔色斯的西奥多（Theodore of Tarsus）。他出生于小亚细亚，精通希腊、罗马和拜占庭文化。到他690年去世之时，西奥多已经在坎特伯雷建立了14个地方主教辖区。肯特国王和韦塞克斯国王根据教皇辖区广泛实行的法典起草新的法典，免除了教会的民事义务，并就社会行为和军事行为制定了规则，下令惩治盗窃行为、暴力行为和非法侵害行为，规定了国王统治之下的等级制度，主教的等级与领主相同，而牧师与自由民相同。

7世纪末，英格兰也许在政治上仍然处于分裂状态，但惠特比宗教会议却使其进入了欧洲教会文化主流。此时的教会开始进入财势飞涨的漫长时期，直到16世纪宗教改革运动才结束。在这样一个内乱不断的国家，西奥多建立的教会面向全体英格兰人，教育他们，并向他们提供福利和公共管理服务。因此，在林第斯法恩岛诺森布里亚王国荒凉的海岸上，绽放了一朵文明之花，其未来的璀璨程度与

》664年在诺森布里亚王国的惠特比修道院举行的宗教会议促使英国和英国教堂与凯尔特传统告别，随后的900年风云诡谲，走上了一条臣服罗马的宗教道路。

欧洲其他任何国家毫无二致，它创作了不凡的法律和福音书保留了众多手抄与书写材料。在林第斯法恩岛于698年诞生的福音书如今存于大英图书馆，这部福音书展示了凯尔特式主题和欧洲大陆主题的结合，足以媲美同期的北欧文明。这项浩大的工程需要花费多年人力劳动，据估计共耗费了1500张牛皮。

674年，比思考普主教（Bishop Biscop）在贾罗（Jarrow）的泰恩（Tyne）建立了一座新的修道院。他是一位新时代的牧师，曾5次前往罗马朝圣，每次都为教会带回大批工匠、乐师、手稿和捐款。贾罗修道院还收留了"可敬的比德"（the Venerable Bede），后者所著的《英吉利教会史》一书于731年出版问世。比德认为此前两个世纪的不列颠是异教徒遍地的国度，撒克逊人的基督教为这片土地带来了光明，基督教自此在不列颠群岛大部分地区长盛不衰。虽然事实恰恰相反，不过比德仍是英格兰早期的独特见证人，而且是展示英格兰特性的第一人。

他最早使用"盎格鲁的土地"（Angle-land）一词，也是最早为英格兰诞生和成长时期划分年表的人。

8世纪时，英格兰的"主导者"从诺森布里亚王国向麦西亚王国转移。757年，麦西亚国王奥法（Offa，757—796年在位）崛起，他是首位统治地位被欧洲各国认可的英格兰国王。奥法是位闲不下来的国王，他致力于在国内主持正义和征收贡税。他还铸造自己的货币——譬如，他在一枚钱币上刻上了王后辛斯瑞（Queen Cynethryth）的头像。他还于785年用一道城墙作为英格兰和威尔士的分界线，这就是奥法堤（Offa's Dyke），位于迪河和塞文河之间。奥法堤与其说是一道防御工事，还不如说是一条边界线，有证据表明奥法堤的位置正好划了一些肥沃土地给威尔士，这也是双方约定好的。786年，教皇派遣使者来到奥法的朝廷，传达了教皇在教规和世俗法方面的一些要求。麦西亚人必须接受这些要求，这也是罗马管辖权的内容延伸。奥法得到了利奇菲尔德（Lichfield）的一处新教区，作为回报，他需要每年向罗马方面赠予黄金并同意将他的儿子艾格弗里斯（Egfrith）"献给"他的王位，成为他的王位继承人。英格兰王国和罗马教会双方订立的这份世俗约定具有重大意义，从此撒克逊国王和诺曼国王之间麻烦不断。

奥法统治末期，诺森布里亚王国一名叫约克的阿尔昆（Alcuin of York）的僧侣是查理曼大帝①朝廷的一名重要

》》早期英国历史主要根植于活跃在8世纪的诺森布里亚王国的学者比德，被称作"可敬的比德"。图中描绘了比德在贾罗修道院撰写文稿，他已经将英国称作"Angle-land"。

---

① 查理曼大帝（Charlemagne，742—814年在位），法兰克王国加洛林王朝国王，在位期间为768—814年。他建立了囊括西欧大部分地区的庞大帝国。——编者注

学者，他称奥法是"不列颠（不列颠尼亚）的荣耀，是打击敌人的利剑，是抵御敌人的盾牌"。然而奥法的个人野心超越了他的权力。当查理曼大帝提议自己的儿子迎娶麦西亚国王奥法的女儿时，奥法表示同意，不过提出了一个条件，那就是也希望查理曼大帝的女儿嫁给自己的儿子。据说这个条件所暗含的一板一眼的平等交换令查理曼大帝勃然大怒，他宣布和麦西亚绝交，甚至还在一段时期内禁止本国与麦西亚进行贸易。

奥法死后，后世子孙逐渐势弱，麦西亚的主导地位发生转

》》奥法在9世纪的统治标志着撒克逊英国的权力更迭，从南部的诺森布里亚王国过渡到内陆的麦西亚王国。图中是中世纪画家对于国王奥法以及圣奥尔本斯修道院的描绘。

变，这一次主导者换成了南部的韦塞克斯。利奇菲尔德被降级，势力不及坎特伯雷教区。814年，韦塞克斯国王爱格伯特（Egbert，802—839年在位）侵入康沃尔，将其纳入撒克逊人的统治之下。和东部地区侵略活动不同，这次侵略活动既不是占领，也不是同化。撒克逊人称该地区为西威尔士，该地区可以保留自己的语言和地方官员。时至今日，康沃尔人仍认为他玛（Tamar）以东的居民是"英国人"和外人。爱格伯特国王接着向麦西亚王国进发，并向长老们请教应该与麦西亚人是战或是和。据盎格鲁—撒克逊编年史记载，"他们认为砍掉对方头颅比让对方主动屈服更加令人尊敬"。最后，他们哪种方式都没选择。825年，韦塞克斯军队在史云顿（Swindon）附近取得艾兰顿战役（the battle of Ellandun）的胜利，由此英格兰的权力中心大幅南移，之后再未发生改变。爱格伯特王接着又进攻东盎格里亚王国和诺森布里亚王国，一举统一了英格兰。

两个世纪后，在经历弥尔顿笔下的"战火纷飞"之后，英格兰人民在爱格伯特国王及其子孙的领导下终于迎来了撒克逊人的和平时期。韦塞克斯王国暂时的主导地位得到公认，其首府温彻斯特（Winchester）成为英格兰国王的统治所在地。然而劲敌即将来临。盎格鲁—撒克逊编年史家写道，正如撒克逊人曾经从东部威胁着古不列颠人一样，如今"旋风、雷雨和火龙在空中盘旋"。阿尔昆向查理曼大帝报告说："此前从未出现过这样的恐怖景象……如今我们正忍受着一个异教徒民族的折磨。"北欧海盗即将到来。

第3章

The Danes
丹麦人
（800—1066）

撒克逊人是生活在陆地上的民族。他们的斯堪的纳维亚邻居维京人（北欧海盗）则是生活在海上的民族。挪威的海盗长期袭击苏格兰和爱尔兰海沿海居民，而丹麦人则沿北海掠夺，行迹甚至深入法国境内。他们的武器是长船，这是一种每天可以航行50英里的战斗机器，其船深不足3英尺，可装载60人。"凶神恶煞的"金发勇士簇拥在甲板上，船头上装饰着神像。这些勇士的名字如今成了动词，有"去掠夺"或抢劫的意思。长船船队跨越大西洋，朝冰岛和格陵兰岛进发。他们在法国海岸盘桓，上游可抢劫巴黎，向南可驶入地中海地区。他们抵达君士坦丁堡，当地首领的守卫也是北欧海盗。长船深入俄国河流流域，建立了基辅。和西班牙征服者一样，他们起初只抢掠战利品，后来才逐渐建立殖民地，并在欧洲海岸周围创造了一种"斯堪的纳维亚文化"或诺曼文化。

790年，长船船队在韦塞克斯沿岸登陆。多尔切斯特（Dorchester）的一名撒克逊官员骑马迎过去，询问对方有何贵干。海盗们将他当场杀死。3年后，林第斯法恩惨遭洗劫，成百上千份手稿和福音书被夺走，诺森布里亚王国闻讯大惊。据史书记载："异教徒将圣徒的鲜血洒在圣坛周围，在上帝的圣殿内践踏圣徒的遗体，好像这些遗体是大街上的狗屎。"有幸躲过利刃杀戮的僧侣被掳走，沦为奴隶。806年，相似的可怕情景再度上演，爱奥那岛上昔日由圣科伦巴（St. Columba）建立的、具有200年悠久历史的修道院被毁，这里是凯尔特基督教的主教堂，也是苏格兰历任国王的安息之所。这座修道院被毁严重，后来只好弃用，直到13世纪才得以重建。

9世纪早期，北欧海盗的抢劫活动成了家常便饭。835年，英格兰遭遇了史上最大规模的联合袭击，海盗们由肯特的谢佩岛（Sheppey）登陆。845年，长着红色胡须的海盗首领朗纳尔·洛德布罗克（Ragnar Lodbrok）在诺森布里亚海岸船只失事，诺森布里亚国王将他抓获后投入毒蛇遍地的地牢里。据说他临死前大声呼唤他的儿子哈夫丹（Halfdan）和"无骨人伊瓦尔"（Ivar the Boneless）为他复仇。复仇之事自不必说。因为伊瓦尔此时已是都柏林的统治者。

865年，据史书记载，一支"异教徒雄师"抵达东盎格里亚，报复行动由此展开。一位诺森布里亚国王被处死，敌人将他的双肺从背部揪出来，拉成"血色苍鹰"的形状。约克沦陷，成为北欧海盗的一处贸易站，被称为"约维克"（Yorvik）。接着丹麦人又向麦西亚和韦塞克斯发起进攻。任何抵抗之人杀无赦。譬如东盎格里亚国王埃德蒙（Edmund），他的遗体被用来练习射箭。后人为了纪念他，将此地命名为伯里圣埃德蒙兹（Bury St Edmunds）。871年，这些侵略者抵达雷丁（Reading）；876年，他们抵达韦勒姆（Wareham）。

此时，北欧海盗的这种侵略之举变成了占领行为。新来者开始定居下来，将抢夺而来的土地以亨伯河（Humber）为界划分为南北两部分。他们和当地人通婚，他们的语言和当地人的语言互相融合。丹麦法律开始实施，地名也开始以"斯罗普"（-thrope）、"比"（-by）和"吉尔"（-gill）等字结尾。土地划分以"ridings"和"weapontakes"为单位，而不是撒克逊人惯用的"hundreds"。林肯（Lincoln）、斯坦福德（Stamford）、诺丁汉（Nottingham）、德比（Derby）和莱斯特（Leicester）5处成为新区。蒂斯河（Tees）和泰晤士河（Thames）之间的英格兰地区被称为丹麦区（Danelaw）。丹麦人抵达韦塞克斯的时候，遭遇了两位国王的强烈抵抗，这两位国王是埃塞尔雷德（Ethelred）和他的弟弟阿尔弗雷德（Alfred，871—899年在位）。双方斗争一直持续，贯穿了整个9世纪70年代，直到877年这一"战争之年"（year of battles）。之后，阿尔弗雷德逃往萨默塞特平原（Somerset Levels）的阿塞尔内岛（Athelney）。那里是亚瑟王的传奇之地，阿尔弗雷德计划打游击战，据说他曾因为只顾着沉思，竟把一个穷妇人的蛋糕放在火上烧焦了，这件事使他声名大噪。

》》维京长船使得斯堪的纳维亚人得以征服克努特统治下的英国，并在北欧地区建立了诺曼人的聚居地。哈罗德皇帝和征服者威廉都是维京后裔。

第3章 丹麦人（800—1066）

一年后，阿尔弗雷德返回，带领韦塞克斯人民在切本哈姆（Chippenham）之外打响的埃丁顿战役（the battle of Edington）中大败丹麦首领古特仑（Guthrum）。这场战役是英格兰取胜的关键一战。如果丹麦人取胜的话，古特仑肯定会把丹麦区疆域和异教信仰扩展到如今打了胜仗的韦塞克斯王国境内。如此一来，英格兰就会全盘被新的外部势力控制，沦为斯堪的纳维亚联盟的一部分，而反过来，这个联盟是本可以抵抗后来的诺曼征服活动的。事实上，战败的古特仑受洗成为基督徒，阿尔弗雷德成为他的教父。丹麦人虽然放弃了韦塞克斯，但仍占领着丹麦区，统治着大约三分之一的英格兰人民。尽管古特仑战败，但在阿尔弗雷德统治期间，丹麦人的抢掠活动仍在肯特、德文郡和其他地方继续。在886年之前，伦敦一直是一座海盗镇。

》》异教徒的丹麦人不仅对撒克逊人构成威胁，同样危及到新的基督教传教活动，后者已经发展出相当水准的艺术传统。图为1000年左右的撒克逊人十字架（即耶稣受难像）。

阿尔弗雷德大帝是首位形象饱满的英格兰国王。他将韦塞克斯军队改编成一支常备军，辅以一名士兵由一户自由民农家供养的政策。他在韦塞克斯境内修建堡垒、建立自治市，并修建土城墙防御丹麦人未来的袭击。他建设了一支海军，建造长船并配以丹麦雇佣兵。如此一来，阿尔弗雷德取得了罕有的海军胜利，屡屡打退海盗袭击，其中就包括892年在肯特沿岸打败一支由250艘船只组成的庞大维京舰队。这支舰队不是从丹麦来的，而是来自法国塞纳河河口。在法国，罗洛①率领海盗很快得到了法国国王割让的诺曼底地区。因而后来的诺曼人并不是法国人，而是地道的北欧海盗。

阿尔弗雷德大帝采用罗马式方格网形态重新规划首府温彻斯特，这种规划形式时至今日仍在沿用。经过数十年异教徒在修道院亵渎神灵的破坏活动之后，阿尔弗雷德哀叹道，放眼整个韦塞克斯地区，已经没有一个会说拉丁语的牧师了。于是他下令从欧洲大陆聘请学者来讲学，将王国的一半收入投入教会学校，以期英格兰人民识文断字，并希望温彻斯特能够媲美欧洲各大王国都市。拉丁文稿被翻译成盎格鲁—撒克逊语，其中还有阿尔弗雷德亲自翻译的6世纪人文主义者波伊提乌（Boethius）的一篇文章。大约890年，阿尔弗雷德下令编写盎格鲁—撒克逊编年史，我们对比德之后那段历史的了解几乎都据此而来。"对一个人而言，"阿尔弗雷德说道，"最糟糕的莫过于他对该知道的东西一无所知。"

在肯特国王艾塞尔伯特和麦西亚国王奥法所制定的法典的基础上，诞生了一部采前人所长的英格兰新法典。阿尔弗雷德表示："如果那些先人的法典我喜欢，我就批准……不过很多法典我并不喜欢，因此我便在顾问们的建议下拒绝批准。"其中一条法规考虑得非常细致，规定如果一个人被一棵倒下的树砸死，那么这棵树便归死者的家人所有。国王们免受叛国罪审判，但作为回报，他们必须确保实施法律并维持治安。正如奥法让国王们臣服于教会一样，阿尔弗雷德让国王臣服于法律。这是民意统治的最早萌芽，经常被后代律师们提及。

899年，阿尔弗雷德去世，他的王位由儿子"长者王"爱德华一世（Edward the Elder）和孙子"光荣者"埃塞尔斯坦（Athelstan the Glorious，924—939年在位）继承。埃塞尔斯坦学识渊博，虔诚有礼，长着一头金发，他是首位终身未婚的英格兰国王。为了巩固王位，他把妹妹们嫁给了撒克逊王国、法兰克王国和勃艮第王国的国王们。作为回礼，他得到了君士坦丁堡宝剑和查理曼大帝长矛。然而，即使如此，埃塞尔斯坦国王的统治之路也并非一帆风顺。937年，他遭到一支

---

① 罗洛（Rollo），北欧海盗首领，维京海盗的传奇英雄之一，诺曼底公国的奠基者。——编者注

爱尔兰海盟军的大规模进攻,这支盟军集结了威尔士人、苏格兰人和都柏林海盗。布鲁南博尔(Brunanburh,可能在柴郡境内)一役结束后,"战场上留下了五位国王的尸体",史上称之为英格兰本土"以刀剑取胜的最伟大战役"。

虽然埃塞尔斯坦国王并没有在这场战役中牺牲,可是他在这之后没过多久就去世了。为了争夺韦塞克斯王国的主导地位导致了家族纷争,直到埃德加(Edgar,959—975年在位)继承王位。埃德加国王顺利将英格兰团结在一起,国内和平共处。973年,他成功地在柴郡召开一次盛大的会议,据说为公平起见,会场设在迪河上,各王国代表坐船前来,与会的有威尔士、坎布里亚、斯特拉思克莱德、苏格兰以及挪威人统治下的爱尔兰。不过前人管不了身后事,埃德加国王死后,韦塞克斯王国再度陷入内乱。这种情况直接导致出现了"仓卒王"埃塞尔雷德(Ethelred the Unready,978—1016年在位)国王长达38年的灾难性统治,他10岁时在其母亲的安排下登上王位。他的绰号"仓卒王"并不是指他年少无知,而是说他懦弱无能。埃德加国王的首席大臣是上了年纪的邓斯坦大主教①,他在埃塞尔雷德的加冕典礼上预言"英格兰从来磨难不断,可英格兰民族从未遭受过如此灾祸"。

埃塞尔雷德国王统治时期,英格兰形势尤为困难。他死后不久,政局一片混乱,他被众人口诛笔伐,因而声名狼藉。991年,丹麦人出动一支80艘船只组成的舰队进攻埃塞克斯王国,埃塞尔雷德国王只好按照对方要求支付勒索金,缴纳"丹麦税"。海盗由此认为:在英格兰,只要发出战争威胁,对方就会乖乖献出战利品。此后十余年里,海盗掠走了英格兰的大量财富,其中包括洗劫教堂和修道院,以及强征惩罚性税金。1002年,丹麦首领"八字胡"斯温(Forkbeard Svein)发动攻击,埃塞尔雷德国王奋起迎战,下令屠杀英格兰东部的所有丹麦人,这就是"圣布赖斯日大屠杀"(St. Brice's Day massacre)。斯温的亲妹妹住在伦敦的丹麦人聚居地内,她请求埃塞尔雷德国王饶过她一命,不过最终还是被杀掉了。

---

① 邓斯坦大主教(Archbishop Dunstan,909—988),被认为是最伟大的英国早期圣人。961年他被任为坎特伯雷大主教,并利用他作为英国教会领导人职位复兴了英国的道德和属灵生活。——编者注

后果可想而知，斯温怒气冲冲地回来报复，为了缴纳丹麦税，埃塞尔雷德国王只好穷英格兰之力，据估计，当时需要缴纳的丹麦税是英格兰每年现金收入的4倍。经年的进攻意味着，到1013年，丹麦人对英格兰的牢牢掌控逼得埃塞尔雷德国王不得不逃往诺曼底。埃塞尔雷德国王迎娶了诺曼底公爵（Duke of Normand）的妹妹爱玛（Emma），爱玛为他诞下一子，这就

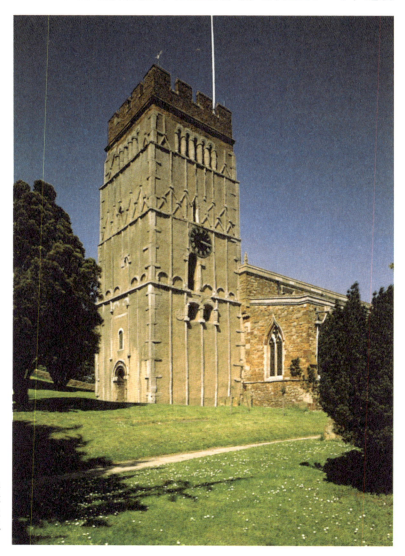

》撒克逊传教士建造了大型教堂，例如：北安普敦郡的巴顿伯爵教堂。教堂的窗户标志着罗马装饰风格的留存。

是未来的英格兰国王"忏悔者"爱德华（Edward the Confessor）。1014年，斯温去世，贤人会议（盎格鲁—撒克逊议会）请求埃塞尔雷德国王回国执政，条件是他郑重承诺会"治国有方"，这是书面记载的第一份由英格兰国王及其臣民之间订立的契约。

1015年，丹麦人再度入侵，斯温的儿子克努特（Cnut，即克努特大帝）率领一支由2万人组成的军队，乘200艘长船从北欧海域攻来。史书记载："眼前是各种各样的盾牌，让人恍惚以为有万国军队来袭……船上的士兵龙精虎猛，来者不善，号角闪着金光，见此情景，谁能不对这样一支雄师的统帅心生畏惧呢？而且，这支远征军里没有奴隶，没有刚刚恢复自由的奴隶，没有出身低微的人，也没有年老体弱的人。个个都是出身高贵的青壮年。"在接下来的一年里，克努特的雄师和埃塞尔雷德国王英勇的儿子"勇敢王"埃德蒙（Edmund Ironside）之间交战不断。城墙四立的伦敦沦陷，韦塞克斯、麦西亚和诺森布里亚也相继失守。克努特虽不能征服英格兰全部国土，但埃塞尔雷德国王和埃德蒙的死使他顺利登上英格兰王位。1016年圣诞节，克努特（1016—1035年在位）在伦敦加冕称王。阿尔弗雷德昔日的伟大王国如今沦为任人烧杀抢掠的野蛮之地。6个月后，克努特娶了埃塞尔雷德国王的遗孀爱玛，这在一定程度上使他继承王位之举合法化。他还将英格兰纳入海盗帝国的范畴，这个帝国最终从韦塞克斯扩展到丹麦，并延伸到挪威北部地区。这标志着撒克逊英格兰的正式消亡，而不是消亡在半个世纪后的1066年[①]。

根据挪威传奇故事记载，克努特身材又高又壮，"是英俊非凡的男子，只不过他的鼻子高而窄，有点鹰钩鼻"。他经常在英格兰、丹麦和挪威四处走动。苏格兰统治者马尔科姆（Malcolm，麦克白的克星）表示效忠于他。接着他前往罗马朝圣，并将基督教带回斯堪的纳维亚。在亨利二世之前，他是统治疆域最广阔的英格兰国王。我们对他的性格并无了解，除了一则听起来怪怪的传说。据

---

① 1066年，诺曼底公爵征服者威廉加冕为英格兰国王。——编者注

12世纪的编年史记载,克努特的一个臣子谄媚说克努特是海洋的统治者,于是克努特便把椅子放在海水边,下令潮水退去且不得打湿椅子。但这个故事并非孩子们常常听到的,说克努特的做法是愚蠢之举,而恰恰相反。在发现潮水并未退去后,克努特训斥了大臣的胡说,他边往后跳边大叫:"让所有人都知道国王的权力是多么空洞和一文不值吧。"

》》"仓卒王"埃塞尔雷德二世统治期间,见证了阿尔弗雷德大帝王国分裂,及其最终被克努特大帝统领下的丹麦人征服。

1035年,克努特去世,他的儿子们就王位归属问题争执不断,韦塞克斯王国的戈德温(Godwin)趁机成为造王者,他是盎格鲁人和丹麦人的混血儿。戈德温性格外向,冷酷无情,他拥立埃塞尔雷德的儿子"忏悔者"爱德华(1042—1066年在位)登上了王位,后者时年41岁。爱德华国王从此就成了戈德温的傀儡,并娶了戈德温的女儿,据说她曾发誓终身不嫁人。爱德华国王周围全都是说法语的朝臣,事实上,他是英格兰的首位诺曼统治者。自爱德华统治时期起,而并非从诺曼征服开始,英格兰的官方文件均用法语书写。他在威斯敏斯特修建一座诺曼大修道院，并设立县郡治安官，由此形成了国王权力和地方撒克逊伯爵之间的一个平行结构。君主和土地治理者之间的这种平行结构在英格兰中世纪国家结构中有时会带来麻烦，但有时又是一项创举。

朝廷也存在另一种平行结构，双方分别是戈德温的盎格鲁—丹麦混血部属以及爱德华国王讲法语的诺曼人部属。朝廷局势日益紧张，一些知名撒克逊人支持爱德华国王对抗戈德温，譬如韦塞克斯的利奥夫里克伯爵（Earl Leofric of Wessex），他妻子便是戈黛娃夫人［Godgifu，意即"上帝的礼物"，或称"戈代娃"（Godiva）］。据说她曾裸身骑马穿越考文垂大街小巷，以此抗议她丈夫的惩罚性税收政策，其实这则传奇故事毫无事实依据，但却在中世纪时期有着不可小觑的影响力。1051年，利奥夫里克伯爵和戈德温的支持者几乎爆发内战，最后贤人会议将戈德温及其家人驱逐回法国。这是贤人会议，这个皇家顾问团体最早行使的权力。在这一时期，爱德华国王母亲的侄孙不时到访，这就是时年23岁的诺曼底公爵威廉，这些到访举动看似微不足道，实际上却具有重大意义。威廉公爵随后声称，爱德华国王已经准许他继承英格兰王位。这是英格兰历史上一个具有开创性意义的时刻，可惜的是当时没有人将他们之间的对话记录下来。

1052年，戈德温乘反诺曼人情绪高涨之机返回伦敦，驱逐了爱德华国王手下的坎特伯雷大主教罗伯特，因为他是诺曼人，取而代之的是斯蒂甘德（Stigand），后者是盎格鲁和丹麦混血儿。戈德温的儿子哈罗德（Harold）成为韦塞克斯伯爵，在爱德华国王统治最后10年的大部分时间里，他是英格兰的实际统治者。哈罗德也卷入了王位继承的漩涡。有一次他在英吉利海峡上航行，结果船只在法国海岸失事，威廉收留了他，甚至还和他一起参加了一场战役。在这期间，据诺曼人说，哈罗德证实了爱德华国王已经准许威廉将来继承英格兰王位的说法，并表示愿意效忠于威廉。当然，威廉也将此作为他有权继承英格兰王国的确凿证据。

1066年是决定性的一年，年初，爱德华国王在弥留之际将"整个王国托付于卿（哈罗德）"。哈罗德伯爵此前已是英格兰的实际统治者，贤人会议显然认为他是最合理的国王人选。尽管他并无继承王位的血统，但他却是下一位明主，一位经验丰富的战士，也是国家的统帅。于是哈罗德正式继位。消息传到威廉耳中，他勃然大怒，派人从首府鲁昂（Rouen）送信给哈罗德，提醒哈罗德谨记爱德华国王准许他继位的承诺以及哈罗德发誓效忠于自己的话。但如今贤人会议明显具有类似宪法的权威，它拒绝了威廉的要求，认为英格兰已经有了一位国王。

第4章

William the Conqueror
征服者威廉
（1066—1087）

1066年是英格兰历史上最著名的年份。英国每个小学生都知道，这一年出现了一位撒克逊英雄哈罗德，还有一个法国坏人威廉，两人率军打响了黑斯廷斯战役（the battle of Hastings）。哈罗德一只眼睛中箭，这决定了这场战役的结果。不过历史并不是三言两语所能说得清的。哈罗德是戈德温的儿子，最多只有一半撒克逊血统，除了爱德华国王临终授命之外，他并无权继承王位。威廉不是法国人，他的祖先是挪威勇士罗洛。法国国王查理三世（Charles the Simple）于911年将诺曼底割让给罗洛。除了爱德华国王较早时候承诺由威廉继位之外，他也没太多资格成为英格兰国王。

威廉是一个诡计多端、野心勃勃、生性残暴的人。他所统治的公爵领地面积还没有约克大，他表示效忠于法国国王。他在领地内实行封建主所有制，将土地分封给贵族们，作为回报，这些贵族有义务随他作战。1066年春天，威廉召集这些贵族，表示自己有意争夺英格兰王位，并希望得到他们的支持。大多数贵族表示拒绝，他们说自己的效忠誓言不适用于外国战争或私人恩怨。由于加来不在威廉的势力范围内，因此他只能乘船从诺曼底出发，经由英吉利海峡水面较宽的水域抵达英格兰。他需要大型船只运送马匹，而且只有顺风才行。登陆之后，他还将面对装备精良的英格兰军队，况且对方还具有地主优势。显然整个行动并不是明智之举。威廉不为所动，不过众人的反对声意味着必须扩大最初王位之争的说辞才行。威廉不得不劝说这些贵族，承诺事成之后封给他们英格兰土地，并用奖赏的形式从其他地方招募雇佣兵。他的一个战略优势在于，教皇亚历山大二世支持他这么做，因为戈德温曾任命斯蒂甘德为坎特伯雷大主教，教皇对此十分愤怒。于是，教皇派人给威廉送来一片圣彼得的遗骸，鼓励他携带这片遗骨投入战斗。

哈罗德从怀特岛征集了一支海军，并召集民兵到南部海岸迎战。此外还有英格兰国王自己的"御林军"，这是一支专门负责保卫国王安全的军队，由2000名全职士兵组成。这样的防御力量应该足以御敌。不过威廉入侵行动的首要前提——西南风——却始终不见踪影，对双方首领而言，这都是麻烦事儿。威廉只好任由一支军心涣散的军队和运输船只搁浅诺曼底海岸，而哈罗德的军队也急着回家收割庄稼。哈罗德此时还收到一个坏消息。他有一位非常叛逆的哥哥，那便是诺森布里亚王国的托斯蒂格（Tostig）。他的哥哥前往挪威，鼓动挪威军事首领哈拉尔德·哈德拉德①从遥远之地争夺英格兰王位。哈德拉德身材魁梧，长着一头金发，终生都在欧洲大陆各国征战和抢掠，他曾横穿俄国，也曾抵达君士坦丁堡和西西里岛。他对托斯蒂格的提议欣然接受，8月，他率领一支由200艘长船组成的舰队在斯卡伯勒（Scarbrough）登陆。随后他在富尔福德（Fulford）击溃一支诺森布里亚军队，并接受了约克的投降。

在英吉利海峡两岸，一场暴风雨进一步阻碍了威廉那支搁浅诺曼底的军队的行动，哈罗德手下的指挥官也由此深信这一年不会再有侵略发生。于是哈罗德离

---

① 哈拉尔德·哈德拉德（Harald Hardrada，1046—1066年在位），挪威国王、军事家、征服者。被称为哈拉尔三世，又称"无情者哈拉尔"。被人们称为"最后一个北欧海盗，他的去世代表着北欧海盗时代的结束。"——编者注

第4章 征服者威廉（1066—1087）

>> 图为12世纪画家描绘的诺曼底公爵威廉一世，他对英国发动了残忍的征服活动，史称"诺曼征服"，因而稳固了英国未来成为民族国家的基础框架。

开奇切斯特（Chichester）附近博山姆（Bosham）的家，动身前往伦敦，他在伦敦听到了哈德拉德已率军从诺森布里亚登陆的消息。在24小时之内，他召集军队朝北进发，仅仅用了4天时间便抵达约克郡，这是英格兰历史上最伟大的一次急行军。他发现哈德拉德已经从约克，撤军回斯坦姆福德桥（Stamford Bridge），就在此地向东7英里处，三分之一的军队尚在船上待命。英格兰军队的突然到来使哈德拉德猝不及防。哈罗德趁机下令立刻进攻，并在激烈战斗中杀死了哈德拉德和托斯蒂格。其他幸免于难的挪威人灰溜溜地被驱逐出英格兰。哈拉尔德被称为"最后的海盗"，他的死极大地减少了英格兰王位所受的威胁。

哈罗德只用了一星期时间便收复了约克郡，但这时他听到了一个令人绝望的坏消息，那就是威廉终究还是从法国出发并于9月28日登陆佩文西（Pevensey）。如今他只得率领疲惫的军队返回南部的伦敦。抵达伦敦后，他收到了威廉送来的信，重申他有权继承王位，此时威廉就驻扎在黑斯廷斯城外。哈罗德在回信中反驳道，爱德华国王已将王位传给他，贤人会议对此亦表示赞成，何况他随后已经正式继位。显然两人只能在战场上解决这件事。随后哈罗德离开伦敦，于10月13日抵达黑斯廷斯。

我们今天研究起来，可以看到当时的战场只有一条山脊和一个山谷，地方狭小，可能交战双方最多只能派8000人出战。据说威廉有3000名骑兵，以排为单位，有弓箭手和步兵作为后盾，他可以在战场上随意调配。哈罗德的军队则步行作战，士兵手持盾牌，在山脊顶部形成一个密不透风的盾牌阵，防守力很强，可是一旦进攻时盾牌分开，就很难指挥或重新调动。这是撒克逊人（和维京人）惯常的作战模式，缺乏分部型结构，每名士兵孤身作战，国王身边也只有卫士护卫。

10月14日，诺曼骑兵向撒克逊盾牌阵发起攻击，但马匹伤亡严重，撒克逊人的斧头和长矛威力十足。诺曼人撤退并重新列阵，撒克逊人则捡回斧头长矛并清理阵亡同伴的遗体。诺曼人再度发起进攻，并再次被击退，不过每次进攻之后，撒克逊人的数量都在减少，大多数是被100码之外的诺曼弓箭手箭射而死。

于是诺曼人佯装撤退，撒克逊人的盾牌阵散开，士兵开始往下冲，此时他们是最容易被诺曼骑兵杀伤的。据多部史书记载，一支箭射中了哈罗德的眼睛，这成了这场战役的转折点。4名诺曼骑兵趁机冲向哈罗德并将他砍成肉酱。撒克逊人一时间群龙无首，逃往四周的树林。哈罗德的尸体在混战中支离破碎，之后不得不招来他的情妇"天鹅颈"伊迪斯（Edith Swan-Neck）亲自辨认尸块。后来哈罗德的遗体被安葬在伦敦北部的沃尔瑟姆修道院（Waltham Abbey）。

第4章 征服者威廉（1066—1087）

黑斯廷斯战役的故事被记录在一幅挂毯上，这幅挂毯可能是奥都主教（Bishop Odo）下令让英格兰刺绣工人绣制的，他是威廉同父异母的兄弟。这幅挂毯现今仍悬挂在法国贝叶博物馆（Bayeux）的墙壁上，是中世纪史上对战争的最生动的描绘。

虽然打了胜仗，但威廉失去了三分之一的士兵和极多的战马。他没有粮草储备，没有援兵，孤军身处于一个充满敌意的国家。他知道，一旦英格兰贵族知道他已把他们的土地许诺给自己的支持者，他们一定会奋起抵抗的。威廉下令在黑斯廷斯战役原址上修建一座修道院，并决定在他所声称的恩主"忏悔者"爱德华位于伦敦的坟墓前加冕称王。

20年后，《土地调查清册》（Domesday Book）记录了一条村庄走廊，这是诺曼军队从苏塞克斯向伦敦进发的途中留下的，军队所到之处，"荒无人烟"。这支军队并没有挑战伦敦刀剑不入的城墙，而是直接向泰晤士河上游进发，绕过米德尔塞克斯，围住伦敦，静等伦敦的主教和市民们"必须出城

》》贝叶挂毯生动地描绘了中世纪时期的战争场面，下面出现的三幅图像描绘了哈罗德国王被杀死并被残忍分尸的场景。

来"。威廉对爱德华国王给予他们的自由表示认可，声称"我不能容许有人对你们不好"。于是，伦敦毫发未损，而威廉的加冕礼于1066年圣诞节在威斯敏斯特大教堂顺利举行，撒克逊主教按照撒克逊仪式主持，不过站在外面观礼的市民的脸色却并不怎么好看。

威廉胜利返回诺曼底，英格兰的胜利果实由他弟弟奥都主教打理，他设立了肯特伯爵（Earl of Kent）、威廉·菲茨奥斯本（William FitzOsbern）和赫里福德伯爵（Earl of Hereford），并立即着手在切普斯托（Chepstow）修建一座大型城堡。他如今不得不清还债务，于是开始在英格兰征收并不算重的赋税。为了保护他返回途中的安全，他在南部海岸修建城堡。不过大量的叛乱让其意识到也需要在埃克塞特、沃里克、约克、林肯、亨廷登和剑桥修建城堡。当初阿尔弗雷德修建城镇防御工事的目的是保护民众，而威廉修建防御工事的目的却是镇压民众。这些城堡最初是用泥土和木头修建的，后来换成了石块，驻防士兵可以在城堡中避难，也可以用其关押叛乱者。

英格兰人并没有那么容易俯首称臣。最严重的反抗运动发生于1069年，地点是诺森布里亚首府约克。作为回应，威廉对整个地区进行了无情的报复，他下令烧毁村庄，毁坏牲畜和庄稼，饥肠辘辘的居民最终只能表示愿意当牛做马，只求放他们一条生路。据中世纪史书记载，威廉"任意妄为，脾气上来就什么都不顾"。所谓的"惩北行动"（harrowing of the north）种下了仇恨的种子，该地区民众对诺曼人的恨意一个世纪后还未消失。1071年，林肯郡一位领主"觉醒者"赫里沃德（Hereward the Wake）奋起反抗，他利用自己对东盎格里亚沼泽地的了解，躲避追捕长达一年多。最后，伊利的一名僧侣被人收买，出卖了他，此后他就消失了，成为沼泽地的一个传奇。

威廉此时把注意力转移到教会上，如同他奖励那些贵族一样，他也奖励了诺曼主教们。他免去了撒克逊人斯蒂甘德的坎特伯雷大主教头衔，取而代之的是兰弗朗克（Lanfranc），后者是卡昂（Caen）修道院院长，也是一位知名律师和官员。在不到20年的时间里，诺曼主教和修道院院长遍及英格兰四分之一的土地，作为回报，

》切普斯托城堡在征服后不久就开始建造，目的是保卫塞文谷和通往威尔士的通道。这些外围的堡垒可以追溯到13世纪。

这些主教和修道院院长要建立修道院并为教堂抽募资金。在接下来的70年里，修建教堂的盛况是15世纪之前绝无仅有的，这不仅表示威廉决意掌握英格兰这个新王国，还代表着英格兰11世纪的财富积累甚至可以媲美法国。

"诺曼征服"如今尘埃落定。苏格兰马尔科姆国王表示愿意效忠于威廉。在西部，切普斯托、什鲁斯伯里、切斯特等地众多伯爵分割了威尔士边界地区。11世纪70年代，迪河以南几乎整个英格兰国土都经历了欧洲历史上最有系统的一次领土转让行动。大约4000名撒克逊人的土地被200名诺曼贵族、主教和修道院院长夺走，只有5%的国土还在撒克逊人手里。据估计，有20万名诺曼人、法国人和佛兰芒人移居英格兰。大约相同数量的英格兰人死于屠杀和饥饿，大概是英格兰总人口的五分之一。

在这个过程中，撒克逊自由民成为佃农，他们要对领主绝对效忠，领主们则是国王的直属封臣。在这种制度下，每名佃农都是"被束缚的"，他们有义务服兵役，且未经领主许可，他们不得购买或出售土地，也不能到别处去。此前在郡县法院，自由民的审判裁决由国王任命的地方治安官执行；而如今，取而代之的是采邑法院①，领主拥有绝对的审判权。在向威尔士和苏格兰边境进发的过程中，这些领主的治理权几乎独立于国王，他们有权自己指定郡县治安官，有权修建城堡和成立军队。他们的名字响彻中世纪：莫蒂默（Mortimer）、蒙哥马利（Montgomery）、奥斯本（Osberne）、德伯奥斯（de Broase）和德克莱尔（de Clare）。

1085年，年纪渐长的威廉决定丈量经济地理范畴的国土，为税收设立名目和数量，并结束贵族间的纷争。一批公职官员记录下每块土地的情况，在威尔特郡古塞勒

》图中描绘了巴约主教奥都、征服者威廉同父异母的兄弟，与手下的骑士们共同吃饭饮酒的场面。他后来成为肯特伯爵，很有可能是巴约挂毯的出资人。

---

① 采邑法院（manorial court），领主法院，分封而形成的领主的司法自治机构。——编者注

姆（Old Sarum），他们集体宣誓不向贵族透露这项工程的任何消息。调查结果于1086年公开，撒克逊人称之为《末日审判书》（即《土地调查清册》），"因为其结果如同最后审判日的结果一样，是不可改变的"。在维多利亚人口大普查之前，这次调查提供了迪河以南最完整的英格兰土地情况。结果显示，东盎格里亚是人口最多的地区，而诺福克和萨福克的人口总共有165000人，约克只有30000人。由于火灾，伦敦并没有清查，不过据说有25000人。只有15%的英格兰土地被评定为林地。欧洲其他国家并未进行过这样的土地清查活动。这不仅是一份书面记录，这次清查将诺曼人统治下的英格兰当作一个整体的行政区看待。此时法国仍是诸多公爵组成的松散联邦，而英格兰却已迈上了中央集权之路。

威廉的统治情势逐渐恶化。他失去了个子矮小却异常强悍的妻子玛蒂尔达（Matilda），相传她身高仅有4英尺2英寸（合1.27米），不过最近一副疑似她的骸骨被发现，她的身高数据修正为5英尺（合1.52米）。他的长子罗伯特拿起武器反抗他。他另外一个儿子理查德在骑马时坠落摔死。威廉在英格兰和诺曼底之间穿梭，与法国菲利普国王经常交战。1087年，在芒特（Mantes）被围时，威廉从马背上摔落，腹部破裂。他在被送往鲁昂的途中去世。"他肿胀的肚子破裂了，一股令人无法忍受的恶臭传入旁观者鼻中。"他的遗体被葬在卡昂修道院，他的坟墓如今仍在。威廉的成就与半个世纪前的克努特不相上下，他征服了英格兰并使整个国家臣服于他的统治之下，不过他后代子孙的成就再也未能出其右。诺曼政策、语言和文化渗透进入撒克逊英格兰的血液里。在接下来的4个世纪里，英格兰和欧洲大陆牵连不断，也灾祸不断。

第5章

The Conqueror's Children
征服者威廉的子孙
（1087—1154）

在中世纪，如果一个国家的君主去世，其国家结构很少不发生改变。虽然王位继承方面存在各种礼制，但权力还是取决于军事力量的强弱。威廉一世去世后，他的长子罗伯特·柯索斯［Robert Curthose，绰号"短袜"。(short-stocking)］继承了祖先的家族领地诺曼底，次子小威廉，即威廉二世（1087—1100年在位）则继承了比较丰饶的英格兰土地。

威廉二世一向面色红润，因此有"红脸汉"（Rufus）之称，他骁勇善战，不过行事缺乏自律。他从鲁昂出发，快马加鞭前往威斯敏斯特举行加冕礼，以防竞争对手赶在他之前抵达。为了赢得声望，他又把父亲威廉一世遗留的大量财富赠给教会，并向每个县郡下发100英镑，以作接

》在征服者威廉死后，社会陷入动荡不安，威尔士和苏格兰"边界地区"的贵族们在中央的许可之下，开始实施半自治的管理，其标志就是瓦伊（Wye）的古德里奇城堡（Goodrich Castle）。

第5章　征服者威廉的子孙（1087—1154）

济穷人之用。

盎格鲁—诺曼的统治风格发生了改变，从威廉一世时期的简朴军事主义转变为威廉二世时期的穷奢极欲之风。威廉二世毫不避讳地迷恋一个叫兰那夫·弗兰巴德（Ranulf Flambard）的诺曼牧师，两人共同执政，一时间法国的时尚事物在朝廷遍地开花，无论是服装、娱乐，还是建筑。达勒姆（Durham）城堡大教堂最先落成，后来又在泰晤士河畔修建了威斯敏斯特大厅（Westminster Hall）。无论是宗教领域，还是世俗领域，这些也许均是当时北欧最宏伟的建筑。这样大手笔的花费需要越来越苛刻的财税政策的支撑。威廉二世没收了所有未成年继承人的收入，将其充公。1089年，坎特伯雷大主教兰弗朗克去世，威廉二世为了将坎特伯雷的收入归进囊中，竟任由大主教这个职位空着。

更严重的是，威尔士边界地区的新领主获准深入威尔士境内抢掠，此举破坏了昔日威廉一世和威尔士王子之间精心制定的条约。其后果是，在接下来3个世纪里，威尔士成了诺曼君王们的心腹之患。兰弗朗克最终的继任者是学识渊博的安塞姆主教（Bishop Anselm），他和国王威廉二世就钱财、朝廷的"罪行"及其"娘里娘气"的时尚事物发生了争执。威廉二世公开嘲笑教会，并成立一个贵族委员会来决定究竟谁应该拥有统治权，是国王，还是教皇。贵族们最后小心翼翼地选择支持国王。

很快，威廉二世陷入了阴谋的泥潭。他的叔叔奥都有权有势，奥都起来反抗他，转而支持他的哥哥罗伯特。此外日渐独立的盎格鲁—诺曼贵族也选择同奥都站在一起。不过威廉二世竟被一个看似不可能的盟友给救了。1095年，教皇乌尔巴诺二世（Pope Urban II）宣布发动第一次十字军东征，呼吁欧洲各国暂且搁置国内纷争，合力将耶路撒冷从异教徒手里解放出来。凡是战死之人，其罪将得到赦免。这次十字军东征被认为是信仰、伴随着骑士精神崇拜发展的宗教融合、侠勇和爱情的终极表现。国王、贵族，就连地位卑微的民众都热切地想参加这场东征运动，他们认为教皇的呼吁不可抗拒。这显示了罗马教会在中世纪时期欧洲具有磁铁般的吸引力。

第5章 征服者威廉的子孙（1087—1154）

威廉二世骁勇善战，但却不擅远征。威廉二世把6600英镑交给哥哥罗伯特，令他出征耶路撒冷。作为回报，威廉二世索要他离开期间诺曼底公爵领地的所有收入。罗伯特同意了，并把这些英镑装在67只桶里，运往鲁昂。5年后，罗伯特尚未返回，威廉二世在父亲威廉一世遗留的位于新福里斯特（New Forest）的新狩猎场上打猎时被一支箭射中。所谓的意外，几乎可以肯定是谋杀，威廉二世的弟弟亨利就在事发现场。不同寻常的是，亨利和他的朋友们将威廉二世的尸体丢在路边不顾［死亡地点被称作"鲁夫斯石"（Rufus Stone）］，反而策马奔向位于温彻斯特的国库，要求加冕为王。威廉二世的尸体被一名烧炭工人发现并送往大教堂安葬。1100年，亨利抢先加冕为王，罗伯特以长子的身份索要王位，但他所派的代表迟来了一步。

亨利一世（1100—1135年在位）和父亲威廉一世很相像。他赶走了威廉二世的宠臣弗兰巴德，在加冕典礼上以宪章的形式宣布废除威廉二世的惩罚性税收政策，并承诺"终止一切压迫行为"。该宪章被认为是《大宪章》的前身。亨利一世奉行禁欲主义，下令朝堂之上不得留长发。亨利一世的情妇是威尔士德修巴斯（Deheubarth）的奈斯特·费尔希里斯（Nest Ferch Rhys）公主，她以美貌著称，为了向威尔士表示和解意愿，亨利主动将她献给彭布罗克（Pembroke）城堡的诺曼长官。亨利一世迎娶了广受爱戴的苏格兰公主伊迪丝［后改名为"玛蒂尔达"（Matilda）］，她是15世纪之前唯一一支融入英格兰皇家血统的不列颠血脉。一年后，罗伯特从圣地巴勒斯坦归来，要求拿回王位。亨利与他达成了协议，双方承认对方在其领土内的自主权以及继承对方土地的权力。

在诺曼人中间，这样的协议并不是安全无虞的。1106年，罗伯特出尔反尔，最后以诺曼底廷切布雷战役（the battle of Tinchebrai）兵败收场，这场战役被早期历史学家认为可"媲美"黑斯廷斯战役。罗伯特被俘，被处以终身幽禁，一开始关押在迪韦齐斯（Devizes），后移送至卡迪夫（Cadiff）。亨利一世将女儿小玛蒂尔达嫁给身兼神圣罗马帝国皇帝和德国国王的亨利五世。教皇甚至同意在教会效忠问题上达成和解，英格兰神职人员在世俗方面效忠于国王，在宗教方面则效忠于教皇。

和他父亲一样，亨利一世认为有必要制定国家制度。所幸亨利一世手下有一位叫罗杰的顾问，他是萨里斯伯里（Salisbury）人，也认为有此需要。罗杰是首批有志于巩固诺曼王国的文官。亨利一世在法国游说的同时，罗杰则以"首席法官"的身份负责治理英格兰。有一次，罗杰以降低铸币成色的罪名将97名铸币工人刺瞎并施以阉刑。罗杰用一张方格布进行国民核算，"国库诸位大臣"在这张方格布上评估税收、租金和罚金，并于3月末的圣母领报节（Lady Day，3月25日）上呈国王。如今的"纳税年度"便由此而来。一些法律术语也初见端倪。国王手下的贵族法庭被"王座法庭"（King's Bench，法院自此出现）代替，斯特兰德（Strand）的"律师学院"专门用来培养律师。地方法院可以向四处巡回的王座法庭提起上诉。亨利一世成为"正义之狮"（Lion of Justice）。

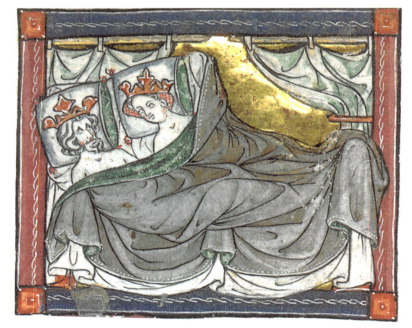

》》诺曼人与本地人的亲近被鼓励：威廉的儿子亨利王子，与他的情妇威尔士公主正在床上享乐。他后来迎娶了苏格兰公主。这种和谐不久被打破，未来的王室开始海外嫁娶。

然而亨利一世的诸多努力后来遭受了重创。1120年，亨利一世失去了唯一合法的儿子威廉。威廉在经历一夜狂欢后，不顾天气恶劣的情况，执意要乘坐皇家轮船"白轮船号"（White Ship）从诺曼底返回英格兰，结果船只不幸失事。据说船上的盎格鲁—诺曼贵族有一半葬身海底。事发之后，亨利一世不得不宣布女儿玛蒂尔达为其王位继承人和英格兰下一任君主，且逼迫手下贵族宣誓效忠于她。这样的王位继承方法非常不安全。撒克逊传统中没有女性为王的先例，玛蒂尔达的丈夫亨利五世死后，时年26岁的她已经改嫁给安茹①金雀花家族年仅14岁的杰弗里（Geoffrey）。安茹是诺曼底的宿敌，这桩婚姻本可以是两者外交方面的天作之合，但若从英格兰未来国王人选的角度出发，这却是行不通的。1135年，亨利一世在诺曼底去世，死因据说是食用鳗鱼过量，王位由他的表亲"布洛瓦的斯蒂芬"（Stephen of Blois）继承，继位依据据说是亨利临死前改变主意，将王位传给了他。教会和伦敦市民接受了斯蒂芬。玛蒂尔达和她丈夫拥有至少一半王位继承权，他们强烈反对斯蒂芬加冕，于是安茹向诺曼底宣战。

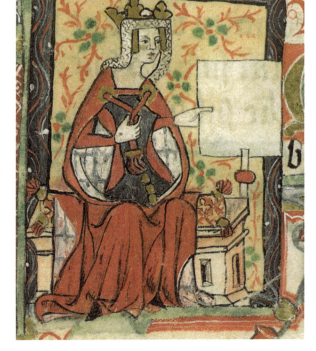

》亨利一世的女儿玛蒂尔达未能得到斯蒂芬的王位，但却通过她的儿子亨利二世构筑了金雀花王朝。

---

① 安茹（Anjou），是法国西北部的古地区名，它曾是欧洲西部的一个封建伯国。1154年安茹成为英国王室的领地。1480年并入法国领地。——编者注

斯蒂芬统治早期局势和平，可是他不顾后果地没收了萨里斯伯里、林肯和伊利各地主教的财产。当玛蒂尔达于1139年抵达英格兰之时，主教和贵族们纷纷表示效忠于她父亲亨利一世，愿意由她继承王位。接下来便是长达15年的内战，史称"混乱时代"（Anarchy）。皇家法庭为贵族专制让步。斯蒂芬是已经加冕的国王，自有效忠于他的人，而玛蒂尔达是亨利一世公开宣布的王位继承人，因

》埃莉诺带领一支十字军队伍，与其丈夫法国国王离婚，并与亨利二世坠入爱河。此图为她与其继女儿骑马。

此也有其支持者。1141年，玛蒂尔达的支持者在林肯战役（the battle of Lincoln）中打败斯蒂芬，她做了很短一段时间的女王，不过很快便在牛津城堡被围，她不得不裹着一件白色披风乔装打扮，在夜色的掩护下徒步穿过冰封的泰晤士河河面，直奔沃灵福德（Wallingford），才幸免于难。多年冲突过后，1148年，玛蒂尔达返回安茹，将夺位的大业交给了她和杰弗里所生的儿子小亨利（Henry of Anjou），他当时只有十几岁。

小亨利后来点燃了欧洲的战火。他身材魁梧，长着一头红发，不畏艰险，"俊面朗目"，有人形容他"面容令人百看不厌"。他通过父亲杰弗里得到了安茹和缅因的土地，又通过外祖父亨利一世得到了诺曼底的土地。他因为安茹家族在参战时头盔上佩戴金雀花枝，得到了绰号"金雀花"（Plantagenet）。

1151年，亨利代表其领地正式拜访法国国王路易七世。路易七世是一个虔诚、谦逊的人，而他的妻子埃莉诺王后（Eleanor）则是一名烈女子，她本身还是阿基坦女公爵（Duchess of Aquitaine），有统治实权，30岁之前已亲自率领军队参加过第二次十字军东征。她对亨利一见钟情，嘲笑丈夫路易是"和尚，没个国王样儿"，并要求立刻解除婚姻。1152年5月，她在首府普瓦捷（Poitiers）嫁给了年少她10岁的亨利，此举统一了一个自苏格兰至西班牙的帝国，"从北极到比利牛斯山"。欧洲各国闻讯后震惊不已，但这的确推动了历史的发展。激情和政治为英法关系带来了新生。尽管埃莉诺年龄比较大，但她给亨利生了8个孩子，同时也带来了没完没了的麻烦。

巴黎和伦敦对亨利的王位继承资格争论不休，但他却应付自如。他手下的很多安茹骑士经历过十字军东征的历练，所向披靡。1153年，亨利率领3000名士兵抵达英格兰，斯蒂芬没有抵抗，他承认亨利拥有王位继承权，而且不到一年，斯蒂芬就去世了。贵族们争相向这位年轻的勇士表忠心，他能力出众，并带来了英格兰当下急需的团结与和平。

第6章

Henry and Becket
亨利和贝克特
（1154—1189）

亨利二世（1154—1189年在位）是一位尚武的国王，也是一位有着骑士气概的英雄。他从来忙碌异常，在其统治的领域内四处走动，几乎连坐下来吃饭的时间都没有。他不是在打仗，就是在打猎；不是在打猎，就是在制定法律；不是在制定法律，就是在同情妇寻欢作乐，这令他的妻子埃莉诺王后气恼不已。他脾气火暴，有仇必报，但同时也可以是一个冷静、温和、聪明和高贵的君王。在其统治期间，亨利二世的注意力主要放在两件事上，一是担忧法国领土不稳定，二是希望在祖父亨利一世留给他的英格兰国土上重新建立法律秩序。

君主们都有自己的宠臣，但很少有宠臣像托马斯·贝克特（Thomas à Becket）那样，对年轻的亨利二世的统治产生如此深远的影响。贝克特是伦敦一名诺曼商人的儿子，亨利二世登基时，他是朝廷的一名秘书。新登基的亨利二世认为贝克特是一个能干的律师兼外交官，两人关系变得亲密起来。加冕礼过后几周时间内，时年21岁的亨利二世任命贝克特担任大法官。两人一起工作，一起用餐，一起旅行，一起娱乐。"在基督教时代，从没有这么意气相投的两个人。"贝克特的朋友威廉·费兹史蒂芬（William FitzStephen）如此写道。在亨利二世人才辈出的宫廷里，贝克特像王子一般生活着。

亨利二世和贝克特之间的亲密关系起初是卓有成效的。在最初两年中，亨利二世的足迹遍布全国，将异见人士的土地悉数没收，并将象征着诺曼统治压迫的城堡夷为平地。他下令废除了封建的兵役制，代之以征收兵役免除税。与此同时，贝克特成为皇家外交官。1158年，他被派往巴黎，此行的豪华阵仗震惊了法国人。他的随从多达200人，全部身穿制服，随行带着打猎专用的老鹰和猎犬，12匹驮马满载礼品，赶马的是身披华服的猴子。对法国人来说，英格兰显然不再是一个世纪前威廉公爵誓要征服的那个潮湿的盎格鲁—诺曼偏远之地了。

1162年，亨利二世此时已登基8年，灾难发生了。坎特伯雷主教之职空缺，亨利二世要求贝克特接任，不过后者并不情愿，因为这样一来贝克特就要身兼大主教和大法官两职。贝克特声称，对教会忠诚和对国王忠诚二者非一人之力所能为，因此一开始便表示拒绝。亨利二世驳回了他的意见，据说贝克特的回答是："上帝在我心里排第一，在您之前。"在当时的英格兰，教会的权力比北欧任何国家的权力都更大，这主要是因为威廉一世向教会的慷慨捐赠以及诺曼修道院的兴旺发展。据估计，那时，教会雇用了全国六分之一的人口。当时诺曼建筑热潮不断蔓延，达拉谟、温彻斯特、格洛斯特、诺威奇、彼得伯勒、伊利和索斯韦尔等地的大教堂和大修道院如雨后春笋般不断崛起。只有埃及的金字塔可以与之媲美。这些教堂是亨利二世统治的黏合剂，它们阴湿的中殿、摇曳的烛光和抚慰心灵的圣歌将人们从日常事务中解放出来，这种安慰作用是任何世俗领袖都做不到的。

贝克特如今抛开高官厚禄——其中包括坎特伯雷大主教的额外津贴，成为一名苦行僧。他身穿刚毛衬衣，于1163年率众主教前往法国图尔拜见教皇亚历山大三世，回来后坚决主张政教分离。作为回应，亨利二世于1164年起草了《克拉伦登宪法》（Constitution of Clarendon），该宪法重申了亨利一世的法令，那便是君主在世俗事务中拥有最高权力。土地、税收和司法事务方面的分歧由国王裁定。英

格兰所有人，不论阶级和社会地位如何，归根到底都是国王的子民，包括贝克特手下的神职人员。亨利二世和贝克特关系崩裂。1164年，贝克特当着北安普敦一个委员会的面重申教会享有的种种自由，此举戏剧化地正式表明了他所效忠的对象。亨利二世闻言勃然大怒，提醒贝克特要记得自己卑微的出身。贝克特回答"我们应该服从上帝，而不是凡人"，并毫不客气地反驳说圣彼得也出身卑微。傲慢自大的大主教和满腔怒火的国王之间爆发了冲突，贝克特逃往巴黎，并在那里待了6年。

与此同时，英格兰之外的不列颠土地叛乱不断。亨利二世已经接受了苏格兰国王的归顺，但却不得不撤出在德修巴斯（Deheubarth）国王和格温内思（Gwynedd）国王统治下反抗活动频发的威尔士。在爱尔兰，边界领主"强弩手"罗伯特·德克莱尔（Robert de Clare）率领手下的诺曼—威尔士骑兵偷偷入侵爱尔兰。1170年，他攻下都柏林，成为伦斯特国王。这些举动不仅在形式上完成了诺曼征服，也表明即使最强大的英格兰国王也无法掌控不列颠群岛那些未被撒克逊人征服的土地。

虽然亨利二世将贝克特驱逐出境，但身处两国的两人还是达成了短暂的和解。贝克特以英雄之姿返回英格兰，在伦敦广施恩惠，他告诉坎特伯雷的会众："君王权势越大，则手腕越硬，那么约束他的棍棒便要越结实，锁链便要越坚固。"他警告说，上帝很快会增加殉道者的数量。此外，他还将昔日与亨利二世联合对付自己的主教和牧师驱逐出教。贝克特必定知道，他这么做是在挑战亨利二世的忍耐力，后者肯定忍无可忍。被贝克特驱

>> 达勒姆大教堂继承了诺曼遗风，而新兴的罗马教堂与王权之间产生了矛盾。在那时，达勒姆大教堂是欧洲北部最大的教堂。

逐出教的牧师们前往诺曼底向亨利二世求救，结果发现亨利二世气病了。亨利二世大声说道（说的是法语，不过是用拉丁语记录下来的）："我这是养了一群什么样的闲人和叛徒，他们竟眼睁睁看着主人被一个出身低微的牧师如此污蔑？"言下之意是："就没有人帮我除掉这个好事的牧师吗？"

听亨利二世这么说之后，4名骑士即刻领命，坐船赶往英格兰。1170年12月29日，他们找到贝克特，要求他服从亨利二世的权威，收回驱逐牧师出教的成命。贝克特拒绝了，双方争论起来，后来贝克特前往大教堂举行晚祷。

〉〉贝克特与亨利关于教堂的雕像与地位的争论响彻整个历史，直至亨利八世的改革。

骑士们紧追不舍,想逮捕贝克特。贝克特反抗,结果被乱刀砍死,就这样倒在了祭坛前的血泊里。随后4名骑士离开英格兰,先是前往罗马,接着又去了巴勒斯坦,这便是迫切需要的"忏悔行动"(penitent crusade)。

贝克特遇害一事令整个欧洲震惊。虽然亨利二世辩驳道,他的初衷只是想逮捕贝克特,然而他那番臭名昭著的话被很多人听到,猜疑四起。一位大主教竟在供奉上帝的教堂内被残忍杀害,而且这明显是国王派人所为。此事所掀起的轩然大波也反映了中世纪教会的权力。人们纷纷把咒骂的矛头指向亨利二世。对森斯大主教而言,这是比尼禄暴行①更加严重的罪行,甚至比犹大出卖耶稣的罪行更加严重。亨利二世最后不得不服丧3日,向教皇的权威低头,并承认教会法院不受王权的影响。亨利二世提供土地修建新的修道院,狡猾并成功地让教皇准许教徒前往圣大卫海湾和巴德西岛(Bardsey Island)朝圣,这大大促进了威尔士旅游业的发展。接着他在坎特伯雷忏悔,赤脚走到贝克特神龛门前,脱光衣服整晚接受僧侣们的鞭笞之刑。

亨利二世的统治又延续了18年之久,不过1170年的危机改变了王权的平衡,敌对方不再那么畏惧他的威势。由于亨利二世专宠情妇罗莎蒙德(Rosamund)的缘故,他和埃莉诺王后的关系逐渐疏远,埃莉诺王后最终返回安茹王朝的首都普瓦捷,并自此以后竭尽全力削弱丈夫亨利二世的权力。她挑动英格兰的莱斯特伯爵(Earl of Leicester)罗伯特和诺福克比伯爵(Earl of Norfolk)戈德(Bigod)掀起叛乱,又得到了对她一向言听计从的法国国王路易七世的协助。1175年,亨利二世以包括大度赦免叛乱罪为代价,平息了这些叛乱。亨利二世的情妇罗莎蒙德归隐牛津郡外的戈斯托修女院,而亨利二世则忙于继续完成祖父亨利一世未竟的改革事业。6间巡回法院正式确定,实行大陪审团制度,代替了原先的决斗式审判和神明裁判。地方长官负责征税。由此出现了"普通法"(common law)的这一概念,普通法与领主自由裁量权截然相反,不分男女老幼,不分高低贵贱,一律

---

① 尼禄暴行,指罗马皇帝尼禄弑母、杀妻的残暴行径。——编者注

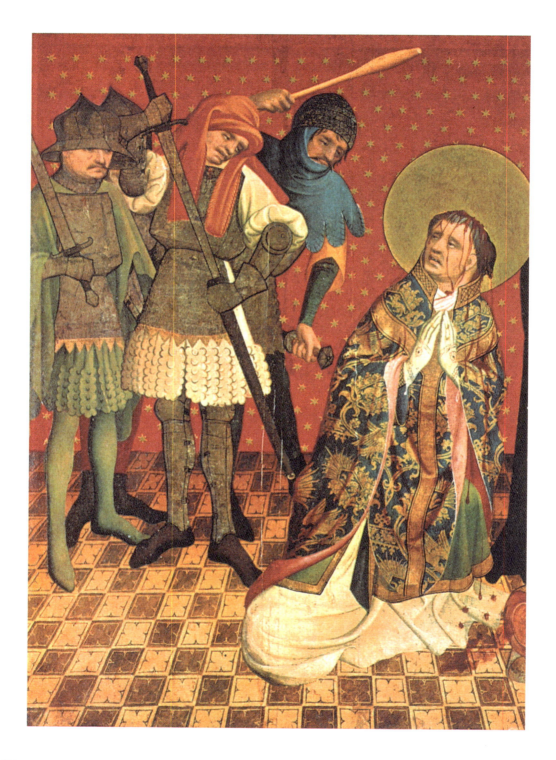

适用。这为诺曼专制主义引入了撒克逊人基于先前"自古以来广为喜爱的"习惯权力的概念，这一概念是英格兰公民自由的基石。

虽然有此番举动，但彼时亨利二世帝国的政治和文化中心仍在经历"12世纪文艺复兴"的法国。无论是语言、文化，还是时尚，英格兰宫廷的借鉴对象仍是海峡对岸的法国。长长的尖头鞋、女式紧身上衣和宽大的衣袖无一不是从巴黎学来的。教育也颇具有世界性眼光。当时社会关注的焦点是骑士比赛，蒙茅斯的杰弗里于1136年出版的亚瑟王传奇故事集极大地强调了骑士比赛的传奇作用，此外书中还有魔术师梅林的魔法预言等。1180年，值法王菲利普二世（Philip Ⅱ）登基之机，亨利二世举行了一场规模盛大的骑士比赛，英格兰的威廉·马歇尔（William Marshal）荣获冠军，他击败了所有法国骑士，据说也伤了所有少女的芳心。

12世纪80年代，王位继承风波的魔咒再次降临到亨利二世身上，一如他的祖父亨利一世。1183年，亨利二世的长子在阿基坦（Aquitaine）去世，不过他不肯提名下一个顺位继承人理查继任，而是偏爱年纪更小的儿子约翰。1188年，埃莉诺王后唆使理查向法王菲利普二世示好，以此反抗亨利二世。理查时年31岁，正准备完成自己的人生目标：参加第三次十字军东征，拯救巴勒斯坦摆脱萨拉丁的统治。然而在他父亲正式任命继承人之前，他不敢离开。亨利二世坚决不肯任命理查为其继承人，理查最终在绝望之下联合法国国王向他父亲的安茹公爵（Duke of Anjou）领地发动突然进攻。

》》对贝克特的捕杀震惊了整个欧洲。它终结了亨利凌驾于罗马教会的世俗权威。

亨利二世被迫抵抗自己的儿子（和妻子）。在一场战役中，理查和对亨利二世忠心耿耿的威廉·马歇尔交手，马歇尔打败了理查，理查求他饶命。马歇尔杀死了理查王子的战马，对叛国的理查说道"你会遭天谴的"。此时亨利二世已经56岁了，而且病得越来越重。1189年，亨利二世前往青年时代生活过的法国希农（Chinon），并了解了长子去世的具体情况。当听到他最喜爱的儿子约翰也已加入理查的叛军队伍的消息时，亨利二世悲叹道："我对这个世界的一切都不再在乎了。"接着，他安排理查接替王位。亨利二世去世了，编年史作者写道："一头狮子遭到了豺狼的围攻"。

第7章

Magna Carta
《大宪章》
（1189—1216）

亨利二世的儿子们使英格兰重新回到昔日斯蒂芬国王和玛蒂尔达女王时期的混乱状态。"狮心王"理查（Richard the Lionheart，1189—1199年在位）的统治是英格兰君主制度历史上一段短暂却昂贵的插曲。1189年9月，他在威斯敏斯特举行盛大仪式加冕称王，将父亲亨利二世的敌人从监狱里释放出来，并欢迎母亲埃莉诺王后重返宫廷。然而，他对英格兰的兴趣受到了英格兰募集资金能力的限制。他一句英语都不会说，但却想方设法向英国子民征税，以期在资金方面支撑自己参加第三次十字军东征。他渴求增加收入，据说他曾说过这样的话："如果能找到买家的话，我愿意卖掉伦敦。"登基不到一年，理查便离开英格兰，率军前往巴勒斯坦。其间他只回来过一次。英格兰由他母亲、他弟弟约翰以及实际上暂代国王之职的大法官威廉·隆尚（William Longchamp）负责打理。这么做的结果是矛盾立即产生。高税收促使伦敦市民自发组成"公社"，并选出了首位市长亨利·菲兹－澳英（Henry Fitz-Ailwyn）。由于市长代表着极其重要的皇家收入，因此后来历届君主都不敢忽视这股新势力。

对理查来说，巴勒斯坦战场并没有昔日在诺曼底比赛场上想象的那般荣耀。十字军战士的营地疫病横行。虽然他可以在战场上击败萨拉丁，可是耶路撒冷却不肯乖乖束手就擒。1192年，理查被迫通过谈判达成妥协，谈判结果仅允许朝圣者进入耶路撒冷。然而，更糟的事情还在后面。听说英格兰国内出现问题之后，理查命亲信休伯特·华尔特（Hubert Walter）返回英格兰取代隆尚出任大法官。理查的弟弟约翰逃往法国，和菲利普国王结盟篡夺他的王位。

理查还没来得对约翰叛变一事做出回应，便不幸被俘，并被移交给神圣罗马帝国皇帝，对方开出了赎金条件。在伦敦，华尔特此时不得不效仿理查早先的敛财行为，以期筹得足够的钱财换取国王的自由。征税的重担主要落在伦敦正在发展壮大的羊毛贸易上，作为回报，华尔特获得了坎特伯雷大主教的职位。1194年，理查被赎回，不过在他生命的最后5年内，他一直在同自己的法国同胞作斗争。后来他在战场上被弩射中，死于伤口引发的败血症，他在临终之际颇有骑士风度地宽恕了射伤他的敌人。

他的弟弟兼王位继承人约翰此时正发动一场针对自己国家的叛乱，做了英格兰主要敌人法国的盟友。约翰身高5英尺5英寸（约合1.65米），遗传了父亲的一头红发，绰号"无地王"（Lackland），因为他是年纪最小的儿子，所以手里连一点儿土地都没有。他热衷于打猎，喜欢收集珠宝，但却被认为是一位叛逆，一位靠不住的王位继承人。华尔特在皇家委员会上力主由理查12岁大的侄子亚瑟（Arthur）接任王位，不过贵族们并不同意。他们并不喜欢约翰，不过却推崇血脉继承，如果他们拒绝的话，很可能会爆发内战，而华尔特既不想，也没有钱财打这场仗。被提名的亚瑟随后遇害，人们普遍相信约翰与此事脱不了干系。

在约翰国王（1199—1216年在位）的统治下，英格兰陷入了一片混乱。1206年，华尔特去世，国王就坎特伯雷大主教继任人选问题和罗马方面发生了矛盾。此时的教皇是手腕强硬的诺森三世（Innocent Ⅲ），他身边全是野心勃勃的英格兰牧师。教皇派自己的心腹史蒂芬·朗登（Stephen Langton）出任大主教。约翰拒绝了教皇，并于1209年没收了教会财产，其结果是教皇即刻驱逐英格兰出教。英格兰贵族躁动不安，课税过重的英格兰民众也愤恨不已，约翰不得不屈服，于1213年接受朗登出任坎特伯雷大主教。约翰还接受了诺森三世的要求，教皇要求他尊重"他正试图奴役并怀着不虔诚之心实施迫害的英格兰教会"。约翰无能为力，只得承认英格兰是天主教会的"封地"。

约翰仍旧腹背受敌。罗埃林大王（Llywelyn the Great）统治下的威尔士在边界地区攻占了一座又一座城堡。1214年，约翰遭遇重创，法国在布汶战役（the battle of Bouvines）中击败了约翰的德国盟友，即使德军是在一支英格兰远征军的援助下也无法挽回败局。贵族们利用这次蒙羞事件反抗国王，约翰在绝望之际借助最近向罗马教皇表忠心之事将这些谋反的贵族逐出教会。他甚至还向士兵们分发绣有圣乔治十字架图案的束腰外衣——圣乔治是被十字军战士视为保护神的一位圣徒。

》 狮心王理查很少留在英国，却主要依靠英国来为其十字军筹资。他在位的大部分时间都在海外争战，他在法国战斗，最终死在那里。

》无能的约翰凝结了巨大的力量,最终为英格兰留下了《大宪章》。

约翰和他的高级官员如今陷入市民的武装对抗之中。为了安全起见,约翰躲进了伦敦塔,手持武器的市民在塔外转悠,他们是伦敦"武装团体"的先导。在这个关键时刻,朗登大主教向贵族们提议,他们应该重新提出亨利一世的加冕礼宪章。他们不应该要求国王退位,而应该以"全国人民"的名义要求实现某些自由。1215年6月,约翰前往温莎城堡,在被胁迫的状态下商谈达成了61条的宪章。他骑马前往兰尼米德(Runnymede)泰晤士河河畔的一处草地上会见叛乱者,并坐在设在帐篷里的临时宝座上为《大宪章》加盖国王印章,然后怒气冲冲地返回了温莎。

《大宪章》经历了几个世纪的诠释。正如朗登所指出,它并不是第一部此类性质的宪章,并且后来在亨利三世统治期间修订过三次。《大宪章》中的很多条款涉及以下事项,譬如泰晤士河上的渔栅,威尔士囚犯的待遇,以及遣返约翰国王的金雀花家族"外人"。这是欧洲第一部人权宪章，明确以法律的形式巩固了公民的自由。

宪章第12条规定："无全国公意许可，不得征收任何兵役免除税或贡金。"这是无代表不纳税的早期版本。第39条规定了人身保护令："任何自由人，如未经其同级贵族之依法裁判，或经国法判，皆不得被逮捕，监禁，没收财产，剥夺法律保护权，流放，或加以任何其他伤害。"第40条包含了一个后来多被滥用的司法理念："余等不得向任何人出售，拒绝，或延搁其应享之权与公正裁判。"第52条规定："任何人凡未经其同级贵族之合法裁决而被余等夺取其土地，城堡，自由或合法权利者，余等应立即归还之。倘有关此项事件之任何争执发生，应依后列负责保障和平之男爵二十五人之意见裁决之。"

该宪章开创了一个先例，历史上后来的立宪主义者往往加以借鉴，并被后世人赋予了当时所不具有的重要意义。虽然莎士比亚在其戏剧《约翰王》（*King John*）中忽视了《大宪章》的存在，但《大宪章》的存在已是既成事实。它是法治对抗赤裸裸的权力的最重要文件之一，对17世纪的革命者具有重大意义和影响。《大宪章》还明确了与王权相对立的贵族权力。由于国王的无能和软弱，贵族的力量有所增强。贵族"本身"是土地领主，拥有大量土地，骑士、担保人和佃农要对其效忠。权力的基础发生了转变，从君主权威和自由裁量权向现代法律与现代议会变化。

约翰刚签署《大宪章》，便立即写信给英格兰的新领主——教皇，请求教皇宣告《大宪章》无效。9月，教皇高调回应，同意了他的请求。诺森三世在回信中写道，《大宪章》"不仅是可耻和卑劣的，还是非法和不公平的"。教皇"代表万能的上帝、圣父、圣子、圣灵，以圣彼得、圣保罗及圣徒的权力"谴责《大宪章》。英格兰贵族们作出了回应，他们所采用的方法正是约翰对付其哥哥理查的方法，同样也是理查对付其父亲亨利二世的方法，这就是向法国求援。法国是任何英格兰国王敌人的朋友，他们邀请菲利普二世的儿子路易入侵英格兰并夺取王位。1216年，路易王子如约在英格兰南海岸登陆，率兵向伦敦进发。随后他在伦敦塔安营

扎寨，很多英格兰贵族纷纷向他表示忠心。自诺曼征服以来，这样的事情还从未发生过。

一如既往，当英格兰国王和法国有矛盾时，边界的凯尔特人便会趁火打劫。在威尔士，罗埃林大王率军南下，攻占了边界地区的喀麦登（Carmarthen）。苏格兰国王亚历山大二世趁机率军挺进泰恩河沿岸，声称古老的诺森布里亚王国应归苏格兰所有。他继续南下，甚至抵达多佛海峡，目的也是向路易王子表忠心，从而巩固自己的占地之举。与此同时，约翰踏上了逃亡之路，他四处躲藏，摧毁了大片反抗他的土地，并烧毁了众多不肯对他施以援手的城镇和村庄。1216年10月，他逃往东安格利亚（East Anglia），路上患了痢疾，还在匆忙经过瓦什（Wash）地区时弄丢了行李搬运车，王冠随之丢失，约翰认为这象征着权威的丧失。

不久之后约翰在纽瓦克去世。去世前他筋疲力尽、病痛满身、众叛亲离。有人说他是被毒死的，也有人说他是吃桃子太多撑死的。在运送他的遗体前往伍斯特（worcester）下葬之前，他的仆人们偷走了他所有的东西。虽然约翰有时候也颇骁勇善战，但他却是英格兰君主中民望最低的一个。他缺乏虔诚之心，生性刁滑，恐怕只有后来的理查三世可以与之相提并论。同时代的马修·帕里斯（Matthew Paris）这样写道："地狱污浊不堪，但其污浊程度却不及约翰国王的半分。"一位吟游诗人亦写道："从没有人相信过他，因为他的心软弱而畏缩。"不过这种"恶行"却是一项丰功伟绩/《大宪章》/的催化剂。

》》《大宪章》的签字在当时并非很重要，但在后世却被视为法律的奠基石。

第8章

Henry III and Simon de Montfort
亨利三世和西蒙·德·蒙福尔
（1216—1272）

如果说约翰统治期间通过制定《大宪章》推动了英格兰公民权利的话，那么一位年幼国王执政下的不稳定局势又能带来什么呢？约翰去世后，他年仅9岁的儿子亨利三世（1216—1272年在位）即位。他在西方国家由深谙边界地区情况的威廉·马歇尔监管，身边还有教廷使节瓜拉（Guala）主教照料。约翰死后，马歇尔迅速行动，匆忙将年幼的亨利三世送往格洛斯特大修道院（Gloucester Abbey），用一顶小小的金冠为他加冕。当约翰剩余的朝臣赶来晋见亨利三世的时候，他们一见到这个可怜的孩子便惊呼道："小人儿美丽极了，他可谓是深陷战乱的王国的唯一希望。"

马歇尔意识到，无论年龄大小，只要国王行加冕礼并得到教皇认可，那便是王位正统性的强大象征。曾经站在法国侵略者路易王子一边的贵族和臣僚如今纷纷倒向马歇尔的权威与亨利三世的王权。其中包括一些重要人物，譬如休伯特·德伯格（Hubert de Burgh）、彼得·德洛奇（Peter des Roches）以及皇家军队统帅福克斯·德布鲁特（Fawkes de Breaute）。这些人成立了委员会，重申《大宪章》的主张。1217年夏天，他们已经开始掉转枪头对抗路易王子。路易王子率领的军队在林肯郡狭窄的街道上遭遇英格兰骑兵，双方陷入混战，法军被打败。路易王子手下的海军也在多佛被德伯格率兵击败。路易王子撤回法国，他后来登上法国王位，成为路易八世（Louis Ⅷ，1223—1226年在位）。1219年，卓尔不凡的马歇尔去世，遗体被安葬在伦敦的圣殿教堂，时至今日他的墓前仍伫立着一尊朴素的骑士雕像。

在亨利三世登基后的前10年，国家事务由休伯特·德伯格主理。德伯格是一名战士，是一名朝廷官员，对年幼的国王而言，也是父亲般的形象。他恢复了亨利二世的管理模式，其中包括巡回法院和财务法院；在外交事务方面，他寻求与法国实现经济上的和平共处。13世纪20年代的英格兰遍地都能看到外聘的法国建筑师的作品。这些法国建筑师带来了阁楼教堂和新哥特风格的尖头窗，摒弃了线条粗重的诺曼罗马式建筑，代之以内部光线明亮的索尔兹伯里大教堂、林肯大教堂和韦尔斯教堂，这些特点在法国沙特尔（Chartres）和博韦（Beauvais）都是有例可循的。一名来自法国桑斯的建筑师威廉在坎特伯雷大教堂修建了新的唱诗班席位，亨利三世后来非常为之着迷。他还在威斯敏斯特大教堂重建了"忏悔者"爱德华的圣祠。这些伟大的建筑和中世纪英格兰城镇摇摇欲坠的木石房子形成了鲜明的对比。朗登大主教欢迎新的托钵修道会"布道"修道士来到英格兰，道明会于1221年引入，方济会于1224年引入，两者所主张的苦行主义与本笃会不受欢迎的放纵修行方式形成对比。

尽管欧洲各国都想抑制贵族对骑士比赛的狂热，但诺曼人对骑士精神的崇拜却有增无减。年纪尚小的亨利三世长到20岁出头之后，德伯格尽己所能想遏制任何萌芽中的战争苗头。不过1229年，21岁的亨利三世还是做出了越界之举。虽然亨利三世不善征战，但他却渴望获得战场上的荣耀，于是他乘船前去收复先前约翰失去的祖传法国领土。他失败了，并为之付出了惨重的代价。1236年，他娶了普罗旺斯的雷蒙德时年13岁的女儿埃莉诺。婚礼盛大奢华，宾客名单令人眼花缭

》城堡建筑影响了整个13世纪英格兰。边界领主吉尔伯特·德克莱在格拉摩根郡卡菲利建造的城堡，由塔楼，城门，护城河组成，用以抵抗威尔士和英格兰。

乱，其中包括法国国王路易九世和300名骑士。埃莉诺后来成长为一位聪明果敢的王后。她的随从人员来自普瓦图和萨瓦的宫廷，她的家族要求亨利三世给他们加官晋爵。而他们正是《大宪章》里警告过的"外人"。这些普特温人说的语言是法国南部所使用的奥克西唐语，因此贵族们抗议说这是"英格兰语言"的衰落，而其实他们指的是法语。每当埃莉诺乘船沿泰晤士河顺流而下的时候，岸上的人们就会朝船上扔去腐烂的水果。

亨利三世的统治并没有遵照《大宪章》的原则，而是效仿更为独裁的法国君主统治。他对罗马教皇极其尊重，曾说过："当我们举目无亲，无依无靠的时候，是我们的母亲罗马教会……将我们送上王位。"他把英格兰教会五分之一的总收入进献给教皇,这让国内的主教们十分不快。当他求助于贵族们的时候,他发现他们并不愿意上交钱财,不过这丝毫没有减少亨利三世奢侈生活的花销。还欢迎妻子埃莉诺的法国亲戚来访,甚至在伦敦修建了第一座动物园,使用伦敦塔来养动物。其中有一头在泰晤士河里游泳的北极熊,还有狮子、蛇、一头犀牛、一头大象,等等。而其中的鸵鸟由于吃得太多,后来被撑死了。参观者必须付门票才能进入动物园,或者需带一只猫或狗给狮子作食物。

1252年,亨利三世犯了一个战略上的错误。他免去了妹夫西蒙·德·蒙德福特(Simon de Montfort)的加斯科涅总督之职,后者因此成为朝廷持不同政见的贵族们的领袖。蒙德福特和他父亲同名,其父是一位刚愎自用的法国勇士。蒙德福特娶了亨利三世的妹妹埃莉诺。埃莉诺与王后同名,是已故的威廉·马歇尔的遗孀。和任何声称反对国王的人一样,蒙德福特很快吸引了一群不满现状的人,其中有贵族,有伦敦市民,也有对亨利三世"外来君主政体"失望的神职人员。1253年,亨利三世返回法国参战,他弟弟理查无法筹到必需的军费,于是召开了一场"讨论会",参加的人有贵族和主教,而且有史以来第一次有郡代表出席。在1254年的复活节举行了会议,它成为了现代议会的原型。

实力减弱的亨利三世在外交的荒野上苦苦挣扎。他已和法国国王路易九世达成和解,并接受了教皇的建议,由他儿子埃德蒙(Edmund)担任西西里岛国王,由他弟弟理查担任罗马皇帝。不过这么做代价巨大:要想坐稳西西里岛和罗马的王位,军费高达135000英镑。由于数年来国内收成不佳,饥荒肆虐,贵族们斩钉截铁地拒绝了这笔高昂的军费开支。1258年,蒙德福特与7位重要人物宣誓彼此忠诚,并要求国王进一步实行变革。"我向上帝发誓,"亨利三世有一次外出打猎时遇到了暴风雨,他对蒙德福特说,"你比世界上所有雷电加起来都更可怕。"众所周知,蒙德福特要求把国王"像查理三世那样锁起来"。

其结果是在所谓的《牛津条例》(Provisions of Oxford)中对《大宪章》进行修订。依照该条例,贵族们要求将"外国人"从一切国家事务中驱逐出去,包括教皇特使和海外银行家。该条例的范围超越了公民自由,而是强调了君主政体结构。蒙德福特领导的15人委员会地位高于国王的24人委员会。15人委员会对每年举行3次的议会负责,无论国王召集议会与否。15人委员会和国王之间的摩擦发展成为武装冲突,最终引发了1264年刘易斯外的一场战役。亨利三世一败涂地,他和儿子爱德华被蒙德福特率军俘虏。

自此英格兰开始初试议会统治,不过结果并不理想。1264年6月,刘易斯的战役结束一个月后,蒙德福特便着手组织新的议会,每个郡派2名骑士出席,每个城市"选派"2名市民参加。此次召开议会的目的不仅是讨论税收,还讨论任何公众关心的问题。而这个被视为英格兰历史上的"首个"议会直到1265年1月才在凯尼尔沃思城堡附近的地方召开。但新议会召开不到一个月便自行解散。与会具体人数无法确定,但可以确定其中有5位伯爵和18位男爵。

蒙德福特高估了自己的能力。他发现,英格兰的贵族往往能够做到团结起来反抗国王,但却容易内部分裂。在兰尼米德,英格兰准备好接受上议院,却并没有做好迎接下议院的准备。贵族们赶走了亨利三世身边的"外国人",但他们同样反对蒙德福特所主张的平民政治。边界领主吉尔伯特·德克莱(Gilbert de Clare)向亨利三世投降,开始在格拉摩根郡卡菲利建造要塞,那是一个宏伟的建筑,有主楼,有外墙,还有护城河。亨利三世的儿子爱德华逃了出来,向那些敌视新议会的贵族寻求帮助。其结果是,1265年,此时刘易斯战役结束不足一年,蒙德福特和年轻的爱德华在伊夫舍姆战役(the battle of Evesham)中一较高下。罗埃林大王手下威尔士骑兵的变节决定了蒙德福特失败的命运,这是"诺曼征服以来前所未有的贵族血战"。蒙德福特命人抬着亨利三世上战场,以示自己所为是合法的,亨利三世不幸被误伤,他不得不请求蒙德福特饶自己一命。战争结束后,年事已高的亨利三世平静地承认,他当时不敢看叛乱的儿子爱德华一眼,"免得我上去抱住他"。

蒙德福特的尸首惨遭肢解,以示他大势已去,他的头颅被插在矛尖上。他的支持者们在凯尼尔沃思城堡坚持抵抗了9个月,城堡四周是护城河,无法硬攻。为了攻下城堡,爱德华用尽了各种方法——从释放瘟疫到将这些人逐出教会,不过

第8章 亨利三世和西蒙·德·蒙福尔（1216—1272）

城堡里的人顽强坚持到了被无罪释放。国王召开新议会，废除了蒙德福特的很多规定，但贵族们确保他们的财产权在1267年的《马尔伯罗法》（Statute of Marlborough）中得到确认。这是现今仍在实施的最古老的议会法令，"由地位各不相同的公民联合制定而成，记录下来以供不列颠国王居民长久遵守之用"。英格兰由此进入和平状态。

》对蒙德福特的文学描写中，他要求亨利三世进行改革，并最终形成了现代议会。

>> 忏悔者爱德华被认为是诺曼统治者的继承人。亨利三世对他极其崇拜,并在威斯敏斯特大教堂为其修建圣陵。

>> 图中是马修·帕里斯于公元1250年绘制的英国地图,其中有哈德良长城以及13世纪的金雀花王朝历代国王们试图征服的威尔士和苏格兰地区。

亨利三世晚年变得愈加虔诚,他视"忏悔者"爱德华为其偶像,还专门请人画了爱德华的画像挂在自己卧室里。1269年,他下令按照哥特风格重修威斯敏斯特大教堂,竣工后整个教堂焕然一新。1272年,在统治56年之后,亨利三世去世。在其统治期间,贵族和议会的权力可谓达到了中世纪的巅峰。其后是3个世纪专横独裁的金雀花王朝和都铎王朝,直到17世纪议会才再度确立。不过《大宪章》和蒙德福特所创立的议会已经出现。对后世而言,《大宪章》和议会成为民意许可下的权力象征,一旦统治者与被统治者发生矛盾,这两者便会被提起。

第8章 亨利三世和西蒙·德·蒙福尔（1216—1272）

第9章

Hammering the Celts
锤击凯尔特人
（1272—1330）

　　亨利三世的继承人爱德华一世（1272—1307年在位）皮肤黝黑，身高达6英尺2英寸（约合1.88米），他既有普罗旺斯血统（母亲这边），也有金雀花家族血统。父亲亨利三世的死讯传来之时，爱德华一世刚参加完十字军东征行动，正在返回途中于西西里岛作短暂停留。由于不觉紧迫，他在法国待了两年，才于1274年抵达英格兰。他时年35岁，曾把父亲亨利三世从贵族叛乱分子手中救出来，不过他早期支持过蒙德福特，认为有必要将王权置于宪法的框架下。和金雀花家族其他成员一样，他也脾气暴躁，喜欢武力。他准备像对待加斯科涅人一样对待凯尔特人。他的好战之心破坏了他资源丰盈的和平之治。他对待妻子卡斯提尔的埃莉诺（Eleanor of Castile）却十分温顺，两人共同生育了16个子女。

　　1274年，爱德华一世加冕为王，宴会场面的盛大是伦敦历史上前所未有的。官方下令修道院献上天鹅、孔雀、鹤、梭子鱼、鳗鱼和鲑鱼。威斯敏斯特大厅宴会消耗掉了60头牛、40头猪和3000只鸡。齐普赛街（Cheapside）的喷泉里流着红白葡萄酒。骑士们放开马在大街上随便跑，之后谁逮到算谁的。在能干的大法官罗伯特·伯内尔（Robert Burnell）的指点下，爱德华一世发布令状，宣布以百人为单位召集陪审团对民众不满的问题进行普查和登记，并派委员会成员收集《百户邑卷轴》（Hundred Rolls）的材料，由此产生了一系列威斯敏斯特法令，这是以《大宪章》原则为基础的英格兰法律的主体。这些法令涉及土地、贸易、教会和公共秩序，得到了一系列由贵族、骑士和市民组成的"上下"议会的认可，爱德华一世在执政的前15年间多次召开议会。如果说亨利三世是"议会之父"的话，那么爱德华一世便是议会诞生的"助产士"。

爱德华一世登基之后最重大的举措便是调查封建贵族持有土地和管理地方法律的"资格凭证"，这可谓是权力的调查清册。国王要求贵族亲自去巡回法庭证明自己的继承权，这种做法并不常见。曾参加过苏格兰边界扩张运动的瓦伦讷伯爵（Earl of Warenne）被检查员要求出示财产许可证，他挥舞着家族先辈们在黑斯廷斯战役中使用过的锈迹斑斑的剑，大声说道："这就是我的证明。"爱德华一世的铁腕所针对的不仅仅是贵族。13世纪70年代，威尔士首次实现国家统一。乘亨利三世打仗之机，罗埃林大王及其孙子罗埃林·阿普·格鲁菲德（Llywelyn ap Gruffudd）掌握了威尔士大多数土地，亨利三世在1267年《蒙哥马利条约》（Treaty of Montgomery）中对此表示认可。可是阿普·格鲁菲德曾是蒙德福特的盟友，还娶了后者的女儿，因此既然爱德华一世要求阿普·格鲁菲德在自己加冕登基之时前来恭贺，然而阿普·格鲁菲德没有出现，爱德华一世认为这是叛乱之举。

1277年，爱德华一世入侵威尔士北部，这是不列颠群岛历史上花费最高的一次军事行动，由此引发的仇恨一直持续至今。一支15000人的职业军队在切斯特集合，此外还有海岸搬运工、修路工人和行李搬运车。一位来自法国萨瓦的建筑师马斯特·詹姆斯（Master James）奉爱德华一世之命率领来自全国各地的泥瓦匠一同前往。到8月，皇家军队已经穿越格温内思郡，朝安格尔西岛进发。沿途一路收割庄稼，一则供士兵吃饭之用，二则不给威尔士军队留下一粒粮食。罗埃林大王很快不战而降，表示臣服于爱德华一世。爱德华一世还要求他缴纳高达50000英镑的罚金。罗埃林大王表示支付不起，因此不得不接受英格兰司法处置。罗埃林大王的弟弟达维德（Dafydd）又于3年后掀起叛乱。1282年，阿普·格鲁菲德战死，而达维德则被处以绞刑并肢解，他是以叛国罪标准处罚的第一位牺牲者。从此，罗埃林家族一蹶不振。

爱德华一世的征服活动开始变得顺风顺水。马斯特·詹姆斯在威尔士北部修建的城堡参照了法国勒旺的十字军城堡，旨在"震慑"威尔士人。卡那封城堡借鉴了君士坦丁堡城墙的主题，这也唤起了爱德华一世建立一个北欧帝国的梦想。他接受了亚瑟王的"王冠"，声称自己在格拉斯顿堡发现并重新埋葬了亚瑟王及其妻子格尼维尔（Guinevere）的遗骸。博马里斯城堡、哈莱克城堡、卡那封城堡和康威城堡周围是专为防御而建的乡村或设防的城镇，与加斯科涅很相似，这些城堡时至今日在地图上仍然很显眼。随着这些英格兰殖民者陆续到来，威尔士人被禁止持有财产或在城墙内从事贸易。

征服威尔士之后，爱德华一世把目光投向苏格兰。1286年，苏格兰国王亚历山大三世（1249—1286年在位）去世，他的死引起了约翰·巴里奥（John Balliol）和罗伯特·布鲁斯（Robert Bruce）之间的王位争夺战。边界以北的英格兰主权要追溯到苏格兰国王不时向撒克逊国王表忠心时期，此时爱德华一世希望通过支持巴里奥重新获得这些权利。此举激怒了苏格兰贵族，他们采取了行动，那就是向法国求援。此举已经成为苏格兰的习惯作法，每当苏格兰与英格兰之间出现麻烦，就会向法国求援。

爱德华一世兵力强大，如果他不是残酷镇压凯尔特地区的话，完全可以在双方达成一致的情况下建成一个联合王国。但他没有，于是此时的爱德华一世陷入了中世纪英格兰君主经常面对的局面，那就是腹背受敌，一边是愤恨满满的凯尔特人，另一边是投机取巧的法国人。1290年，爱德华一世为了补充军费，竟将英格兰境内的所有犹太人驱逐出境，并抢夺那些欠犹太人债的人的财产。大约3000名犹太人赶往东部港口，坐船逃往波兰和波罗的海诸国避难，直到后来克伦威尔请犹太人回国，他们才敢回到故土。同年，埃莉诺王后在林肯郡去世，爱德华一

第9章 锤击凯尔特人（1272—1330）

世为此伤心不已。他将妻子的遗体运回伦敦，沿途灵柩每停一处，便在此处竖起"巨型"十字架，最后一处便是伦敦的查令十字街（Charing Cross）。

爱德华一世此时资金不足。他动用国王私用金，将自己的私人"衣橱"改造成一间"机密"室，供国王身边顾问所组成的机密委员会商谈之用，此举违反了亨利三世所制定的宪章的相关条例。然而世间万物皆有代价。爱德华一世意识到，臣民们"担心他们出于慷慨和好心上交给我们的贡金和税收……有朝一日会成为他们及其子孙后代的

》爱德华一世对于威尔士的镇压活动是中世纪英国花费最大的军事政府行动，建立了包括哈莱克城堡在内的一系列的军事堡垒，旨在对威尔士人起到震慑作用。

强制性义务"。他是第一位清晰阐明金钱和民意之间关系的君主。于是，他于1295年召集新的议会，这被称作"模范议会"（Model Parliament），目的是投票拨款继续投入战争。他将伯爵、男爵、主教和修道院院长会集在一间宽敞的大厅里，此外还有来自70个市镇的292名平民代表。这是首个两院制议会，议会成立后很快便投入工作。爱德华一世每年的战争开销高达25万英镑。

1296年，苏格兰的巴里奥迫于贵族势力，宣布不再效忠爱德华一世，作为回应，爱德华一世下令在边城贝里克大开杀戒。巴里奥被迫退位，他在大庭广众之下遭受侮辱，被摘下王冠，夺走权杖和宝球，然后以囚犯的身份被押往英格兰。苏格兰的"命运之石"斯昆石（stone of Scone）也一同被送来。这块石头除了1950年被短暂偷走之外，一直摆在威斯敏斯特大教堂爱德华一世的宝座下面，直到1996年约翰·梅杰政府将其作为传国宝交还苏格兰。

一位叫威廉·华莱士（William Wallace）的苏格兰贵族树起了反抗的旗帜，他在斯特灵（Stirling）城外击败了英格兰军队，用一名收税官的皮肤做了一条腰带。华莱士差不多逍遥了十余年，直到1305年最终被捕，他被送往伦敦施绞刑并肢解。即便如此，对苏格兰的震慑力依然不够。一年后，罗伯特·布鲁斯继承华莱士的衣钵，自立为苏格兰国王。爱德华一世勃然大怒，下令杀害了布鲁斯在英格兰境内的所有亲属，并为300名贵族授爵，然后派他们去打响苏格兰最后一役。在北上途中，68岁的爱德华一世在卡莱尔（Carlisle）附近病倒。他下令随从扶他坐上马背，以便继续领兵前进，可是没过多久他就去世了。爱德华一世被称作"一位伟大却可怕的国王……热衷领土征服，可堪骑士精神楷模"。他位于威斯敏斯特大教堂的坟墓朴实无华，上面刻有"'苏格兰人之锤'爱德华一世安葬于此"的字样。不过，他对苏格兰的打击并未带来和平，相反这令凯尔特人纷纷揭竿而起。

新任国王是时年23岁的爱德华二世（1307—1327年在位），他和热爱征战的父亲截然不同，有人甚至质疑他不是爱德华一世亲生的。在他登基之时，正要迎娶法国国王年仅12岁的女儿伊莎贝拉公主。与很多嫁给软弱的英格兰国王的王后一样，伊莎贝拉本身也很不简单。新娘伊莎贝拉发现爱德华二世与其男性好友皮尔斯·格威斯顿（Piers Gaveston）两人言行轻佻，后者曾被爱德华一世流放，原因是怕他教坏年轻的爱德华二世，可爱德华二世登基后又将他召了回来。两人在婚宴上的奇怪举止令伊莎贝拉的家族震惊不已，格威斯顿竟然身穿镶有珍珠的紫色衣服（王室专用）出席婚礼，到后来众人实在看不下去，只好纷纷愤然离席。

不论爱德华二世是否是同性恋，他对格威斯顿的迷恋都是显而易见的。英格兰当时设有令国王不能忽视的独立委员会，爱德华二世继位之初便试图废除他父亲爱德华一世赋予该委员会的权力，此事引起轩然大波。1308年，该委员会宣布效忠于"王位"，而不是国王本人，然后将格威斯顿驱逐出境。爱德华二世发疯般地强烈要求释放格威斯顿回来，结果格威斯顿被抓，并被当场处死。悲痛欲绝的爱德华二世将格威斯顿的尸首放在身边长达月余，直到有人把臭气熏天的尸体拖走才算了事。

两年后，爱德华二世继续完成父亲未竟的事业，誓要令苏格兰人臣服脚下。事实证明，他的确是一名勇敢的战士，但在战略方面却只知皮毛。他率领一支庞大却未受训练的队伍北上，试图解救斯特灵一座被围困的城堡，结果在镇外的班诺克本遭到罗伯特·布鲁斯率领的一小队苏格兰人马的埋伏。随后两场战役爱德华二世的

》爱德华一世深爱埃莉诺王后，正好压制了好战嗜血的本性。在埃莉诺王后死后，爱德华一世沿着她的墓道修建了"挚爱女王"十字架。图为北安普敦郡的哈灵顿。

》爱德华二世与法国公主伊莎贝拉的婚礼完全就是一场灾难。国王全程都在讨好友人皮尔斯·格维斯顿,法国人愤而离席。

惨败可谓是英格兰军队在不列颠本土自黑斯廷斯战役之后最丢脸的失败。爱德华二世的军队折损三分之二,他不得不从邓巴坐船逃走。

格威斯顿死后,爱德华二世的新欢是冷酷无情、不受欢迎的休·德斯潘塞(Hugh Despenser)。他被封为格洛斯特伯爵(Earl of Gloucester),在格拉摩根郡和喀麦登郡拥有大片边界土地。然而,他又让国王批准自己占有高尔半岛和厄斯克原先属于德克莱尔家族的土地。这是对土地继承权的极大威胁,贵族们忍无可忍,其结果就是联合起来向国王开战。贵族们的首领是边界领主"莫蒂默"的罗杰(Roger of Mortimer),他被德斯潘塞逼得不得不逃往法国。1325年,莫蒂默见到了和爱德华二世感情疏远的王后伊莎贝拉,她此时29岁,两人都对爱德华二世身边自命不凡的休·德斯潘塞恨之入骨。伊莎贝拉英姿飒爽,聪颖过人,她称"我丈夫和我之间有了第三者。除非大仇得报,否则我就要以寡妇的身份哀伤终老"。而她所做的远非如此。在巴黎,她和莫蒂默成为情人,这对法国宫廷而言是一桩巨大的丑闻,她哥哥法国国王亲自下令将两人流放到佛兰德斯。

一年之内,伊莎贝拉得到了英格兰不少持不同政见的贵族的支持,准备放手一搏。1326年9月,她和莫蒂默从东安格利亚登陆,以迅雷不及掩耳之势逼得爱德华二世与德斯潘塞逃往西部,在那里德斯潘塞最终被捕,并在赫里福郡当着她的面受审。他遭受了惨无人道的折磨,被吊起来阉割,被迫眼睁睁看着自己的生殖器被火烧,然后处以绞刑,并在意识仍然清醒(令人惊奇)的情况下被开膛破肚。伊莎贝拉的绰号是"法国母狼",这绝非浪得虚名。

在如何处置丈夫爱德华二世的问题上,伊莎贝拉王后感到很头痛。在威斯敏斯特大教堂召开的议会也面临着同样的难题,同样的问题还发生在后来的理查二世和查理一世身上:如何处置一位曾以上帝之名被施涂油礼的正统国王。就连贵族们也犯了愁。爱德华二世没有受审,因为他没有犯下任何罪行。主教们认为,不能废黜一国之主,只能请其退位。1327年1月,当爱德华二世在凯尼尔沃思听

》休·德斯潘塞当着伊莎贝拉女王的面遭到处决,画面相当血腥残暴,既有阉割和开膛破肚,又有吊死和五马分尸。这种针对叛国者的死刑相当流行,直至17世纪一直被人效仿。

到这个提议时,他含泪同意了,提出由伊莎贝拉所生的14岁儿子接替他的王位,王子的名字也是爱德华。加冕礼如期举行,前国王被送往伯克利城堡(Berkeley Castle),并于同年被人杀害,这很有可能是伊莎贝拉指使的结果。传言爱德华二世是被一柄烧红的长矛刺穿身体而死,这暗指他是一名同性恋,不过也有人认为这种说法只是宣传的一种手段罢了。他也许是被掐死的。

爱德华二世统治英格兰长达22年,尽管他在政治和军事方面并无多大建树,但在文化和服饰方面却令英格兰有所发展。爱德华二世是一个有品位的人,最主要的表现是他出资修建哥特式建筑和研究泥金写本(illuminated manuscript)。在威尔斯那些安静的楼梯和牧师会礼堂也可以追溯到他统治的时期。他还是第一位在牛津和剑桥创办学院的国王,他还下令印制精美的诗集和福音书。不过这些对于一个连自己王位都保不住的国王而言一钱不值。他退位后,莫蒂默和伊莎贝拉作为年幼的爱德华三世(1327—1377年在位)的摄政者,在英格兰实行独裁统治。

正如爱德华二世不同于爱德华一世一样,爱德华三世也不同于自己的父亲。他生活在母亲的暴政之下,直到1330年年满17岁时做出了一个大胆的举动。当时,伊莎贝拉和莫蒂默正在诺丁汉城堡,爱德华三世和23名贵族从秘道偷偷前去捉住了两人。伊莎贝拉当时身怀六甲,她请求爱德华三世不要让莫蒂默遭受绞刑和肢解的折磨,他同意了。之后莫蒂默被送往伦敦处决,伊莎贝拉则被放逐到诺福克的赖辛城堡,在那里舒舒服服地安度晚年。自此,爱德华三世正式掌权,并成长为英格兰最具骑士风度的君主。

>> 现当代画家所描绘的克雷西战役。在百年战争的前半段,英国凭借长弓压制了使用笨重十字弓的法国。英国的旗帜不仅有代表英国的雄狮,而且在周围点缀着法国的百合花。

第9章 锤击凯尔特人（1272—1330）

081

第10章

The Hundred Years War
百年战争
（1330—1377）

即位之初，十几岁的爱德华三世经常在宫廷排戏娱乐。爱德华三世是典型的金雀花家族男子，他体格健美，蓄着长长的头发和胡子，为人慷慨大方，血气方刚。他善于玩刀弄枪，被视为英格兰历史上最了不起的统帅之一，不过治国才能却比较平庸。他掌权早期整日忙于举行亚瑟王式的盛宴，参加骑士比赛。他还热衷角色扮演，让朝臣们阅读骑士文学作品，并将书里的情景表演出来。爱德华三世经常扮成朗斯洛爵士（Sir Lancelot）的样子。后来他母亲伊莎贝拉获准返回宫廷，她便会扮成亚瑟王的妻子格尼维尔的样子，身穿一件用600颗红宝石和1800颗珍珠装饰的银线丝绸外衣，"身边跟着歌手、猎人和男仆"。

这样的娱乐活动既需要金钱支撑，也需要战争的刺激。金雀花贵族家族及其家臣经常打仗，寻找开战的机会。编年史家弗鲁瓦萨尔（Froissart）记录了这个盎格鲁—法国国家在此时期的情形，他写道："除非英格兰国王能够打胜仗，热衷于同邻国交战，否则英格兰人民就不会热爱和尊敬他。"爱德华三世再度提出了那个自诺曼征服以来问过无数遍的问题：究竟要征服多少个国家，英格兰国王才算是真正意义上的国王？他经常与苏格兰人和爱尔兰人打仗，可是这些都是小打小闹，缺少欧洲大陆大规模战争的魅力。法国是朝廷要关注的焦点。在两国名义上的边界地区生活着2000万英国人和500万法国人，人数相差4倍之多。爱德华三世本人也拥有法国血统，对于英国人而言，他是一个陌生的君主，他和宫廷的人日常说法语，这更显得格格不入。不过由于先辈约翰王的失败，他在法国的领土只有阿基坦。

1328年，法国国王查理四世去世，他没有留下任何子嗣，爱德华三世的母亲伊莎贝拉声称哥哥去世后王位应由自己的儿子继承，不过最终王位还是落到了瓦卢瓦家族（Valois）的菲利普六世手里。一边是已故国王的妹妹，另一边是男性表亲。依照法国的萨利克继承法，女性亲属不能继承王位。英格兰表示对此并不同意，爱德华三世于1330年全面掌权后，双方就这个问题争吵起来。经过多年迂回外交斡旋之后，法国支持苏格兰袭击英格兰边界地区，支持海盗破坏英格兰与欧洲大陆之间的羊毛和酒类贸易。1337年，两国君主爱德华三世和菲利普六世宣布开战。1340年，斯卢以斯（Sluys）海战使两国的矛盾进入白热化。英格兰在爱德华三世的亲自指挥下打败了法军，夺回了英吉利海峡的控制权，从而可以将军队输送至法国。在英方强大的弓弩进攻之下，法方船上的士兵纷纷跳水逃命，只留下大约200艘法国船只。海水都被鲜血染红了，据说连鱼都会说法语。

斯卢以斯海战拉开了史上称作"百年战争"的序幕。表面上看，这只是两国的武力冲突，但这却是欧洲历史上最黑暗的一段历史。在此期间，北欧的人们灾难不断——气候变冷，农作物减产，饥荒肆虐，黑死病夺去了三分之一人口的生命。战场主要是在法国西北部的平原地区，其结果便是当地生灵涂炭。战斗的武器主要有两种，一种是英格兰长弓，另一种是法国大炮。此外双方还有一个共同的致命敌人，那就是痢疾。英格兰长弓长度可达6英尺，由紫杉木或榆木制成，再配上闪闪发亮的箭，弓力高达200磅，简直能把使用者的骨头拉弯，所以要求使用者拥有一副结实的肩膀。长弓用得最好的是威尔士弓箭手。长弓可以发射弩箭，一分钟可以发射10支，能射穿200码开外的普通盔甲。因此长弓对英格兰的军事胜利而言至关重要，爱德华三世下令禁止从事包括足球在内的其他运动，为的就是让人们可以集中精力练好箭术。

1346年，爱德华三世首次大规模入侵法国，率领大约1万名英格兰士兵直逼近巴黎城门下。可是城墙刀枪不入，很多人又患上了痢疾，战斗力大幅下降。英军撤退到索姆河，并在克雷西（Crécy）遭到了一支法国军队的阻截。战争随之爆发——法国的十字弓遇上了英国的长弓。弗鲁瓦萨尔写道，一阵箭雨"以不可思议的力量和速度"落到法军身上，"仿佛下雪了一般"。

法国骑兵冲锋了15次，可是马匹和步兵一样，无力与利箭对抗。骑士和贵族在数分钟之内便被杀死，爱德华三世还抱怨说这得损失多少赎金啊，因为赎金通常也是军费的来源之一。据说克雷西一役，法军死了上万人，而英军只死了100人。军事史学家认为，只有到后来加特林机枪被发明并使用的情况下，英军才能在开阔的战场上部署这么强大的火力。波希米亚的瞎眼国王是法国的盟友，他也在这场战役中丧命。这场战役给爱德华三世年仅16岁的儿子、未来的黑太子（Black Prince）留下了极其深刻的印象，他的饰章上画有三根波希米亚羽毛，还刻了一句德语座右铭"我服务"（Ich dien）。这枚饰章如今在威尔士亲王手里。

爱德华三世率军包围了加来，该地是抢劫英国运送羊毛船只的基地，全城人坚守了一年时间，最后于1347年8月投降。在围城行动到达顶峰之时，6名当地有头有脸的人主动来到英国军营，表示愿意拿自己的命去换其余市民的生命。英方接受了这个条件，可是爱德华三世的法国妻子菲利帕（Philippa）跪下来苦苦哀求他看在他们勇气的分儿上饶他们一命。加来躲过一劫，6个人被当作人质送往英格兰。罗丹于1889年用雕像纪念此事，雕像的一尊复制品如今矗立在威斯敏斯特宫旁边的河畔花园里。加来及其主要产品和市场自此归属英格兰达200年之久，直至玛丽女王时期。

爱德华三世凯旋而归，一副"无畏无瑕骑士"（beau chevalier sans peur et sansreproche）的派头，弗鲁瓦萨尔写道。他又补充道，"自亚瑟王时代以来，从未见过如此人物"，不过这种对比可算是陈词滥调。爱德华三世考虑成立一个骑士"圆桌会议"，将温莎这座古老的诺曼城堡，加上一个叫杰弗雷·乔叟①的年轻书记官所想象的围有雉堞的高塔，以期再现昔日卡米洛特的盛况。

1348年，克雷西战役结束两年后，爱德华三世设立了一个骑士团勋章，这便是赫赫有名的"嘉德勋章"（Order of the Garter）。据说设立这枚勋章是从宫廷美人索尔兹伯里伯爵夫人（Countess of Salisbury）腿上滑落的吊袜带（garter）得到的灵感。爱德华三世把吊袜带在自己腿上比画了一下，此举化解了伯爵夫人的尴尬，他说道："心怀邪念者蒙羞。"嘉德勋章的保护神是十字军战士以及英格兰的保护神圣乔治。这位伯爵夫人也被称作"肯特的琼安"（Joan of Kent），她后来嫁给了黑太子。

克雷西战役告捷之后，爱德华三世仍无法为英法战争画上句号。他可以打败高头大马的法国骑兵队伍，却无法征服整个法国。时至今日，跨越法国西北部地区仍给人留下放眼望去一片广袤大地的感觉。要想穿越法国这个饱受战争蹂躏的国家，英格兰军队需要穿越长长的交通线，战事的进行不得不依赖获得的战利品和法方的赎金。而战利品和赎金总有穷尽。单就这个原因，百年战争的最终胜利就不属于英格兰。这场战争更多的是军人骨子里对沙场的渴望，而不是出于现实战略考虑。

1348年，瘟疫爆发。黑死病是一种威力前所未见的瘟疫，是通过船只从远东带入的老鼠带入英国的，而且这些染了瘟疫的老鼠抵达的时间适逢酷暑难耐的6月。港口城市最先遭了殃。英格兰西部港口城市布里斯托尔（Bristol）在几周内失去了40%的人口，韦茅斯（Weymouth）也是如此。瘟疫向内地蔓延，城市乡村一扫而空，其中一些地方时至今日仍是坟茔累累。据估计，英格兰总人口从550万

---

① 杰弗雷·乔叟（Geoffrey Chaucer，1343—1400），英国文学之父，被公认为中世纪最伟大的英国诗人。——编者注

》》黑死病夺走了四分之一的英国人口，加速了封建体制的瓦解，只是暂时地中止了英法百年战争。

下跌至400万，这是英格兰历史上人口下跌最快的一段时期。黑死病对经济的巨大冲击很快显现出来。劳动力短缺导致工资翻倍和租金下跌。1351年，议会在情急之下通过了一项劳动法，依照这项劳动法，委员会可以禁止移民、签订封建契约，并按照瘟疫爆发前的工资水平支付工资。这项措施取得了短暂的成功，光是埃塞克斯一个地方就有八分之一的成年人被征罚金，不过该措施还是很快向市场屈服了。彼时土地充足，人口减少，导致粮食价格直线大跌，很多土地所有者不得不将土地卖给佃农。

历史学家们就黑死病是否改变英格兰政治权力平衡，加快封建制度瓦解并严重削弱人们对宗教的信心这一问题争论不休。黑死病的确催生了拥有土地的自耕农阶层和职业工匠阶层。工人们公然反抗领主，向工资更高的地方迁移。劳动力的不足加速了劳动密集型耕作农业向牧羊业的转变。羊毛之于中世纪晚期的英格兰正如石油之于现代的

第10章 百年战争（1330—1377）

阿拉伯半岛，被视为国家繁荣的关键所在，就连大法官也坐在铺着羊毛坐垫的椅子上，以提醒他应效忠于何方利益。在宗教方面，没有证据表明人们当时对宗教的信心有所减弱。黑死病过后，宗教建筑仍在继续修建，日益富裕的商人阶级对小教堂和学院捐赠不断。14世纪中叶之后，出现了个人对教会的批判声音，譬如约翰·威克利夫（John Wycliffe）及其追随者，他们被称作"罗拉德派"（Lollards）。威克利夫向罗马教皇的权威发起挑战，福音派牧师在他的激励下也做了同样的事。会众们争先恐后去教堂聆听这不一样的声音，把新建的英式垂直哥特式教堂宽敞的中殿挤得水泄不通。这些新教堂的装饰取材于圣经故事，还有捐赠人及其家族的生动肖

》尽管打着骑士理想主义的幌子，百年战争最终沦为绝望蔓延的土匪之争。爱德华三世将法国西南部的阿基坦"赐予"他的儿子黑太子。实际上，英国曾在阿基坦进行掠夺，但是收效甚微。

》》《约翰福音》的开首版面，来自基督教罗拉德派教士使用的口袋圣经。他们致力于普及教堂的礼拜仪式，在人们的心中播撒宗教改革的火种。

像画。据说在14世纪90年代的英格兰，"每个人都是罗拉德派"。威克利夫率先将《圣经》翻译成英语，后人称他为"宗教改革之晨星（morning star of Reformation）"。对于罗马教会富得流油这件事，英格兰的君主们却从未提出过任何反对意见。

然而，瘟疫和宗教怀疑论并未能减弱爱德华三世对战争的热忱。黑死病疫情最严重的时候，他竟公然举行了一场骑士比赛，宾客们是戴着厚厚的面具参加的。1355年，他令黑太子和冈特的约翰两个儿子向法国发起战争。英军沿着布列塔尼、加斯科涅和阿马尼亚克一路烧杀抢掠，然后进入法国南部郎格多克（Languedoc），甚至放火烧毁了卡尔卡索纳（Carcassonne）这座伟大的城市。直到1356年新任法国国王约翰二世在普瓦捷迎战黑太子的时候，实力消耗不少的英军才同一支像样的法国军队打了一仗。但最终数千名英国士兵再次打了胜仗，甚至比克雷西战役更加令人称奇。英格兰的主要兵器仍是长弓，黑太子以其对步兵和骑兵的熟练指挥把法国军队打了个落花流水。法国国王被俘，被送到伦敦塔关押，英军获得大捷。法国国王、苏格兰两位君主大卫二世和罗伯特·布鲁斯被视为英格兰军事实力的象征。

此时爱德华三世的声望攀上巅峰，不过他开始有点得陇望蜀了。英军围攻巴黎城墙之时，士兵已疲惫不堪，而且法国乡村惨遭破坏，无力支撑他的侵略野心。此外，英军中疫病爆发，致使他不得不撤军，并于1360年同意签署《布列塔尼条约》（Treaty of Bretigny）。法国国王约翰二世被赎回，英格兰重新掌握了亨利二世早先占有过的大片法国领土，南起普瓦图，贯穿阿基坦全境。作为交换，爱德华三世放弃了安茹、布列塔尼和诺曼底，并且放弃争夺法国王位。1362年，英格兰通过一项法案，规定英语为法庭用语言，而不是法语。一年后，议会召开时采用英语。自相矛盾的是，该项法案是用法语写成的，而且此后的演讲中仍使用法语。

1369年，爱德华三世的妻子菲利帕去世，上了年纪的爱德华三世对情妇爱莉丝·培蕊丝夫人（Dame Alice Perrers）言听计从。不久，爱德华三世再度要求继承法国王位，派王子们领兵前往阿基坦参战。他们的所作所为越来越肆无忌惮。1370年，黑太子在法国中部里摩日展开大屠杀，他先前因骑士精神赢得的名声因此消失殆尽。英军军费见紧，法国人利用法国地域广大的特点和英军军需匮乏的情况来消耗英方的兵力，饥饿的英国士兵与土匪相差无几。1375年，约翰王子所率军队因疾病和饥饿损失过半，阿基坦也失去了大半人口。他和黑太子返回英格兰。此时，英格兰的贵族和商人对这场持续将近半个世纪、毫无益处的战争表示极力反对。

爱德华三世不得不多次召开常规议会，想通过投票拨款继续战争。但1376年，在威斯敏斯特大教堂召开的议会上，时称"善良议会"（Good Parliament）的英国议会集体反对在法国的战争。这次议会推选彼得·德拉梅尔爵士（Sir peter de la Mare）为首任众议院议长，并严厉批评了约翰王子身边赞成对法作战的随从。这次议会还要求将日益奢靡的爱莉丝·培蕊丝夫人逐出宫廷，据说她每年从国库领的钱高达2000英镑。然而，没等议会主张自己的权力，议程就被突然传来的消息打断了——黑太子去世了。年事已高的爱德华三世得知这个噩耗后病倒了，黑太子年仅9岁的儿子理查袭位一事刻不容缓，他的叔叔约翰王子担任了摄政王。

约翰王子是中世纪一位不容小觑的人物，不过奇怪的是，人们对他的了解并不多。虽然他欠缺父兄的军事才能，但据他的第一任妻子布兰奇（Blanche）所说，他是兰开斯特一座豪宅的主人，拥有30座城堡，手下有4000名士兵供他差遣。约翰王子后来娶了西班牙卡斯提尔国王的女儿，她提出一个奇怪的要求，要求人们称其丈夫为"西班牙我王"（My Lord of Spain），不过他从未征服过西班牙，根本无法配得上这样的称谓。与此同时，他与其英国情妇凯瑟琳·斯温福德（Katherine Swynford）生了4个孩子，全叫博福特（Beaufort）。在他的西班牙妻子于1394年去世之后，他娶了凯瑟琳·斯温福德，并促使议会将她和自己生的孩子合法化。追根溯源，此后所有英格兰的国王均为约翰王子和几位妻子的后代。

然而和金雀花家族大多数人一样，约翰王子缺乏政治才能。已故黑太子的"善良议会"解散一年后，他召开了所谓的"糟糕议会"（Bad Parliament），他和支持者们一起召回爱莉丝·培蕊丝夫人，弹劾议长，并流放了有财有势的大法官威廉·威克姆（William of Wykeham）。为了再度对法作战，约翰王子还开始征收人头税，规定凡年满14周岁的英格兰公民，都必须上交4便士。

1377年6月，身有残疾的爱德华三世最终去世。他带领英格兰取得过军事上的辉煌，也在身后留下了一个被一场无法打赢的战争、沉重的债务和内战隐患推入困境的英格兰。此外，如果无法实现稳妥的王位传承并制定未来的统治框架，即便有最伟大的中世纪国王的成就也没有任何意义。黑太子的儿子和爱德华三世的孙子，即10岁的理查，在两方面都无甚建树。

第11章

The Peasants' Revolt to the Loss of France
农民起义，法国之失
（1377—1453）

理查二世（1377—1399年在位）常被人拿来与爱德华二世作比较，这并不仅仅是因为两人都被认为是同性恋，还因为两人都没有扮演好中世纪国王的角色。理查二世的加冕礼由他的叔叔约翰王子主持，年幼的理查累得筋疲力尽，是睡着了被人抱着参加完加冕宴会的。约翰王子的权力大得引人猜疑，因此委员会不肯把正式的摄政权交给他。同时，一个由不包括约翰王子在内的12人组成的委员会奉命应对由征收人头税引起的全国性起义。

1381年，人头税增加到每人1先令，这引起了农民起义，这是撒克逊英格兰集体反抗诺曼统治者的第一次自发性起义。起义的主体不是农民，而是早先就已经在抗议黑死病后劳工法令的各行业工匠，因为该法令旨在强迫他们效忠主人。起义者并没有统一的组织，他们从英格兰东南各郡县朝伦敦进发，这次起义的领导人后来成为左翼传奇人物，他们分别是瓦特·泰勒（Wat Tyler）、约翰·鲍尔（John Ball）和杰克·斯特劳（Jack Straw）。鲍尔那充满讽刺意味的韵文口号流传千古："亚当和夏娃男耕女织之时，何来绅士？"[①] 1381年6月，伦敦城陷入了为期两天的混乱状态，其间并没有有力的地方官员出来维持秩序。坎特伯雷大主教被杀死于伦敦塔，约翰王子位于斯特兰德街的萨伏伊宫（Savoy Palace）被烧毁。

年仅14岁的理查二世此刻表现出非凡的勇气，他不顾委员会的反对，只身一人骑马去见起义群众。他承诺答应起义者的要求，尤其是减免人头税并废除现有的农奴制。起义群众于是情绪缓和下来，双方第二天在史密斯菲尔德会面。当泰勒朝国王靠近的时候，他和伦敦市长发生了争

》这次农民起义是史上少有的针对英国王室的大规模反抗活动。图中展示的是其中一位领袖约翰·鲍尔在伦敦郊外召集起义者，他们手中都拿着象征爱国的旗帜，其中包括圣乔治的耶路撒冷十字旗。

---

① 此句话原文为"When Adam delved and Eve span, who was then the gentleman?"也可译为"王侯将相宁有种乎。"意为人人生而平等，并无尊卑贵贱。——编者注

斗。他拿刀砍向市长，结果市长反而将他砍倒在地。局面随之一片混乱，国王再度出面主持大局。他主动走到起义群众面前，自称为"你们的统帅和国王"。虽然各地继续发生抗税起义，不过理查二世显而易见的让步姿态使大局恢复了平静。局面平静下来之后，年纪尚幼的国王"被迫"即刻下令处罚起义群众，并收回了先前的承诺。事实上，史书记载查理二世声称："你们以前是乡巴佬，现在仍然是。你们仍将受压迫，只不过与此前相比压迫更重而已。只要我们活着，我们就会想方设法镇压你们。"显然这番话并不旨在安抚民意。

理查二世长大成人之后，显示出他不是一个好战之人。他举止优雅，有很高的审美趣味。据说他的脸庞"圆圆的，线条柔和，有时候还红扑扑的"，而他的声音在"讲话时僵硬，结结巴巴的"。他在艺术和建筑领域颇有天赋，可在统治的关键时刻却极其无能。1382年，年仅的15岁的理查二世娶了波希米亚郡主安妮，不过他更加感兴趣的却是一个名叫罗伯特·德维尔（Robert de Vere）的男性年轻朝臣，后者是牛津侯爵。德维尔和商人之子迈克尔·德拉波尔（Michael de la Pole）被封获萨福克伯爵（Earl of Suffolk）爵位，两人常伴国王左右，把持朝政，当时的宫廷如同今日的兄弟联谊会。约翰王子当时远在西班牙，国王的反对派很快形成，其首领是国王的另一位叔叔格洛斯特公爵（Duke of Gloucester）以及约翰王子与第一任妻子所生的亨利·柏林布鲁克（Henry Bolingbroke of Lancaster）。反对派贵族嘲笑理查二世的朋友是"矫揉造作的狐朋狗友"，并非具有骑士风度的战士，他们和国王开始了长期抗争。1388年，牛津郡和萨福克郡落入以格洛斯特公爵为首的"上诉贵族"（Lords Appellant）手中。德维尔和德拉波尔二人被逼踏上逃亡之路，颜面无光的理查二世对此却束手无策。

正如农民起义时期一样，此时的理查二世再次突然变得强硬起来，虽然这并不是什么战略才能。约翰王子从西班牙回国之后，理查二世便向委员会指出，如今他已经22岁，是时候"该当家做主，更不用说执掌国家了"。他宣布，国家统治权如今"在他一人手中"，从而一反金雀花家族国王长期妥协的常态。政局重新回到爱德华二世时期国王和贵族对立的状况，而这并不会有什么好结果。

英格兰简史　A SHORT HISTORY OF ENGLAND

理查二世过上了极其奢华的生活。他聘请第一位广受赞誉的英格兰建筑师亨利·耶维尔（Henry Yevele）完成了威斯敏斯特大厅的悬臂托梁顶棚，这也许是当时欧洲无柱子支撑情况下最长的屋顶。1396年，为威斯敏斯特大厅的开放典礼举行了宴会，场面极其盛大。理查二世还派人绘制了宗教色彩浓重的威尔顿双连画，这是中世纪艺术的杰作之一，其中还有一幅他本人的画像，画像笔法精妙，画中的他神态十分虔诚。理查二世恢复了威廉·威克姆大法官的职位，后者在温彻斯特、牛津科里治设立了学院，为学术发展树立了新标准。

乔叟的代表作《坎特伯雷故事集》（Canterbury Tales）大约在这一时期创作而成，堪称早期英语作品中的典范之作。相比同时期的欧洲大多数国家，英格兰此时拥有一种宝贵的团结力量，这便是共同的语言。《坎特伯雷故事集》描绘了一群人在前往贝克特圣祠朝圣的路途上讲述的故事，生动地展示了中世纪晚期多彩的社会生活。这本书提到了农民起义，对教会进行了辛辣的讽刺，书中写道："修道士和恶魔向来形影不离。"和同时代的威克姆一样，乔叟笔下中世纪晚期的英格兰社会风气开放，繁荣发展，人们说话诙谐幽默，对权威持怀疑态度。此时战争已经结束，富人们不用交税，政府和教会投入大量资金修建教堂、设立学院并举行各式庆典。英格兰已经从瘟疫和战争中恢复过来，不再只是欧洲北岸的一个小岛。

1397年，理查二世自觉已经足够强大，是时候找那些9年前将他两位宠臣赶出宫廷的贵族报仇了。他派人将叔叔格洛斯特伯爵在法国杀死。他的18位朋友成立了委员

>> 爱德华二世是一位慷慨的艺术捐资者。在精致高雅的威尔顿双联画中，爱德华二世呈现出绝对虔诚的姿势，后面站立着施洗约翰以及圣徒爱德华、埃德蒙德。

会，取代了《大宪章》和亨利三世昔日主张的议会制委员会。博林布鲁克和诺丁汉伯爵托马斯·莫布雷（Thomas Mowbray）之间发生了矛盾，于是理查二世便亲自下令将二人流放国外。此举被认为是不计后果的愚蠢行为，激怒了此前效忠于国王的博林布鲁克及其年事已高的父亲约翰王子。在《理查二世》（Richard II）这出戏剧中，莎士比亚笔下的约翰王子当时是这么看英格兰的：

这个君王们的御座……现在却笼罩在耻辱、
抹黑的污点和卑劣的契约之中，
那一向征服别人的英格兰，
现在已经可耻地征服了它自己。

1399年2月，约翰王子去世，理查二世没收了他本该传给儿子博林布鲁克的全部兰开斯特的土地。这样的没收行为，表明此时的国王已经非常绝望，这引起了贵族们的不安。更不明智的是，理查二世竟借此机会带领一小队人马前往爱尔兰平息叛乱，这为流亡在外的博林布鲁克回国复仇提供了绝佳的契机。博林布鲁克从约克郡登陆，后与诺森伯兰伯爵（Earl of Northumberland）"野蛮人"亨利·珀西（Henry Percy）会师，誓要结束理查二世的独裁统治。理查二世在威尔士北部被拦截，被俘后押往伦敦。

和爱德华二世一样，理查二世为了保命不得不退位。议会宣读了

》乔叟在诗中虚构了教士们从坎特伯雷出发去朝圣的场面，生动呈现了黑死病爆发半个世纪以后英国的风俗、理性以及再度繁荣的景象。

他的33条罪状,其中可信度最高的是"由于政府无能和废除法治,王国几乎被毁"。博林布鲁克加冕称王,是为亨利四世(1399—1413年在位),他加冕所使用的圣油据说是圣母玛利亚的幽灵交给贝尔特的那一小瓶,这种说法美化了他的篡位行为。亨利四世发誓不实行独裁统治,"不随心所欲,不固执己见,以公意为准"。理查二世是独裁者,而他则是广采民意。可是难道民意就是推翻另一位加冕国王的合理理由吗?

就算亨利四世已经加冕称王,他也是一位狼子野心的篡位者。被迫退位的前国王尚被关在庞蒂弗拉克特(Pontefract)城堡里受苦。这种状况不利于政权的连续性和稳固性。王位不合法始终是亨利四世统治期间的一块心病,也是莎士比亚有关这段时期的历史剧的一个重要主题。次年2月,理查二世去世,很可能是监狱看守故意把他饿死的。但亨利四世的王位始终坐不稳,威胁持续不断。

1400年,亨利四世王位的威胁来自一位个人魅力非凡的威尔士领主欧文·格林道瓦尔(Owain Glyndwr)。英格兰和威尔士之间产生土地纠纷,于是他呼吁威尔士人造反。格林道瓦尔吸引了大批反对亨利四世的人,而且一开始很成功。1402年,他得到了本身就觊觎王位的马奇伯爵(Earl of March)莫蒂默家族和脾气火暴的亨利·珀西的支持。珀西所属的诺森伯兰郡家族昔日曾是亨利四世推翻理查二世的功臣,可亨利四世后来竟拒绝他加入委员会,于是他被惹火了。1403年,珀西领兵南下同格林道瓦尔会师,但却在什鲁斯伯里城外与亨利四世的人马狭路相逢,战斗过程中被亨利四世亲手杀死。

1404年,格林道瓦尔在威尔士西部自立为王,他甚至还请求得到法国国王查理六世的支持。他在马汉莱斯(Machynlleth)被加冕为威尔士王子。他还向莫蒂默和珀西提议,三人将王国一分为三,威尔士属于他,英格兰南部属于莫蒂默,英格兰北部则属于珀西。威尔士叛乱持续了7年多,于1499年结束,叛军的哈莱克城堡在亨利四世的儿子,即未来亨利五世的大炮轰炸之下倒塌;格林道瓦尔的传说成为过去。

1413年,尽管亨利四世只有45岁,可他已是疾病缠身,意在夺走他王位的阴谋活动令他头痛不已。每一次叛乱都意味着更多的人被处死,也意味着树敌越来越多。亨利四世的身体状况越来越差,他深信早期的篡位行为是他后来被诊断患早期麻风的原因所在。同年3月，他在威斯敏斯特大教堂倒下，死在了教堂的"耶路撒冷室"（Jerusalem chamber）。先前有预言家告诉他，他将死在"耶路撒冷"，这也算预言应验了。王位由时年26岁的"王储哈尔"（Prince Hal）继承，是为亨利五世（1413—1422年在位）。亨利五世热衷征伐。他召开议会，议会突然投票拨款支持侵略法国，夺回原本就应属于亨利五世祖先的法国王位。为了追求征服宿敌的荣耀，种种矛盾被暂时搁置。1414年，赫里福郡骑士约翰·欧德凯司托爵士（Sir John Oldcastle）率领罗拉德派教徒发动起义，结果遭到了残酷的镇压。第二年夏天，亨利五世率兵乘船前往法国。

英军最初包围了法国哈弗勒尔（Harfleur），可却发生了一场灾难，一支1万人的军队有三分之一死于痢疾。原先进攻巴黎的计划只得放弃，亨利五世极不想就这么空手而归，于是他决定北上攻打加来。在途中，英军在阿拉斯（Arras）遭到了一支兵力4倍于自身的法国军队的阻拦。亨利五世原

》阿金库尔战役标志着英国在英法百年战争中取得胜利的高潮。然而，胜利未能转变为政治优势，形势很快被法国人逆转。

第11章 农民起义，法国之失（1377—1453）

》亨利五世与法国的卡特琳结婚，希望结束英法百年战争。然而，亨利五世不久就去世了，战争只能继续下去。亨利五世被认为是第一位不会讲法语的中世纪英国国王。

先有些犹豫要不要迎难而战，但当得知法军开出的条件是让他放弃原先属于自己的法国土地时，他决定开战，依靠久经沙场考验的威尔士长弓和法国骑兵展开较量。

对英格兰而言，1415年10月25日的阿金库尔战役是英国军事史上可以与特拉法尔加海战和滑铁卢战役并列的一次战役。英方骑兵快速下马,迅速在不显眼的树后面拉好架势,骑兵两侧是弓箭手,这种作战方式曾在克雷西和普瓦捷战役中取得过巨大成功。法军由于地势不利,只好迎着英军的箭雨前进,死伤无数,树林旁的地上全是伤亡的士兵和马匹,法国增援的士兵压根无法前行。由于担心法军反击,英军采取格杀勿论的策略。作为法国贵族精神之花的骑兵纷纷倒地,这也相当于英方放弃了大量赎金。

阿金库尔战役对双方所产生的心理影响非常巨大。勃艮第人坚定地和英国人站在一边,尊亨利五世为法国国王,欧洲大多数国家亦是如此。亨利五世回国受到夹道欢迎,伦敦市参议员们赶到布莱克希思(Blackheath)欢迎他,一路步行5个小时陪他走到伦敦桥,沿途群众高呼"英格兰和法兰西之王"。英格兰终于有了可以庆祝的胜利。不过直到5年后,法国才最终签署战败条约《特鲁瓦条约》(*Treaty of Troyes*,1420年),亨利五世以胜利之姿进入巴黎。患了精神病的查理六世承认亨利五世是法国王位继承人,为表诚意,还把自己的女儿凯瑟琳公主嫁给了他。亨利五世终于在欧洲实现了亨利二世和爱德华三世的愿望。英格兰国王终于被尊为法国统治者。具有讽刺意味的是,据说亨利二世和爱德华三世并不会说法语。

正如之前的战争时期那样,事实证明,战场和外交上的胜利只不过是昙花一现,过眼云烟。英格兰无法维持战场上的胜利果实。英军驻扎欧洲大陆的花费高昂,而亨利五世也不可能留在巴黎做法国国王。而且,亨利五世是血肉之躯,终有一死。1422年8月,阿金库尔战役才结束7年,他便患痢疾去世。意气风发的新帝国落到了他幼子羸弱的肩膀上,这个新国王就是亨利五世新娶的法国王后凯瑟琳所生的亨利六世(1422—1461年和1470—1471年在位)。

历史又给这出悲剧添上了不可思议的一笔。同年,查理六世也去世了,从领土范围上说,只有10个月大的亨利六世是欧洲最强大的君主。亨利五世曾指派幼子的皇叔贝德福德公爵(Duke of Bedford)和格洛斯特公爵、兰开斯特家族的表亲们、约翰王子一支以时为萨默塞特公爵(Duke of Somerest)的埃德蒙为首的博福特家族承担摄政重任。这些人学习阿金库尔战役的强硬风格,镇压了索要法国王位的奥尔良家族。亨利五世也许可以这么做,可是摄政王们却无权这么做。很

第11章 农民起义，法国之失（1377—1453）

>> 尚是婴儿的亨利六世继位，亨利五世借由阿金库尔战役胜利而签署的英法两国契约随之无效。亨利六世后来在巴黎加冕为法国国王。

多法国人认为查理六世的儿子皇太子才是法国国王，而法国人的死敌勃艮第人则忠于尚在襁褓的亨利六世。英法战争势在必行。

英法交战6年也没有分出胜负，这时发生了一件大事。1429年，在英军围困奥尔良期间，年仅17岁的农家女孩圣女贞德站到了法国皇太子一边。气质娴静的圣女贞德自称看到了圣徒们，他们允诺法国皇太子当法国国王，但有一个条件，那就是他的加冕礼必须在位于敌后腹地的兰斯主教堂（Rheims Cathedral）举行。几经争论，她成功引领法军打退英军，法军朝兰斯主教堂顺利进发。皇太子真的加冕为法王，是为查理七世（Charles Ⅶ）。后来圣女贞德被勃艮第人捉到，转手卖给英国人，好让英国向法国索要赎金。结果法国人不肯交赎金，英国人便指控她是异端分子，拒绝承认她的神奇力量，于1431年对她处以火刑。

尽管英国人仍然非常强大，9岁的亨利六世也已在巴黎圣母院加冕为法国国王，但法军如今已经席卷了按照《特鲁瓦条约》本应割让给英国的法国土地。筋疲力尽的英国人不知所措。1435年，勃艮第人转而效忠查理七世，这进一步打击了英国人。绝望之下，英国萨默塞特公爵派使者来法国求和。萨默塞特公爵的盟友萨福克公爵出面，促成亨利六世于1445年娶了法国国王15岁的侄女安茹的玛格丽特（Margaret of Anjou）为王后，双方这才达成和解。

亨利六世转眼长成了23岁的小伙子。他身材高大，一张长脸总流露出阴郁的表情，为人呆板，令人不由联想起他患精神病的外祖父查理二世。他的虔诚和善良无可指责，面对争执，他总是温和地建议众人"以和为贵"。他后来创办了伊顿公学、国王学院和剑桥大学，坚持这些学校里的小教堂规模要比大教堂中殿大。后世人甚至想追封他为圣徒。不过他妻子的脾气就截然不同。玛格丽特十几岁时就举止粗鲁，固执己见，未接受过正式教育，执著于和她的法国娘家讲和。她坚定地站在萨默塞特公爵、博福特家族和国王的兰开斯特亲戚们一边。

英国人从不喜欢战败讲和。但是亨利六世所属的兰开斯特家族吃了败仗，颜面扫地，很有可能会同法国议和。议会坚持自己的独立性，倒向以金雀花家族39岁的约克公爵（Duke of York）理查为首的反对派一边。理查也是爱德华三世的后代，长期以来要求继承亨利六世的王位。1450年，兰开斯特家族的重要人物萨福克公爵（Duke of Suffolk）被杀害，萨默塞特公爵被囚。1453年，卡斯蒂永战役（the battle of Castillon）标志着英格兰最终在百年战争中落败。法国大炮首次齐齐开火，横扫英军阵营，长弓时代结束了。战败的消息传来后，亨利六世的精神陷入崩溃状态。作为法定继承人的约克公爵在议会的全力支持下暂行摄政权，开始执政。兰开斯特家族的王位之争似乎注定要失败。

然而约克公爵刚开始执政，便发生了一件令人难以置信的事，21岁的王后竟被发现怀孕了，她诞下了一个男孩。更令人震惊的是，亨利六世已稍变得清醒，而且清醒到足够支撑他将王后和萨默塞特公爵送上权力巅峰。约克公爵被迫让位，而英格兰也即将迎来历史上最残酷的一场内战。

第12章

The Wars of Roses
玫瑰战争
（1453—1483）

如果说百年战争是英格兰因与法国王朝不和而打的一场费时费力的消耗战的话，那么英格兰接下来的王朝内部斗争可谓是毫无意义的。玫瑰战争的起因并不是什么根本性的问题，譬如亨利二世和贝克特之间的矛盾或者约翰王和贵族之间的矛盾。这场战争的原因是爱德华三世两个儿子冈特的约翰和克拉伦斯公爵（Duke of Clarence）之间对王位的争夺。

到15世纪50年代时，冈特所属的兰开斯特家族（红玫瑰）已经把持王位达半个世纪，他的长子博林布鲁克篡位并杀死了黑太子的儿子理查二世。博林布鲁克成为亨利四世，接着他把王位传给了他的儿子亨利五世，然后王位又到了他的孙子亨利六世手里。虽然王位是篡位夺来的，但兰开斯特家族要求其继承王位之举得到了议会认可，而且他们声称自己的继承权追根溯源也有据可查。

约克家族要求继承王位之举可追溯到菲利帕身上，她是克拉伦斯公爵的女儿，克拉伦斯公爵是爱德华三世的儿子，而且他比冈特年长。菲利帕嫁进了边界地区权势很大的莫蒂默家族，而莫蒂默家族的后裔最终成为马奇伯爵和约克公爵（白玫瑰）。约克家族这一支清清白白，并没有篡位之举，不过缺点是母系传承，早就不起作用了。英国人通常遵循萨利克继承法，反对女性继承，但受政治私利驱动，也有人无视这一继承规定，此时的约克家族即是如此。事实上，双方要求继承王位之举都不是很合理，根本不值得打一仗。

接下来30年的血腥斗争所波及的不仅有对立双方，还有英格兰的各大家族，其中包括沃里克伯爵（Earl of Warwick）所属的内维尔家族（Nevilles），他们主要居住在英格兰中部和北部，莫蒂默家族的女儿嫁进了该家族，于是莫蒂默家族和约克家族在伦敦结成了紧密同盟。内维尔家族祖上在英格兰东北部的敌人是诺森伯兰公爵（Duke of Northumberland）所属的珀西家族（Percys），珀西家族和他的邻居苏格兰人一样，其忠心也很难靠得住。兰开夏郡和英格兰西北部则是斯坦利家族（stanley）的势力范围，而东安格利亚和英格兰南部是诺福克公爵（Duke of Norfolk）的地盘，后者传统上站在国王的一边。

自诺曼人到来之后，各大家族一直在国王的统治下享受着模棱两可的独立性。他们拥有城堡和土地，有时候横跨多县土地，整片土地的收入都归他们所有。他们可以随意招募私人军队，当国外战事需要的时候，国王就不必再亲自招募军队，不过出现内战的时候，国王就没有自己的军队可用。玫瑰战争本质上便是这些家族之间的利益争夺战。在战场上时，首领经常会吩咐弓箭手"擒贼先擒王，别杀其他士兵"。胜负见分晓之后，胜利方通常会对敌方普通士兵从宽发落。主角被杀之后，他们的儿子便开始为父报仇，冤冤相报，没完没了。到最后，双方参战的主帅经常只有十几岁。通过处死和没收财产等手段，贵族人数迅速减少。在约克郡的哈伍德教堂，15世纪战士冰冷的雕像矗立在坟墓之上，像是一艘艘抛锚的船，在沉默中诉说着昔日的杀戮惨景。

1454年圣诞节当天，亨利六世出人意料地恢复神智，约克公爵因此让位，不过约克公爵并没有安安静静地离去。在年轻的王后安排萨默塞特公爵重返朝政的同时，约克公爵和沃里克伯爵在英格兰中部集结大量兵力，意在攻进伦敦夺权。

萨默塞特公爵率领兰开斯特家族人马迎战，1455年3月，双方在圣奥尔本斯（St Albans）的大街上打响了战争。约克公爵和沃里克伯爵大败兰开斯特家族，萨默塞特公爵被杀死。约克家族初战告捷。

约克公爵成为英格兰的治安官，他返回伦敦做了病弱的国王的监护人。王后玛格丽特逃走，前往英格兰北部接管兰开斯特家族的人马。1460年，她在韦克菲尔德战役（the battle of Wakefield）中取得重大胜利，打败约克家族。对约克家族而言，很不幸的是唯一有望平息英格兰日益混乱局面的约克公爵被杀。玛格丽特将他的头颅割下来，戴上一顶纸扎做的王冠，然后放在约克城门上，"这样约克公爵就能俯瞰约克城了"。

随着萨默塞特公爵和约克公爵开始为父报仇，英格兰内战的火焰开始燃烧起来。新任约克公爵是18岁的爱德华，他在莫蒂默十字战役中击败了兰开斯特家族，用鲜血连本带利报了韦克菲尔德战役落败之仇。玛格丽特接下来打赢了圣奥尔本斯战役（the battle of St Albans），令敌我惊恐不已的是，她竟然让只有7岁大的儿子宣判敌方贵族们的死刑。随着年轻的约克公爵率重兵向伦敦逼近，玛格丽特觉得自己最好还是带国王逃往娘家法国的盟国苏格兰。

1461年，年轻的约克公爵进入伦敦，身边陪同的是他那位厉害的表亲兼导师沃里克伯爵，沿途一片欢呼声。尽管约克公爵还不足20岁，但他在当时已经是巨人了（身高约合1.93米）。他自封为爱德华四世（1461—1470年和1471—1483年在位），是爱德华三世的合法继承人。登基之后，他立即率军北上迎战玛格丽特从苏格兰重新集结、兵力更强的兰开斯特家族人马。双方在位于约克和利兹之间的陶顿（Towton）交战。这是英国战争史上战况最惨烈的一场战役，后人对战场遗址进行了全面挖掘。据估计大约有7.5万人参战，相当于当时英格兰将近10%的青壮年男性。兰开斯特家族再次兵败，满腔怒火的约克家族宣布绝不留活口。其结果是2.8万人惨遭屠杀，玛格丽特带丈夫再次逃往对其敞开怀抱的苏格兰。这一次，约克城门上摆上了兰开斯特家族士兵的头颅。

此时，战争本应结束。在短短10年间，据说英格兰150个贵族家族中有三分之一失去土地，甚至彻底消失。时年20岁的约克公爵当上国王，亨利六世被废黜并流放。唯一下落不明的是百折不挠、"身体流淌着查理曼大帝血液"的玛格丽特。她如今把眼光投向了"老盟友"苏格兰和娘家法国，证明自己是一位冷酷的领袖和精明的将领。她身边有名义上仍是国王的亨利六世，另外还握有一张王牌，那就是他们尚在襁褓中的儿子和继承人爱德华王子。在法国的帮助下，她在英格兰北部和约克家族交战，占领了诺森伯兰郡的阿尼克城堡、巴姆伯格城堡和斯坦伯城堡。1464年，约克公爵用大炮收复了这些城堡，徒留沦为一片废墟的斯坦伯城堡屹立在诺森伯兰海岸，直至今日。这一次，玛格丽特逃往了法国。

在伦敦，爱德华四世尚不够成熟，个人权力并不稳固。更糟糕的是，虽然沃里克伯爵精心为爱德华四世安排了一桩与法国的外交婚姻，爱德华四世竟偷偷娶了一个名叫伊丽莎白·伍德威尔（Elizabeth Woodville）的平民女子，此举惹恼了和爱德华四世最亲密的朋友沃里克伯爵。伊丽莎白是位美人，据说"她浓密的睫毛下面是一双水汪汪的眼睛"。她是诺曼征服之后的首位英格兰王后，也是首位平民王后。沃里克伯爵自认为是爱德华四世的保护者和朋友，他觉得备受侮辱。爱德华四世赐予新王后所属的伍德威尔家族8位成员以贵族封号，他们很快在朝廷得到重用，沃里克伯爵所属的内维尔家族的地位受到威胁，这更是令他气愤不已。

这次危机的后果就是沃里克伯爵于1469年犯下了英格兰历史上最严重的叛国罪行，他背弃爱德华四世，同昔日的敌人玛格丽特在法国会师。此举极大削弱了约克家族一派的兵力，破坏了政治团结。沃里克伯爵将女儿安妮·内维尔（Anne Neville）嫁给了玛格丽特的儿子兼王位继承人爱德华王子，并怂恿爱德华四世的弟弟克拉伦斯公爵来法国同他站在一起。以法国为后盾的沃里克伯爵使权力的天平重新向兰开斯特家族倾斜。1470年，沃里克伯爵和玛格丽特登陆英格兰，这一次爱德华四世匆忙踏上逃亡之路，投奔法国的敌人勃艮第公爵（Duke of Burgundy）。在沃里克伯爵的保护之下，亨利六世在伦敦重登王位，沃里克伯爵也因此被人称作"造王者"。

比起昔日逃往巴黎的玛格丽特，逃往勃艮第的约克公爵更不愿意接受失败。1471年4月，他率领一支新兵返回英格兰，在伦敦北边的巴尼特和沃里克开战。他

》玛格丽特女王从苏格兰发动突袭,占领了诺森伯兰的邓斯坦伯城堡,后被约克王朝支持者占领,最后遭到遗弃。

在浓雾中绝地反击,打败了昔日的导师沃里克伯爵,沃里克伯爵身边的保镖悉数丧命,敌兵将他团团围住。他被掀开面甲,割断喉咙,而爱德华四世没来得及赶去救他一命。英国人对沃里克伯爵的叛国行为极其气愤,爱德华四世只得专门派人保护他的尸首不被肢解,他的遗体被送往伦敦圣保罗大教堂安葬。沃里克伯爵经历了玫瑰战争,并在此段战争中丧命。"造王者"最终被国王打回原形。用沃里克伯爵的传记作者保罗·肯德尔(Paul Kendall)的话来说:"他并没有给英格兰留下深刻的影响。他是一个冒险家。"

爱德华四世如今不得不彻底终结兰开斯特家族的王位之争。他率军前往国家西部,玛格丽特已在那里集结了新的军队。1471年5月,他在图克斯伯里战役(the battle of Tewkesbury)中打败了玛格丽特。玛格丽特的儿子兼亨利六世的继承人爱德华王子在战场上被杀。爱德华四世下令对败兵格杀勿论，甚至追击着杀到图克斯伯里大教堂的中殿，教堂内血流满地，不得不重新打扫清洁。莎士比亚在《理查三世》一剧开始就用双关语描写了这个血染的日子："现在是我们的不满之冬/在约克的骄阳映照下变成了炎炎夏日。"

这些话应该出自爱德华四世时年19岁的弟弟理查之口，他是格洛斯特公爵。他很快娶了已故爱德华王子15岁的遗孀安妮·内维尔，因而将边界的格洛斯特土地与英格兰中部和北部内维尔家族的土地合并在一起。一夜之间，格洛斯特公爵成了这片土地上最大的地主，也成为沃里克伯爵的继承人。1471年5月22日，爱德华四世返回伦敦，为约克家族夺回了王位，玛格丽特如今沦为他的阶下囚。当晚，亨利六世在伦敦塔被害，凶手是当时唯一和他在一起的格洛斯特的理查（Richard of Gloucester）。年老的国王在见证了半个世纪的混乱之后，在疯癫中死去，又或者如有人所说，"死于悲伤和哀愁"。

爱德华四世恢复了祖先爱德华三世时期的骑士做派。他恢复了在温莎圣乔治大教堂举行嘉德勋章授衔仪式的做法。他还成立了一座图书馆，于1476年邀请威廉·卡克斯顿[①]来伦敦刊印了第一份《坎特伯雷故事集》和马洛礼的《亚瑟王之死》。玫瑰战争期间，英格兰很多领域都有所发展。商人虽然要供应军队，但内战并没有像百年战争那样对贸易造成严重破坏。伦敦的布商实力很快壮大，后来制定法律规定社会不同阶级应该穿什么样的衣服，贵族穿金

》理查三世是最后一位金雀花王朝的国王。即使依据当时的标准，他仍可算是一位残暴无情的君主，他的去世标志着红白玫瑰战争的终结。

---

① 威廉·卡克斯顿（William Caxton，1422—1491），英格兰商人、外交官、作家、出版家。他把印刷机传入了英格兰。——编者注

第12章 玫瑰战争（1453—1483）

色、紫色和黑色，骑士穿天鹅绒、缎子和丝绸，平民没有进口布料可用，只能穿英格兰羊毛所制衣物。

和平带来了繁荣，但一些伤口始终没有愈合。1478年，爱德华四世那位叛国的弟弟克拉伦斯公爵在伦敦塔被处死，他是臭名昭著的沃里克伯爵的同党。据说他是被人"淹死在一桶白葡萄酒中"，这可能暗指他有酗酒的毛病。1483年，年仅41岁的爱德华四世死于中风，王后伊丽莎白12岁的儿子接替了他的王位，是为爱德华五世。英格兰再次出现了一位幼主，他的叔叔格洛斯特公爵是摄政王的唯一候选人。在格洛斯特公爵的支持下，玫瑰战争终于达到其血腥的巅峰。

第13章

Bosworth and Henry Tudor
博斯沃思战役和亨利·都铎
（1483—1509）

格洛斯特公爵理查、约翰王和爱德华二世在中世纪恶魔榜上的名次不相上下。莎士比亚于1个世纪后写了一部史诗般的诋毁之作，用来美化都铎家族的篡位夺权之举，从该剧中很难一窥理查为期短短2年（1483—1485在位）的统治情况。难道他真的如诗圣莎士比亚所说，"性情粗暴，相貌丑陋，野蛮无礼"？难道他像自己传记作者托马斯·莫尔爵士（Sir Thomas More）所批评的，双手沾满了鲜血？抑或如后世维护他的人所认为，他遭受了严重的误解？

理查掌权后行事冷酷无情。他在内战期间罪行累累，曾帮助他的哥哥爱德华四世策划谋杀亨利六世，他们的亲兄弟克拉伦斯公爵也死于他之手。无论他是否喜欢爱德华王子新寡的妻子安妮·内维尔，他都不顾体面地匆忙娶她进门，意在将英格兰大量财富收归囊中。理查当时是年仅12岁的国王爱德华五世的监护人，他有充分的理由畏惧年幼国王强势的母亲伊丽莎白·伍德维尔王后、国王的舅舅里弗斯伯爵（Earl of Rivers）以及王后的盟友黑斯廷斯，这些人在她嫁给爱德华四世之前就是效忠于兰开斯特家族的。图克斯伯里战役之后，理查觉得身边充满了阴谋和危险，他的这种感受不难理解。

很明显，理查行事果敢冷酷。爱德华四世的死讯传来后，他劝说伊丽莎白带两个儿子，即国王和王位继承人从勒德洛赶来伦敦。一行人在北安普敦被阻截，随行人员被解散。里弗斯伯爵被送往英格兰北部，立即执行死刑。伊丽莎白抵达伦敦后，便逃到威斯敏斯特大教堂避难。"为了安全起见"，理查下令把两位王子送到伦敦塔暂住。黑斯廷斯被处决。

理查号召妻子娘家内维尔家族位于英格兰北部的权力基地拿起武器，向伦敦进军。他的盟友白金汉公爵（Duke of Buckingham）召开议会，要求议会宣布两位王子是非法私生子，他给出的理由很牵强，说爱德华四世在和伊丽莎白·伍德维尔结婚之时，已经有了一位合法妻子。于是议会"请求"理查加冕为王。7月6日，理查登基称王，是为理查三世，教会和普通民众在加冕礼上脸色并不好看。很

〉〉都铎王朝时期大规模地修建装饰风格的城堡建筑。苏塞克斯的赫斯特蒙苏就是其中规模最大的城堡。

快流言四起，说此前有人看见在伦敦塔花园玩耍的两位王子如今已经死了，再没有见过他们的踪影。很久以后，在查理二世统治期间，两位年幼王子的尸骨在伦敦塔一处封闭起来的楼梯下被发现。

即使英格兰已对王室残酷斗争司空见惯，但年幼国王被害一事还是令举国震惊。1483年10月，理查的支持者白金汉公爵对他再也忍无可忍，于是发动叛乱。他被理查派人追至西部，最后被抓住杀死。理查如今面临着各方威胁。他和新娶的王后安妮·内维尔所生的儿子于1484年死去，安妮也于1年后去世。王位继承顺延至28岁的兰开斯特家族成员亨利·都铎（Henry Tudor），他是里士满伯爵（Earl of Richmond），是冈特博福特（Gaunt's Beaufort）这一支的后人。1457年，亨利出生于彭布罗克，他的母亲玛格丽特·博福特（Margaret Beaufort）生他时只有13岁，此时他父亲埃德蒙·都铎（Edmund Tudor）已经去世。亨利由威尔士的亲戚们养大成人，后出于安全考虑，被送往布列塔尼的凯尔特边区生活。

1485年，理查登基后流放了不少兰开斯特家族的人，对这些人而言，亨利这个势单力薄的王位继承人简直就是个宝贝。他们报告说，理查打算娶他的侄女约克的伊丽莎白（Elizabeth of York），她是伦敦塔两位王子的姐姐，亨利·都铎也想娶她，意在最终将兰开斯特家族和约克家族联合起来。如果理查娶伊丽莎白的话，那么亨利的王位继承权就会无效。于是他一刻也不敢耽搁。同年8月，亨利从米尔福德港登陆，取道威尔士，一路畅通无阻，国王所谓的盟友里斯·阿普托马斯（Rhys ap Thomas）并未拦截他。里斯曾发誓说，除非国王的敌人"从我身上跨过去"，否则绝不放行，于是他真站在一座桥底下，任由亨利从头顶桥上走过。和大多数威尔士人一样，他后来选择支持亨利。

当时，除了国王和内维尔家族之外，英格兰还有三个兵力雄厚的大家族：西北部的斯坦利家族、东北部的珀西家族以及南部的诺福克公爵。这三个家族如今都听理查调遣，不过他们谁也不是完全可靠的盟友。珀西家族对效忠国王一事一直犹豫不决。而如今亨利的母亲玛格丽特·博福特嫁给了斯坦利勋爵（Lord Stanley）。为了确保斯坦利勋爵的忠心，理查将他的儿子斯特兰奇勋爵（Lord

Strange）放在身边做人质。理查唯一相信的只有南部的诺福克公爵，此外还有手下几个亲信，譬如拉特克利夫（Ratcliffe）、凯茨比（Catesby）和洛弗尔（Lorell）（他们被人称作"老鼠、猫和狗"）。至于这么多股力量终将依归何方，恐怕只有到时候才能知道。

1485年8月22日，战争在莱斯特郡博斯沃思（Bosworth）打响。国王有一支1万人之众的精锐部队，而从未亲自上过战场的亨利手下只有5000名经验不足的士兵。斯坦利勋爵在内心支持亨利，但却害怕理查可能会对自己被其抓去做人质的儿子不利。战争开始之后，国王为了检验斯坦利勋爵的忠心，下令他率先上阵。见斯坦利勋爵没有行动，国王下令处死他的儿子斯特兰奇。然而此时珀西的军队也有所退缩，奉命处死斯特兰奇的国王手下觉得稳妥起见，最好还是不要执行这项命令。这时，斯坦利勋爵说道"我还有其他儿子"，然后参战支持亨利，此举具有极其重要的意义。

见手下纷纷变节之后，理查骑在一匹白马上大声谴责盟友们的背叛行为，他满腔怒火地誓要手刃亨利。他和敌军短兵相接，杀死了亨利一方的旗手，后被对方乱矛刺死。不过他的英勇表现推翻了莎士比亚剧中有关他身体残疾的说法。据说他的王冠掉到了灌木丛中，被斯坦利勋爵找到并戴到亨利头上。身为金雀花家族最后一人的理查，他的遗体被扒了个精光，然后被人抬着在莱斯特游街示众。玫瑰战争的结局与其开端一样，从不乏公众场合的种种暴行。

亨利七世即亨利·都铎（1485—1509年在位）预示着盎格鲁—诺曼时代的结束。只不过他本人也属于古老的金雀花家族的一支遗脉。他的母亲是冈特的约翰的后人。他从未见过的父亲德蒙·都铎是亨利五世的遗孀凯瑟琳和欧文·都铎（Owen Tudor）所生。虽然只有四分之一的威尔士血统，但亨利声称自己是威尔士诸位国王的后人。他上战场的时候，不仅打着圣乔治十字旗，还举着卡德瓦拉德（Cadwallader of Gwynedd）红龙旗（即威尔士国旗）。为了实现团结，他最终娶了理查的未婚妻伊丽莎白。由此红玫瑰和白玫瑰变成了双色玫瑰。双色玫瑰标志现今仍装饰着英格兰各地的教会、城堡和宫殿。

第13章 博斯沃思战役和亨利·都铎（1483—1509）

亨利七世是英格兰第一位肖像栩栩如生的国王，他脸庞棱角分明，长着一双深谋远虑统治者所特有的聪慧眼睛。他热衷于治理国家，亲自签署了数千份法令，这些法令文书如今都保存在国家档案馆。最重要的是，他在国家收入方面爱财如命，拼命压榨钱财。对此大主教约翰·莫顿（John Morton）经常给他出主意，后者的格言"莫顿之叉"（Morton's fork）的内容就是，如果一名贵族生活简朴，那么他应该交税给国王；而如果该贵族生活奢华，那么他也应该交税给国王。放在今天，这一定会被称作"第22条军规"（即自相矛盾的困境）。

随着统治时间的增长，亨利七世变成了一个"令人惧怕，而不是爱戴的"国王。除了嗜钱如命之外，他的主要弱点在于他克服不了自己的愧疚心理，自知当初取得王权的手段并不光彩。他的博福特祖先本就是不合法的，这使得坐在王位上的他缺乏底气。和亨利四世一样，他也是篡位登上王位的，这是他们共同的心病。亨利七世尽己所能采取补救措施。他以自己名义上祖先的名字给王储取名叫亚瑟，还命人在族谱上着重强调他的威尔士血统。都铎家族对纹章的痴狂由此而起。一个世纪后，莎士比亚在《理查三世》中将亨利七世的身份合法化，就像他美化亨利四世一样。

》图中出现了象征卡斯特家族的红色玫瑰和象征约克家族的白色玫瑰，喻示着兰卡斯特家族的亨利七世与约克家族的伊利莎白的婚姻缔结。

亨利七世登基不足1年时，遭到了一群拥护一个孩子为王的人的挑战，这个孩子便是兰伯特·西姆内尔（Lambert Simnel），自称是当初从伦敦塔消失的两位王子中的一个。兰伯特·西姆内尔甚至在都柏林被爱尔兰统治者基尔代尔伯爵（Earl of Kildare）拥立为王。这导致了1487年英格兰北部发生登陆事件，珀西家族叛军抵达诺丁汉，在纽瓦克城外遭到了亨利的痛击。但西姆内尔却被判无罪，甚至成了皇家厨子。4年后的1491年，又出现一个索要王位的人，这一次亨利七世就没那么宽宏大量了。这个名叫珀金·沃贝克（Perkin Warbeck）的佛兰芒年轻人是历史上最厉害的骗子。他也自称是伦敦塔的王子之一，成功骗倒了法国、勃艮第、爱尔兰和苏格兰那些轻信或者迫切想找英格兰报仇的人。英格兰打退了沃贝克断断续续的"入侵活动"，他于1499年被俘，后来被处决。

虽然亨利七世极其吝啬，但他也明白王权需要豪华之物衬托的道理。他位于泰晤士河畔希恩的宫殿被烧毁之后，他在原址上又建造了一座新宫殿，并用他先前的约克头衔

》位于泰晤士河畔的里士满宫殿采用了新文艺复兴风格，依照亨利七世此前的封号而命名。

和里士满爵位重新命名。新宫殿整体是砖瓦结构，采用佛兰芒式风格，没有高塔，没有尖顶，也没有俯瞰泰晤士河的凸窗走廊。不过教堂仍是不容置疑的英国哥特式风格。萨福克郡朗德福德建于15世纪90年代的垂直羊毛教堂则参照谷仓的比例建造而成，装饰物主要是家具、玻璃和雕塑。威斯敏斯特大教堂里亨利七世准备安放百年后棺冢的小教堂具有拱顶结构，上面镶满了多如繁星的宝石，这种屋顶装饰在英格兰尚属首例。将来亨利七世的遗体会放在富有文艺复兴华丽气息的棺木里，这副棺木是一个名叫彼得罗·托里贾尼①的意大利人设计的。

1493年，哥伦布从新世界回来的消息传开后，整个欧洲燃起了探索未知世界的热情，亨利七世也是其中一员。1496年，亨利七世拿出10英镑赞助一个叫约翰·卡伯特（John Cabot）的热那亚人前去探索美洲的东海岸。此人将都铎王朝的旗子插在了新斯科舍（Nova Scotia，加拿大东南部的一省）。与此同时，鹿特丹人伊拉斯谟（Erasmus of Rotterdam）②给牛津大学和剑桥大学带来了文艺复兴时期的人文主义，他认为学习典籍是理解基督教神学的主要先导。在伦敦，伊拉斯谟与宗教改革者、圣保罗大教堂牧师约翰·科利特（John Colet）和学者托马斯·莫尔（Thomas More）一起拉近了英格兰和北欧思想主流之间的距离，使英国人开始接触新教教义。

1501年，亨利七世一贯谨慎的对外政策取得了重大胜利，通过长达10年的商谈，他时年15岁的儿子亚瑟娶了阿拉贡女继承人凯瑟琳。亨利的两个女儿也嫁得很好，玛丽嫁给了法国国王路易十二，玛格丽特嫁给了苏格兰国王，后者还令人难以置信地促成了《永久和平协议》（Treaty of Perpetual Peace）的签署。然而亚瑟新婚不足6个月，便在勒德洛城堡突然去世，王位继承人变成了他年仅10岁的弟弟约克公爵小亨利。亨利提议凯瑟琳改嫁给小亨利。不过直到1509年，这桩婚事才达成。同年，亨利七世去世，把英格兰留给了时年18岁的小亨利。

---

① 彼得罗·托里贾尼（Pietro Torrigiani，1472—1528），翡冷翠派雕刻家和画家。1511年移居英国后，成为英国第一个意大利文艺复兴风格的倡导者。——编者注

② 即德西德里乌斯·伊拉斯谟（Desiderius Erasmus 约1466—1536），尼德兰哲学家，16世纪欧洲人文主义运动主要代表人物。他知识渊博，忠于教育事业，讽刺经院式教育，反对死记硬背，主张学习自然科学。——编者注

亨利·都铎去世时，英格兰与法国及苏格兰和平团结。威尔士摆脱了金雀花家族的压迫，就连爱尔兰也在短时间内臣服于残暴的基尔代尔伯爵。亨利七世从来不受人欢迎，据说他是死于"贪得无厌"。他手下的两位税务官埃德蒙·达德利（Edmund Dudley）和理查德·爱普生（Richard Empson）同样也不受欢迎。亨利七世死后，二人因腐败和背叛被斩首，虽然他们辩称自己的行为只是"按照国王的心意办事"。不过作为都铎王朝第一位国王，亨利七世结束了长达一个世纪的内战，并给儿子留下了一座充盈的国库。

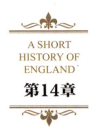

Henry Ⅷ
亨利八世
（1509—1547）

亨利八世（1509—1547年在位）堪称英格兰历史上的大力神赫拉克勒斯（Hercules）。他是一位中世纪暴君，也是一位学识渊博的文艺复兴时期的王子。他打破了金雀花王朝的统治规则。他结束了诺曼统治者和英格兰人民之间、国王和教会之间，以及伦敦和地方之间长久以来的妥协局面。他的父亲将饱受内战蹂躏的英格兰解救出来，而他则做了英格兰唯一拥有至高无上权威的国王，将英格兰的世俗生活和宗教生活一手掌控。

亨利八世登基时只有18岁。他体格匀称，相貌英俊，活泼好动。在他哥哥亚瑟去世之前，父亲亨利七世一直准备让他将来担任教职。亨利八世接受了北欧日益兴起的反罗马神学的教育，其个人藏书室的书上密密麻麻全是他的批注。他还擅长骑马、马上比武和打网球，在诗歌和音乐方面也颇有造诣。甚至有人曾认为，英格兰民谣《绿袖子》（Greensleeves）就是他创作的。亨利八世并不关注政治和议会，他父亲认为政治和议会是令人头痛的税收工厂。只要他父亲留下的金库还

》亨利八世的青年肖像。他是一位怀抱革命倾向的暴君,声称自己在"愤怒之中从不放过一个男人,欲望之中从不放过一个女人"。他建立了英国国教,解散了修道院,创造了新的土地拥有者阶层。

是满满的，他就可以忽视这些问题，继续退居幕后旁观。

早在登基之前，亨利八世的头等大事就是娶他哥哥的遗孀凯瑟琳，她比自己大5岁。亨利八世尊重罗马教会，于是教皇立即准许他迎娶寡嫂，依据是（凯瑟琳坚持认为）她和15岁的亚瑟在婚后并未同房。他们结婚后，种种迹象表明亨利八世和凯瑟琳婚姻美满。她美丽聪颖，在亨利八世统治前20年，他们一直在一起生活。可美中不足的是，凯瑟琳的多个孩子都胎死腹中，只生了一个女儿玛丽，没能为亨利生下一个男性继承人。凡是熟悉历史的人都知道，这对一位英格兰国王而言并非小事。

与其父亲一样，亨利八世选择参谋的依据是个人才能，而非出身。他没有去找贵族，而是向宗教和法律界的青年才俊们请教意见，其中一位最出众的便是伊普斯威奇一名屠夫之子托马斯·沃尔西（Thomas Wolsey）。亨利八世从朝廷多达千人的大臣及其随从中挑选出一个私人助理委员会，他通过这个委员会对外发布除了议会的权威决策之外的公告。在亨利人生的这个阶段，他把大部分时间都花在休闲娱乐上，把政务交给能干的沃尔西打理，两人之间的关系类似于昔日亨利二世和贝克特的关系。在沃尔西的影响下，亨利八世先前小心翼翼避免对外作战的态度发生了转变。他的父亲为统治而战，而他却是金雀花家族的异类，他为战而统治。1512年，他要夺回昔日的法国领土，于是以一个莫须有的借口，派多塞特侯爵（Marquis of Dorset）带兵跨越英吉利海峡入侵法国，不过这支军队最终战败而归。一年后，亨利八世亲自前往法国，他雇用德国雇佣兵，一举攻占图尔奈（Tournai）镇，在法国人答应此后按时上贡给他才领军离开。这可谓是关系互换丹麦税。

在英格兰国内，苏格兰人借机突袭诺森伯兰郡，此举违反了亨利七世和苏格兰昔日签订的《永久和平协约》。1513年，苏格兰人被击退，其长矛兵在弗洛登战役（the battle of Flodden Field）中遭遇英格兰箭雨袭击，死伤无数。这次杀戮令时人震惊，亨利八世的妹夫苏格兰国王詹姆斯四世及其儿子被杀，1万名士兵殒命。苏格兰王位传给了当时只有17个月大的詹姆斯五世。苏格兰人任意妄为，这次灾祸可谓是他们自己闯下的，但同样也给英格兰带来了不稳定的局面。

沃尔西此时官运亨通。他年长亨利20岁，于1515年当上大法官，同年又当上了红衣主教。由于没有贵族朋友，沃尔西试图禁止圈地养羊的做法。他还对市场和各行各业实施规范管理。他嫌皇家法院判决太慢，于是动用星法院（Star Chamber）特权，亲自指导实施即决审判。与此同时，亨利八世醉心于神学。他还和伊拉斯谟保持通信。1517年，马丁·路德将反天主教"文章"钉在维登堡

》亨利八世试图与弗朗索瓦一世在欧洲政治舞台上一较高下，结果未能如愿，但却创造出了文艺复兴的胜景——金缕地。

（Wittenberg）教堂门上，亨利八世随后撰写长文驳斥了这些文章。感激之下，教皇赐封英国王室"信仰的守护者"（Defender of the Faith），时至今日英国钱币上仍印有"护教者"（fid def）的字样，这是一项极大的荣耀。

此时，亨利八世将目光投向海峡对岸的两个欧洲大国：处于维也纳哈布斯堡皇室（Habsburg Vienna）统治之下的法国和神圣罗马帝国。他从欧洲大陆请来大量的画家、建筑

师、诗人和乐师。他还扩充了海军规模，将船只数量从5艘增至30艘，并亲自参与设计了一艘7层战舰，这就是"主恩亨利"号（Henry Grace a Dieu），是当时欧洲最大的战舰。1520年，在加来附近的吉约斯（Guines）"金缕地"（Field of Cloth of Gold），亨利八世召开了一场奢侈华丽的国家首脑会议。为了这场会议，只有文艺复兴时期风格的亭阁、朝臣、勇士和演艺人员被纷纷被运往法国，此次会议的随行人员多达6000余人。亨利八世时年29岁，正值壮年，他被威尼斯特使形容是"基督教世界最英俊的国王"。按照他的命令，他成为首位被尊称为"陛下"（Your Majesty）的英格兰国王，而不是以往的"阁下"（Your Grace）。

随后不久，亨利八世和沃尔西在外交方面遇到了问题，卷入到哈布斯堡皇室的查理五世和法国国王弗朗索瓦一世之间新兴的矛盾中。英格兰先是站在一边，后又站在另一边，而他们唯一的回报便是失去图尔奈的贡金，以及亨利八世和沃尔西之间的矛盾也越来越深。当上红衣主教的沃尔西像昔日的贝克特一样毫不让步，极力要求教会不受习惯法约束。亨利八世则认为"上天见证，我们是英格兰国王。在过去，除了上帝之外，英格兰国王拥有最高权威"。沃尔西的汉普顿宫（Hampton Court）比亨利的里士满宫还要豪华，摆满了意大利赤陶饰品。他在牛津新建的主教大学（Cardinal's College）也同样如此。惊奇过后，必是嫉妒。

除了沃尔西的奢华做派之外，亨利八世还有其他烦心事。1526年，凯瑟琳已经40多岁了。由于频繁流产，她的身体未老先衰，生下男性继承人的机会渺茫。此时，亨利八世公然追求安妮·博林（Anne Boleyn），安妮是一个身体轻盈、冰雪聪明的女孩，长着一双黑色的眼睛和一头长长的黑发。安妮在巴黎受过教育，她的法国美衣、音乐、舞蹈和才智惊艳了整个宫廷。安妮的姐姐玛丽曾做过亨利八世的情妇，不过安妮却拒绝了他的追求，即使他派人送给她大量珠宝和定情信物。在亨利八世和凯瑟琳的婚姻存续期间，她不会答应他的追求。

英格兰的命运到了紧要关头，一边是凯瑟琳不能诞下皇子，另一边是安妮迟迟不肯答应亨利八世的追求。亨利八世像换了个人似的，他的体重增加，为情失意，一条腿又在马上比武时又受了伤，这更是雪上加霜，用沃尔西的话说："半壁江山处于危险中……（他）私底下对整个基督教世界都产生了恨意。"大多数国王为外患而忧，而亨利八世却内心煎熬。他扬言道："我绝不放过惹我生气的男人或者我想得到的女人。"他铁了心要娶安妮。

关于"国王的大问题"对政教矛盾产生多大的影响，这至今仍有很大争论。但不可否认的是，这需要一个迫在眉睫的契机。据说安妮在1527年接受了亨利八世的求爱，不过她接受的条件是要教皇宣告他和凯瑟琳的婚姻无效。教皇此时被哈布斯堡皇室的查理五世关押着，而查理五世正是凯瑟琳的侄子。取得教皇撤销亨利八世与凯瑟琳的婚姻的声明绝非易事。《利未记》(*Leviticus*)规定："不可窥你弟兄妻子的裸体。"为了促成亨利八世和凯瑟琳目前的婚姻，教皇当初接受了她从未同他哥哥亚瑟同房的说辞。而亨利八世如今却要推翻昔日的说法，坚持说凯瑟琳与亚瑟已经圆房，说教皇犯了错，说他和凯瑟琳的婚姻是不合法的，这样他就可以娶安妮。可问题在于，凯瑟

》沃尔西下台后，亨利八世没收了他在汉普顿宫修建的私人宫殿，采用精美的后哥特式风格对其进行了改建。

琳坚决不改口，否认与亚瑟圆过房。

亨利八世陷入了困境。沃尔西拼命想得到教会的声明，他甚至警告教皇说，如果教皇不肯这样做的话，"国王自有其他解决办法"。不过他失败了。亨利八世绝望之下向其他人求助，他找到了一个名叫托马斯·克兰麦（Thomas Cranmer）的剑桥年轻牧师，克兰麦提出专门成立一个欧洲学者委员会，企图绕过罗马教廷解决这个难题。沃尔西很快失势。他的豪华宫殿和头衔被剥夺，于1529年被抓，并送往伦敦塔。他死在了从约克南下去伦敦塔的路上。和很多曾经炙手可热的人一样，他抗议道："如果我拿出侍奉国王的勤奋劲儿侍奉上帝，我主就不会叫我双鬓染雪。"他在牛津所建的基督教堂如今尚在，只不过教堂的走廊很明显没有完工。

朝廷一片混乱，亨利八世公开和安妮出双入对。但凯瑟琳仍是王后，她以西班牙人特有的坚韧抗住种种压力，拒不承认自己和亨利八世的婚姻是非法的。而她在国内外都有强大的盟友。亨利八世还算忠于自己的信仰，不肯违抗圣经律法，虽然对他言听计从的克兰麦指出《圣经》中并没有教皇的存在。

如沃尔西所料，亨利八世此时展开了对教会的报复。不知道是否受了安妮倾向于路德教教义的影响，亨利八世于1529年召开议会，要求议会采取措施解决教士虐待问题。1531年，他宣布国王在法律方面的地位高于教会，"只要基督律法允许"国王就有资格。他不许教堂拥有充当庇护所的特权，不许教会依照教众遗嘱征税，而后者是教会收入的主要来源。至于撤销婚姻一事，接替沃尔西出任大法官的托马斯·莫尔爵士告诉议会："大家都认为国王此举并非出于一时之兴或寻欢作乐的私欲，事实并不像一些不相干的人所报告的那样，他这么做是为了良心安乐，并确保王位的合法传承。"

然而亨利八世很快就开始尽情寻欢作乐了。他和安妮二人一起消失了一个多月，并在返回伦敦后流放了凯瑟琳和她所生的女儿。罗马教廷向他发出威胁——除非他"赶走情妇安妮"，否则就开除他的教籍。作为回应，亨利八世打算派人送上教皇的俸禄，这次大约只有平时英格兰教会上交罗马的钱财的5%。这项决议很顺利在下议院获得通过，但在上议院，教会势力强大，当然是强烈反对这么做。亨利八世游说、哄骗和威胁三管齐下，巧妙地要求上议院对"国王的幸福"（king's welfare）进行投票。托马斯·莫尔对是否与罗马彻底翻脸一事犹豫不决。1532年，莫尔辞去大法官职位，不肯承认国王的地位在教会之上，他的职位由一名聪明的年轻律师托马斯·克伦威尔（Thomas Cromwell）接任。同年，亨利八世携安妮对法国进行国事访问，她回来时已身怀有孕。1533年1月，亨利八世偷偷娶了安妮，他坚持认为自己和凯瑟琳的婚姻已经无效，因此这并不算犯重婚罪。克兰麦很有可能主持了亨利八世与安妮的结婚仪式，作为回报，他被委以坎特伯雷大主教一职，后来成为英格兰宗教改革的主导人物。而后安妮加冕为王后。

1533年9月，安妮在格林威治生了一个女儿，取名为伊丽莎白。对亨利八世而言，这显然是一个始料未及的灾祸。他公然反抗教会，与议会作斗争，这一切的努力都是为了得到一个儿子，而安妮和凯瑟琳一样，无法使他如愿以偿。于是她立即失去了魅力。有人向他报告说，安妮和旁人说他床第之间有心无力，他还听说她背着自己与人偷欢，这些惹得他勃然大怒。亨利八世很快移情别恋，迷上了一名温柔可人的25岁宫廷美人珍·西摩（Jane Seymour）。

1534年，亨利正式颁布《至尊法案》（*The Act of Supremacy*），根据该法案规定，国王"是除上帝之外，世界上拥有最高权威的人，不受普通律法的约束"。这部法案标志着英格兰国教的创立，世俗权力和宗教权力皆归国王所有。任何批评亨利八世及其宗教领袖地位的人都以叛国罪论处，应判死刑，国王由此成为"合法的独裁者"。莫尔在拒绝支持废除亨利八世与凯瑟琳的婚姻之后，依新法令以叛国罪被监禁，他为了保命同意保持沉默，而当时这被形容为"响彻整个欧洲的沉默"。他于1535年被斩首，后被教皇追封为圣徒。

第二年，克伦威尔强制没收了大约400个规模较小的教堂的财产，用来充实国库。这种没收行为并非无前例可寻，亨利五世昔日为筹钱打响阿金库尔战役而解散了修道院，而瑞典国王在1527年也这么做过。很多修道院甚至连12名僧侣的人员下限都没达到。威尔士的13个西多会修道院总共只有85名僧侣。为了换取国家养老金，很多修道院将财产悉数上缴。在8年时间内，修道院"私有化"为王室带来将近100万英镑的收入。彼时英格兰的面貌变化巨大。幸免于难的修道院成了英格兰的一道景观,里沃兹(Rievaulx)修道院、方廷斯(Fountains)修道院和怀蒙德汉姆(Wymondham)修道院等高高耸立于乡间,就像昔日城市里的教堂比比皆是一样。而大多数修道院被剥夺财产,然后被拆毁,拆毁工具通常是火药,修道院里的物件在拍卖中不知所踪。很多修道院遗址变成了采石场,石块被用来扩建私人住宅和搭建大厅的烟囱。修道院礼拜堂变成教区教堂,尤其是在多塞特郡舍伯恩(Sherborne)和约克郡贝弗利(Beverley)。修道院土地被卖给愿意出钱的人,这掀起了一场革命,新兴的商人阶级可以买到先前贵族才有资格拥有的土地。黑死病之后,英格兰经历了机会主义的社会变迁。自诺曼征服以来,从未发生过类似的财富转移。其结果极大地推动了英格兰迈入近代的步伐。

1536年,宗教巨变的后果开始显现。"求恩巡礼"

>> 亨利八世挑选的顾问通常才华出众,但却出身卑微,凭借教会或是律法,后来居上。其中包括:红衣主教沃尔西(上左)、托马斯·莫尔(上右)、托马斯·克伦威尔(下左)、以及主教克兰麦(下右)。

（Pilgrimage of Grace）运动在英格兰北部，林肯郡和康沃尔郡爆发。该运动的领导者抗议国王抢夺教会收入，这些收入此前都是用于当地建设的，不过很多追随者只是对国王和议会掀起宗教巨变感到不满的虔诚天主教徒。一支大约3万名平民组成的队伍从约克郡朝南进发。亨利八世的报复冷酷无情，他向叛军传话，要"手段极端地烧光、糟蹋和毁坏他们的财产、妻子和孩子"。他派诺福克公爵去镇压这些叛乱分子，要求处死250人，意在杀一儆百。

做事有条不紊的亨利八世此时下令，要克兰麦准备一本新的祈祷书。威廉·廷代尔（William Tyndale）所译的英语版《圣经》于1526年在欧洲大陆秘密出版，于是克兰麦命人将此书分发给各地教堂。与此同时，一场精心策划的阴谋证明了安妮的不忠行为。她被定罪，并于1536年5月在伦敦塔被处决。当时行刑时间有所延迟，因为她请求用法国的方式行刑，即用宝剑，而不是斧头行刑。随后亨利娶了珍·西摩，她很快生下一名皇子，取名为爱德华。珍·西摩生产后仅数周便去世了，亨利八世的欢欣之情变成了深切的哀痛。珍·西摩是唯一一位亨利要求死后与自己合葬的王后。

此时行事高效的克伦威尔所主持的"修道院解散活动"开始向"打破神像运动"发展。廷代尔写道："圣礼、圣兆、仪式和肉体相关事情无益于上帝本尊。"教堂的耶稣受难像和圣母像被拆掉打碎。教徒被要求"除了《圣经》之外，不得相信和崇拜任何其他人类幻想创造出来的东西"。圣徒调解被禁止。亨利尤其热衷于消除人们对托马斯·贝克特的崇拜，后者是王权的著名敌人。贝克特在坎特伯雷大教堂的圣祠以及圣母玛利亚的圣祠被毁坏，圣祠的黄金被充入伦敦国库。

此时的亨利八世展开了捍卫王权稳固的行动。他和罗马教廷的决裂使得所有欧洲天主教国家与之为敌，讨伐他就是"为上帝而战"。1539年，克伦威尔说服亨利八世迎娶荷兰公主克里维斯的安妮（Anne of Cleves），以此与低地国家结盟，以防今后对抗大国和神圣罗马帝国。克伦威尔告诉亨利八世，安妮的面容和身体之美"超越了米兰公爵夫人，就像金太阳遮蔽了银月亮的光辉"。这番赞美之辞得到了一幅肖像画的佐证，画中的安妮是一位魅力四射的年轻女子，这幅画出自当时著名画家汉斯·贺尔拜因（Hans Holbein）之手。

但是克伦威尔的如意算盘被现实击碎了。原来安妮是一名身材瘦高的34岁女子，满脸麻子，而且只会说德语。她抵达英格兰后，亨利八世乔装去罗切斯特见她，随身带了一件昂贵的黑貂皮大衣作为见面礼。他被眼前所见惊呆了，面前的女子"毫无传说中的风采"。他连忙乘船离开，并声称，安妮比"佛兰德斯母马"强不了多少。1540年1月，出于外交考虑，他最终作出妥协，举办了婚礼，不过他在新婚之夜特意没有与妻子同房。之后他对克伦威尔说："我现在更不喜欢她了。"在几个月后，议会宣告此次婚姻无效。亨利八世再度回到缺少欧洲大陆盟友的状态。

尽管宗教改革顺利开展，亨利八世却产生了疑惑。他担心自己不止冒犯了罗马教会，还冒犯了上帝。诺福克公爵周围的宗教保守派人士利用了亨利八世的这种害怕心理。1539年，亨利八世颁布一项法案，明确"支持消除观点的多样性"，这就是所谓的《六圣条法案》（Act of Six Articles），旨在打击极端的新教福音派人士。亨利八世恢复了安置所的复活节祈祷和"朝十字架跪拜"仪式，还允许为死者祈祷。新教再洗礼派教徒被处以火刑。

克伦威尔由于荷兰公主事件的失误而失势，和沃尔西和莫尔一样，也因亨利的婚姻问题而赔上性命。日益强大的诺福克公爵指控克伦威尔犯下腐败和异端之罪，主动将自己的侄女嫁给亨利八世做新王后，这便是年方20岁、长着一头赤褐色头发的凯瑟琳·霍华德（Catherine Howard）。亨利当时年近五十，他体重严重超标，腿疼也经常发作。他短暂地爱上了凯瑟琳，于是克伦威尔的生命很快要结束了。1540年6月，克伦威尔这个比昔日沃尔西更加位高权重的人被逮捕，不久便被砍了头。克兰麦哀叹道："国王今后还会相信谁呢？"答案是他谁都不相信。凯瑟琳反复无常的性情和不忠行为与亨利八世的暴脾气倒很合拍。有人向亨利八世报告她和其表兄通奸，亨利八世命人将她带走，她很快便遭受了和安妮·博林同样的命运，于1542年被斩首。

此时的亨利八世孤家寡人，他偏执多疑，而且病痛缠身。他拥有56座住宅，其中包括沃尔西的汉普顿宫，此外还有逾万件珍贵物品。他晚年在伦敦以北诺萨其（Nonsuch）建造了一座文艺复兴风格的宫殿，意在与弗朗索瓦一世所建的枫丹白露宫比美，这座宫殿外观闪闪发亮，宫殿之上建造角楼，插满了长三角旗，令人不由想起昔日"金缕地"的光辉岁月。亨利八世很少住在这儿，如今只能在一些绘画作品里一睹这座宫殿的风采。

亨利八世对立法事务仍然热情满怀。1536年和1543年通过的法案正式将威尔士和英格兰合并为一，这结束了边界地区领主的特权，转由议会议员接管。法律将"彻底根除一切与威尔士有关的习惯和风俗"，包括其语言。威尔士的都铎王朝国王比金雀花王朝任何国王更加致力于压制威尔士本土意识。1541年，都柏林召开议会会议，尊亨利八世为爱尔兰国王。两年后，英格兰在格林威治与苏格兰签署条约，苏格兰承诺将尚在襁褓中的玛丽女王嫁给亨利八世的继承人爱德华，这被后世称作"强娶"事件（rough wooing）。不列颠群岛各国有史以来第一次实现了某种意义上的统一，就英格兰和威尔士来说，是一个国家；就英格兰和爱尔兰来说，是一个王国；就苏格兰来说，有朝一日也将成为一个王国。

亨利八世如今又娶了第六任妻子——是来自英格兰北部的31岁寡妇凯瑟琳·帕尔（Catherine Parr），她是一名新教徒。凯瑟琳勤奋好学，性格沉静。她照顾亨利八世，看护爱德华，并且促成了患病的亨利八世及其两个女儿玛丽和伊丽莎白之间的和解。可亨利八世仍旧不得安宁。在北部与其接壤的苏格兰，年幼的玛丽继承王位，成为苏格兰女王，然而玛丽的法国母亲拒绝将女儿嫁给爱德华王子，玛丽女王与将要继承法国王位的天主教继承人订了婚。这就意味着，苏格兰将会向法国臣服，这是任何英格兰国王都无法容忍的挑衅之举。亨利八世甚至担心法国将来会侵略英格兰。1544年，亨利八世先下手为强，率军前往法国，攻占了布伦（Boulogne）。亨利八世对征战的热爱不可阻挡，他沿英格兰南部海岸建造了很多堡垒，至今仍屹立不倒，在赫斯特、沃尔默和迪尔等地仍能觅其踪影。先前同样雄心勃勃建造的战舰"玛丽玫瑰"号（Mary Rose）于1545年英法海战期间在索伦特海峡（Solent）翻船并沉入海底，亨利八世眼睁睁看着这一切发生，却无能为力。

亨利八世的权势日见衰落。随着死神的临近，他坚持宗教改革的立场有所改变，他在比沙姆（Bisham）修建了一座修道院，甚至还要求死后请僧侣们做弥撒。1545年圣诞前夕，他对议会做了最后一次演讲，他既不偏向旧宗教，也不偏向新宗教，而是希望两者在新近"国有化"的英国国教之下达成和解。1547年，在亨利八世弥留之际，陪在他身边的不是天主教教徒，而是他的老盟友克兰麦，他是一名新教徒。

中世纪的英格兰有两大支柱，一个是教会，另一个是贵族，亨利八世成功掌控了这两股力量，将两者置于个人特权的统治之下。对17世纪很多人而言，他有关教会至高权威的声明将教皇神权转变为天赋神权的王权，后来的斯图亚特王朝对这一点大加利用，关于他们的战斗即将展开。然而亨利八世对罗马教会的抨击以及他解散修道院的举动改变了英格兰的面貌。他的英才管理主张造就了沃尔西和克伦威尔这样的律师与牧师,他们利用自身地位通过腐败行为获得土地,因而在宫廷和议会具有重要影响力。财富分配和平衡意见方面的转变成为亨利八世大女儿玛丽反宗教改革运动中的一个阻碍,但也帮助了他的次女伊丽莎白稍后进行拨乱反正。亨利八世做了很多欧洲君主认为不能为的事,他挑战罗马的权威并存活下来。他堪称欧洲最伟大的革命家之一。

第15章

Reformation, Counter-Reformation
宗教改革，反宗教改革
（1547—1558）

作为王权象征的亨利八世死后，将王位传给了一个年仅9岁的弱小幼子，即爱德华六世（1547—1553年在位）这就是世袭君主制的变幻莫测之处。克兰麦大主教精心教导爱德华六世，希望他成为一位信教国王。他专门请了一位尽职尽责的老师传授爱德华有关宗教改革的知识，这就是约翰·切克（John Cheke）。爱德华很早熟，他学习历史和神学，并在听课期间记下大量笔记。他会说法语和意大利语，在加冕称王之时，他已能将古罗马政治家西塞罗（Cicero）的著作翻译为希腊文。克兰麦称他为"治下领土上上帝的副手和耶稣的代理人"。新国王也许是一名忠实的新教徒，不过斯图亚特家族"君权神授"的种子已然在他心里生根。

爱德华六世的统治权力巨大，可谁会掌控这种权力呢？爱德华六世的叔叔新一代萨默塞特公爵自称护国公（Lord Protector），亨利八世时期的摄政委员会随之解散。不过萨默塞特公爵遭到了爱德华六世舅舅托马斯·西摩（Thomas Seymour）的公开反对，西摩取悦爱德华六世的方法久经检验，行之有效，那就是多给他零用钱。西摩警告爱德华六世说,萨默塞特公爵想害爱德华六世变成"囊中羞涩的国王"。1549年某天晚上,西摩竟然胆大包天,想要绑架爱德华六世,幸好爱德华六世房门前一只狗狂吠不止,他才没得手。西摩被捕并被处死。曾被西摩追求过的伊丽莎白公主认为他是"聪明绝顶,但却判断力有限的人"。她后来也成为权谋争斗的个中好手。

事实证明,萨默塞特公爵是一个能力并不出色的统治者。他在泰晤士河畔为自己修建了一座豪华的宫殿,萨默塞特宫现今仍存于世。他与法国和苏格兰开战,为了筹军费,他下令降低铸币的成色,并由此引起粮食价格上涨。为了解决粮食价格上涨问题,他又下令规定谷物价格,并效仿沃尔西,禁止今后圈地养羊行为。他声称,捍卫英格兰必须"依靠人力……而不是羊力"。他还采取极端举措推动宗教改革和打破神像运动。

福音派人士在当时要求进行全面改革。打碎耶稣受难像和废止教堂的活动发展成为除去"教堂一切神像,无论是石像、木像、汉白玉像,还是泥像,无论是雕刻,还是画像,一律清除"。壁画被刷白,藏匿行为要受处罚。英格兰几千座教堂塔神龛空空如也,这是此次破坏运动的痛苦见证。与此同时,克兰麦的新祈祷书下发到各地教堂,他下令务必专用此书,这本新祈祷书将复杂难懂的拉丁文翻译成简单明晰的英语。这是文化民族主义的重要标志。

1549年夏天,英格兰西部以及诺福克郡爆发了反对萨默塞特公爵的起义活动,参加者主要是支持天主教的人士。保守派阴谋推翻爱德华六世的统治,将王位交给爱德华六世信仰天主教的姐姐玛丽。以沃里克伯爵约翰·达德利(John Dudley)为首的委员会召集伦敦自卫队抓住萨默塞特公爵并将他押往伦敦塔。萨默塞特公爵于1552年被处死。沃里克伯爵被晋升为诺森伯兰公爵,成为英格兰的统治者。这个变化并没有促进统治水平的提高。似乎只有年幼的爱德华六世迫切地想遏制不断蔓延的破坏活动。爱德华六世是一名坚定的新教徒。11岁时,一名主教布道之时称"上帝、圣徒和所有福音传道者",爱德华六世打断了他的话,说只称"耶稣基督承上帝"就行。在下令用圣餐台取代祭坛的同时,爱德华六世流露出对如

》亨利八世的继任者是聪颖过人却身体羸弱的少年国王爱德华六世,他的加冕仪式展现出了都铎王朝全盛时期的伦敦风貌。图中的仪仗队伍刚好经过齐普赛街,左侧是伦敦塔,右侧是查令十字街。

此诸多破坏的悲伤之情,他将伦敦一座方济会修道院改建成基督公学学校。他甚至还欢迎姐姐玛丽返回宫廷,而玛丽携众多牧师,戴着十字架和念珠在伦敦招摇过市,这便是他得到的回报。宗教改革运动并不稳固。

1553年夏天,年仅15岁的爱德华六世死于肺痨,他原本有希望成长为一位能守住亨利八世家业的英明统治者。在爱德华弥留之际,诺森伯兰公爵坚持让他把王位传给无可挑剔的新教徒表姐简·格雷(Lady Jane Grey),而不是亨利八世曾钦定的玛丽。爱德华六世照做了,玛丽只好逃往萨福克郡法兰林汉姆(Framlingham)城堡,在那儿,拥

护她登基的起义运动赢得了广泛支持。诺森伯兰公爵不知所措。一支1万人军队朝伦敦逼近，而他手里只有很少兵力。他投降认输，接受时年37岁的玛丽登基为王。但是这样做也已经于事无补，他在不足一月内丢掉了脑袋。简·格雷未行加冕礼，仅做了9天的"女王"，她被囚于伦敦塔。天主教徒重新掌权。

玛丽一世（1553—1558年在位）成长过程中深受其命运多舛的西班牙母亲凯瑟琳王后影响，身边全是如修女般保守的侍女们。她向表兄哈布斯堡皇帝查理五世请教如何治理国家，查理五世建议她改英国国教为罗马天主教，并

》玛丽嫁给了西班牙的腓力一世,一旦他们怀有子嗣,就会将英国推向被并入信仰天主教的神圣罗马帝国的极大危险。最终,玛丽无嗣而终。

第15章 宗教改革，反宗教改革（1547—1558）

嫁给他的儿子兼继承人菲利普二世。玛丽欣然应允，表示仅看画像就"已经几乎爱上"菲利普二世。这桩婚姻破坏了英格兰宗教改革运动，意味着英格兰王室要臣服于欧洲最强大的天主教国家西班牙。

在反宗教改革运动中，女王玛丽一世下令重雕耶稣受难像并恢复宗教仪式，人们唱弥撒并庆祝宗教节日。爱德华六世时期的诸位主教，包括上了年纪的克兰麦、拉蒂默（Latimer）和里德利（Ridely）等人被以异端罪囚禁于伦敦塔，玛丽那位信仰新教的妹妹伊丽莎白也未能幸免。据说伊丽莎白就是在伦敦塔遇见已故诺森伯兰公爵的儿子罗伯特·达德利勋爵（Lord Robert Dudley）并对他一见钟情的。1554年，托马斯·怀亚特爵士（Sir Thomas Wyatt）反对玛丽一世女王即将举行的婚礼，他发动起义，但遭到了残酷镇压。为了防患于未然，玛丽一世女王下令处死简·格雷。新教主要人物彼时都在为自己的生命安全忧心忡忡。1554年，西班牙王储菲利普二世抵达伦敦娶亲。他个子矮小，不会说英语，而玛丽一世也不会说西班牙语。菲利普二世在公开场合说过的英语只有"晚安，各位"。新婚之夜，他和玛丽一世进入寝宫，在她的主动之下尽了丈夫的本分。一些西班牙人报告称"女王一点也不美，又矮又胖……眉毛淡得看不见"。

〉〉在宗教改革运动中，破坏圣像更多地具有象征性的意义：诺福克巴顿特弗教堂内面目损毁的天使像。

亨利八世所制定的《至尊法案》被废除，玛丽一世女王承诺将按照丈夫的意愿进行统治。她答应"以美丽的姿态出得厅堂，入得闺房"，他们夫妇的子女会将哈布斯堡皇室血脉和英格兰王位融合在一起。不过玛丽一世向忧心忡忡的议会保证，她"绝不容许"菲利普二世干涉具体的统治决定。她不久便宣布了身怀有孕的消息，不过这个说法受到了广泛的质疑，菲利普二世发现这只是玛丽假想的产物。不到一年，他便动身前往荷兰和西班牙，从此再也没回来，留下了悲痛欲绝的妻子玛丽一世女王。

玛丽一世女王试图彻底消除异教。1555年11月，年事已高的克兰麦被革去坎特伯雷大主教一职，因为他曾用玛丽一世母亲凯瑟琳与亨利八世婚姻"不合法"的借口宣布她是私生女。英格兰由教廷使节雷吉纳尔德·博勒（Cardinal Reginald Pole）红衣主教管理。新教等同于异教，而异教又等同于叛国，于是亨利八世昔日颁布的叛国法令被拿出来用。拉蒂默和里德利在牛津被处以火刑，紧接着克兰麦也步了后

》作为英国国教的奠基者，主教克兰麦宣布放弃自己的新教信仰。随后，就在玛丽女王将他绑在柱子上烧死的时候，他将签订放弃新教信仰的那只手先伸进了火里。资料来源：《福克斯殉道者名录》

尘。克兰麦曾公开放弃新教信仰，可这未能保住他的性命。在刑场的克兰麦又向众人宣布自己忠于新教，并猛然举起他的右手（这只手曾签署过放弃新教信仰的悔过书），一边将这只手伸进火焰，一边高喊："就是这只手犯了错。我的这只有罪的手啊！"

玛丽一世女王成为"血腥玛丽"（Bloody Mary），她造就了大约300名新教殉道者（和她父亲亨利八世昔日在求恩巡礼事件中杀的人同样多）。约翰·佛克塞（John Foxe）后来在其畅销书《殉道者之书》（*Book of Martyrs*）一书中讴歌了这些殉道者。宗教纷争蔓延到全国各地。当时对一些人而言，新教也许只是毫无生气的抽象信条，但在过去20余年间，新教已经初步确立了其作为英国国教的地位。无论旧的礼拜仪式多么受人喜爱，人们并无兴致重新再去服从罗马教廷的权威。此外，虽然玛丽一世女王重建了包括威斯敏斯特大教堂在内的一些修道院，但英格兰的宗教生活已经有了新的面貌。人们也许会低声做弥撒，可就连玛丽一世女王也承认，他们绝不肯把新获得的土地拱手还给僧侣。

1558年，更糟糕的消息传来，苏格兰15岁的玛丽女王嫁给了信奉天主教的法国皇太子，并在巴黎圣母院举行了盛大的婚礼。新教徒在爱丁堡掀起暴乱，法国趁机夺走了英格兰在法国的最后一块领土加来。身在伦敦的玛丽一世女王闻讯大惊，她骂道："我死后，如果打开我的胸膛，你们必能看到我的心脏上刻着加来的名字。"亨利八世当初不顾欧洲各国反对建立起来的新教国家如今面临着非同一般的命运：英格兰可能会有一位信天主教的西班牙国王，而苏格兰也可能会有一位信天主教的法国国王。

就在这样的事情即将发生之时，家族遗传再次影响了历史进程。1558年11月，玛丽一世女王突然病倒，随父亲而去，就这样，在她极不情愿的情况下，王位传给了她的妹妹伊丽莎白。温彻斯特天主教主教主持了玛丽女王的葬礼，他警告会众，反宗教改革运动处于危险状态。"很快恶狼们便会从日内瓦跑出来……这些恶狼把书放在胸前，书里全是贻害无穷的危险学说、渎神之语和异端邪说。"他说的没错。

第16章

Good Queen Bess
英明女王贝丝
（1558—1603）

伊丽莎白一世是荣光女王、英明女王贝丝，她统治时期（1558—1603年在位）通常被视作英格兰的黄金时代，那是一个包容、胜利、传奇和愉快的年代，孕育了莎士比亚和英国文艺复兴。在此期间，英格兰历史得到不断深化，从静态画面变为动态影像。我们甚至觉得，也许很多人不了解伊丽莎白一世时期之前的人，但大家却十分熟悉伊丽莎白一世时代的人。我们知道他们建筑内部的设计，知道他们的服饰风格。他们的语言从乔叟式的晦涩难懂转变为莎士比亚式的典雅流畅，从各地方言杂陈变为统一的民族语言。此前的君主是通常是肖像形象，而此时的君主则成为有血有肉的个体。

伊丽莎白一世登基时只有25岁。她的外表颇引人注目，她面容苍白，长着一双炯炯有神的眼睛和一头浓密的红头发。她喜欢打扮，衣着华丽，这是肖像画家们最中意的类型，也会给宾客留下深刻的印象。1559年1月15日，伊丽莎白加冕为王，典礼所采用的新教仪式是她事先亲自选定的，但她也特意为自己打算实行哪种宗教改革留下了多种可能性。究竟是遵守她父亲亨利八世的遗嘱达成和解,还是推崇那些在玛丽一世登基后逃往加尔文主义盛行的欧洲、而如今回来恢复爱德华六世时期清教主义的新教极端人士和福音派人士?

伊丽莎白一世直觉认为,英格兰人民宁愿找不到这个问题的答案,也不愿得到他们不喜欢的答案。她在这个问题上态度模棱两可,这经常激怒议会和她统治期间最亲密的参谋威廉·塞希尔(William Cecil)。她父亲亨利八世实行的是积极统治,而她实行的则是消极统治。她父亲领导了一场改革,而她则巩固了这场改革。然而这么做需要严格的自律和个人奋斗。在统治大部分时间里,她处境危险,还经常与各方势力斡旋。在英格兰君主册上,她和父亲亨利八世地位颇高。她为君主统治带来了一种在诸多前任君主身上罕见的品质,这便是聪明才智。

伊丽莎白一世对一点很清楚,即英格兰不会再服从罗马教廷的权威,她重新实行亨利八世有关王权至上和宗教统一的法令。在教堂装饰、法衣和宗教仪式方面比较宽容,但教会教义必须是新教教义,这方面事务由新任大主教马修·帕克(Matthew Parker)负责。1563年,帕克就圣公会教义制定了《39条信条》(Thirty-Nine Articles)。伊丽莎白一世十分虔诚,还保留着十字架等旧宗教物件,只要王位稳固,她愿意尽量做个宽容之人。

公众舆论最为关心的第二个问题是,伊丽莎白一世会嫁给谁?她的选择众多,有神圣罗马帝国皇帝,有瑞典国王埃里克(Eric of Sweden),有已故玛丽一世的鳏夫菲利普二世,还有很多权势较弱的追求者。伊丽莎白一世显然是一个充满热情的女人,她喜欢跳舞,也喜欢身边有年轻男子做伴,不过她认为任何婚姻都是危险的。父母的经历为她敲响了警钟。嫁给一位外国丈夫有可能产生海外纠葛,而嫁给一位英格兰丈夫又可能引起内讧和叛乱。伊丽莎白一世知道,英格兰已经受够了这些。

还有一个她在玛丽统治时期相识于伦敦塔的人,这就是达德利勋爵(Lord Dudley)。1560年,达德利的妻子艾米被发现死于乡间住宅的楼梯底端,此时关于两人的传言四起,这很可能是有人故意挑唆。伊丽莎白女王一世只是赐封达德利

》》当代人物肖像：13岁的伊利莎白。她经历了姐姐的反宗教改革，并在即位之后，继续贯彻父亲亨利八世的宗教改革。

勋爵莱斯特伯爵和嘉德勋位爵士（Knight of the Garter）。当议会催促她选一位丈夫的时候，她一如既往地表示自己将"统治并以处女之身死去"。这样英格兰就会"有一位妻子，而非主人"。不过也有人曾听她说过，如果她改变主意的话，达德利将是她的丈夫人选，自此达德利出门都会穿一件刀剑不入的短上衣。达德利的妻子去世后，他保持独身达18年之久，最后娶了莱蒂斯·诺利斯（Lettice Knollys）。伊丽莎白一世闻讯后怒不可遏，下令禁止她出入宫廷。达德利和伊丽莎白一世之间的关系仍然很紧密，直到他1588年去世。

1559年，苏格兰充分展示了其制造麻烦的本事。刚从日内瓦流亡归来的新教牧师约翰·诺克斯（John Knox）与苏格兰玛丽女王信仰天主教的母亲吉斯的玛丽（Mary of Guise）之间爆发了宗教内战，玛丽女王此时17岁，与丈夫法国国王一起住在巴黎。诺克斯的"重要教友"起草了一份盟约，旨在"维护、发表和确立上帝及其教会的圣道"。诺克斯的不经之语惹恼了伊丽莎白，因为他认为"妇女的荒谬统治"会危害社稷。双方冲突于1560年达到顶峰，玛丽女王的母亲遭到驱逐，紧接着苏格兰首次宗教大会宣布与罗马教廷脱离关系。在嫁给法国国王仅两年后，玛丽女王便成了寡妇，她返回苏格兰爱丁堡开始其统治。

第16章　英明女王贝丝（1558—1603）

玛丽女王是亨利七世的曾孙女，与英格兰和法国那些亲戚相比，她也拥有继承英格兰王位的资格。她容貌美丽，芳龄不足二十，把大部分精力都放在谈情说爱和谋划之上，这令朝廷惊恐不安，但也正合其传记作者的心意。她先是嫁了都铎家族的一位冒险家达恩利亲王（Lord Darnley），同他生了一个儿子，取名詹姆斯，詹姆斯迅速成为与苏格兰王位和英格兰王位血缘最近的男性继承人。一年后，达恩利亲王被杀害，玛丽女王又嫁给了据说是杀害其丈夫的凶手的博思韦尔勋爵（Lord Bothwell）。不到3个月，被她惹恼的朝廷要求其将王位让与她年仅一岁的儿子詹姆斯。于是她南下去了英格兰，并希望表姐伊丽莎白一世能收留自己。

》朝臣们疯狂地想要替女王寻找一位理想的夫君。然而，伊丽莎白女王拒绝了所有的追求者。但是，她在私下承认，假定改变主意，她会选择莱斯特伯爵。

伊丽莎白一世不忍拒绝这位皇家亲戚的请求，不过议会却惊骇不已。议会认为，伊丽莎白一世发生意外的话，天主教徒玛丽女王就会继承王位，因此玛丽女王是个麻烦和争议不断的人物。在威廉·塞西尔①的影响下，议会请求伊丽莎白一世以涉嫌叛国的罪名对玛丽女王进行审判。玛丽女王被抓，不过之后一直舒舒服服地被关押在谢菲尔德城堡里，但就算在那里，她身边依

---

① 威廉·塞西尔（William Cecil），英格兰著名政治家，伊丽莎白的主要顾部，在爱德华六世时就担任首席国务大臣。——编者注

然阴谋不断。1569年，英格兰北部以诺森伯兰伯爵和威斯特摩兰伯爵（Earl of Westmorland）为首的亲天主教势力发动阴谋叛乱，意在推翻伊丽莎白一世，拥立玛丽女王。他们的盟友诺福克公爵也是亲天主教人士，他大胆无耻地要娶玛丽女王。这起叛乱失败，诺福克公爵被押往伦敦塔，伊丽莎白一世经过多番犹豫之后，下令将他处死。

1570年，伊丽莎白一世被教皇开除教籍。天主教一些不安分的人和伊丽莎白一世手下间谍首领弗兰西斯·沃尔辛海姆爵士（Sir Francis Walsingham）玩起了猫鼠游戏，这引起了人们对英格兰天主教徒的猜疑。天主教徒被称为不服国教的人。这段时期有秘密联络暗号，有秘密团体，有"门口5标志"（five symbols at your door），有假墙（false walls），也有基督教牧师的小洞（Jesuit priests' holes）。乌斯特郡海明顿（Havington）有一栋顽固派天主教徒所拥有的房子，房子里的小洞多得像荷兰干酪里的气孔（至今仍存于世）。这些房子是一个叫尼古拉斯·欧文（Nicholas Owen）的木匠设计的，他狡猾异常，后来由于他藏身的房子被烧毁，他才被抓。

从某种程度上讲，伊丽莎白一世像撒克逊君主一样统治着英格兰，她通过出巡展示自己和王室的权威。她和臣子们的足迹遍布英格兰各县郡，主要在比较安全的南部地区，富有的臣民们盛情款待女王，以期获得晋升。1575年7月，在凯尼尔沃思（Kenilworth）城堡，女王的宠臣莱斯特伯爵盛情招待，一行人写诗、排戏、放烟花、玩逗熊游戏、打猎，在他家湖上打模拟海战，玩得不亦乐乎，一共持续19天之久。城堡的大时钟自始至终都是被停止的。女王还到访了伦敦商人托马斯·格雷欣爵士（Sir Thomas Gresham）位于米德尔塞克斯郡的庭院，她晚饭时表示，如果在他家庭院中间建一堵墙的话，会"看起来更有气势"。结果在女王第二天早晨醒来时，墙已经建好了。而没那么富裕的贵族则会编造各种借口逃避女王御临，譬如家人去世、建筑工程延误、瘟疫等。

十余年来，伊丽莎白一世和行事谨慎的塞西尔使英格兰避开了欧洲肆虐的王朝战争和宗教战争。虽然她同情北部的新教徒，但却不肯帮助他们，担心惹恼原本与英格兰相安无事的天主教国家。1572年，圣巴托罗缪大屠杀①发生之后，这样的小心谨慎已徒劳无用。在凯瑟琳·德·美第奇（Catherine of Medici）的挑唆下，大约4万名新教胡格诺派教徒（Huguenots）被杀，数千名教徒逃往伦敦避难，有关天主教暴行的故事一时间传得沸沸扬扬。

》》在反天主教的狂潮下，不愿服从者只能在家中挖出供牧师藏身的密室。图中是斯塔福德郡莫斯利家的密室。

欧洲的新教徒向英格兰寻求帮助。伊丽莎白一世拒绝了，她下决心要与法国和西班牙保持良好关系。她为了国家私利采取妥协态度，对英格兰船长们的出格行为视而不见，譬如法兰西斯·德瑞克（Francis Drake）和约翰·霍金斯（John Hawkins），这些人打着皇室批准探索活动的旗号开始了利润丰厚的海盗生涯，他们专抢那些从新世界返航的西班牙大帆船。1577年，德瑞克开始了史诗般的远洋之旅，他绕过美洲东海岸和西海岸，横穿印度洋，完成了环球航行。当然，他一路也抢劫了不少西班牙黄金。

英格兰渐渐被卷入伊丽莎白一世和塞西尔一度尽量避开的欧洲冲突，此时塞西尔已贵为伯利勋爵（Lord Burghley）。由于针对她的反清教联盟形成，伊丽莎白一世

---

① 圣巴托罗缪大屠杀（St Bartholomew's Day Massacre），是法国天主教暴徒对国内新教胡格诺派教徒的恐怖暴行，始于1572年8月24日，持续了几个月。——编者注

于1577年同意与荷兰达成协约,双方尽释前嫌,共同商议伊丽莎白一世和法国王储安茹公爵(Duke of Anjou)之间的外交联姻。这个提议最终失败了,因为安茹公爵被告知他必须放弃天主教弥撒,于是他礼貌地提议伊丽莎白一世嫁给他那位不那么讨人喜欢的弟弟阿朗松公爵(Duke of Alencon)。阿朗松公爵的年龄只有伊丽莎白一世的一半,据说他像"一只呱呱叫的青蛙"。有人印小册子嘲讽这桩婚事,伊丽莎白一世下令剁掉了作者的一只手。直到两年后,她才承认这样的联姻是英格兰朝廷和民众所无法容忍的。此事究竟是牺牲自我的外交选择,还是一个46岁的未婚女子做的白日梦,至今仍众说纷纭。

信奉天主教的欧洲此时也遇到了类似亨利二世的问题,谁会除去这个异教国王呢?"她是个女人,只管着一座岛屿的一半。"教皇西克斯图斯五世(Sixtus V)说道。1584年,英格兰和西班牙的关系恶化,国内亲天主教分子阴谋不断,国外英格兰私掠船经常袭击西班牙船只。由于惧怕进一步的侵略发生,数千名英国人自发签署"共同协约"(Bond of Association),旨在保护女王和新教免遭天主教徒攻击。一年后,伊丽莎白一世放弃不干涉政策,下令雄心勃勃的莱斯特率一支军队去荷兰同西班牙人作战。莱斯特抵达后,竟然同意出任荷兰总督一职,如此英格兰便被拉下水帮荷兰抵御西班牙。女王闻讯后勃然大怒,她公开要求莱斯特卸去这一职位。

1586年,伊丽莎白一世听说西班牙正组建无敌舰队,她终于被迫直面玛丽女王带来的威胁。心思细密的沃尔辛海姆发现了安东尼·贝平顿(Anthony Babington)的一宗阴谋,他想刺杀伊丽莎白一世并拥立玛丽女王为王,据说玛丽女王对这宗阴谋持默许态度。无独有偶,此时发生了一起西班牙侵略行动。上议院和下议院请求处死玛丽女王:"放过她就是藐视我们。"玛丽女王被判有罪,伊丽莎白一世签署处决令之后,却仍然不忍心下令实施。委员会决定以女王的名义采取行动。玛丽女王在佛斯林费堡(Fotheringhay Castle)被判决犯叛国罪,她走向城堡高墙内的牢房,戏剧化地开始朗诵一首诗,换上有红色内衬的黑天鹅绒裙子,这是天主教殉道者的装束。她的头被砍掉后,众人费了好大劲儿才把她的狗从她裙子底下拉出来。伊丽莎白一世闻讯后伤心不已,她下令把那个执行她处决令的倒霉行刑官关押了起来。

这是对欧洲天主教的侮辱之举,西班牙国王菲利普二世由此展开了他的"英格兰大业",意在以玛丽一世合法鳏夫的身份夺取英格兰王位。爱尔兰随时准备发动起义,苏格兰也准备好"让外来者从后门进入英格兰"。1587年4月,德瑞克率兵大胆驶进西班牙加的斯港,有系统地摧毁了菲利普二世的大部海战舰队,其中包括30艘大帆船,他报告称已经"烧了西班牙国王的胡子"。菲利普二世一年后恢复元气,派高贵但却缺少经验的梅迪纳·西多尼亚公爵(Duke of Medina Sidonia)率一支无敌舰队出战。1588年7月,这支舰队扬帆起航,这是英格兰自维京海盗之后遇到过的规模最大的攻击。整支舰队由151艘船只组成,总共载有8000名水手和1.8万名士兵。

这支无敌舰队的计划是先去荷兰打败帕尔马王子(Prince of Parma)手下3万人的军队,然后再去英格兰。舰队沿英吉利海峡北上的时候,船速更快、船体更小的英格兰海军等候已久,英军"拔了敌人几根毛",不过这也只不过逼得西班牙舰队离开英格兰海岸。在加来,西多尼亚公爵发现帕尔马王子压根没有开战的架势,只得下令舰队暂时停下,结果停泊布置导致他无力招架英军载满火药的火攻船。见此情形,西班牙军只得四散溃逃。乘胜追击的英军在格拉沃利讷(Gravelines)的战役中与西班牙舰队交火,西班牙军悲惨地被英军凶猛火力压制着,据说西班牙大帆船上多数是牧师,而不是炮手。与此同时,伊丽莎白一世身穿一件银制护胸甲,前往蒂尔伯里(Tilbury),向在莱斯特命令下集结在那儿的英军发表演说。据说她称:"我虽然长着一副柔弱女子的身躯,但我有一国之君的心胸,而且还是英格兰的君王……我不想令国家蒙羞,我要亲自拿起武器——我就是你们的统帅、裁判和颁奖人。"不过在这件事上,其实并不需要军队。随后,西多尼亚公爵逃往北海,将很多船只留在苏格兰和爱尔兰海岸,仅有60人活着逃回了西班牙,而英格兰无一人折损。击败无敌舰队曾为伊丽莎白带来无限荣光,但实际上英格兰根本无力应对攻击,其海岸防御形同虚设,海军也几乎和西班牙海

》西班牙无敌舰队攻打英国,是继诺曼征服以后的最大规模的军事行动。英国在加莱海峡的格拉沃利附近采用灵活多变的火攻策略,由此预示了西班牙的战败。

军一样装备不良。幸好西班牙无敌舰队没再回来。

1588年是伊丽莎白一世统治生涯的一个转折点。苏格兰玛丽女王去世,西班牙被击退,清教徒纳瓦拉的亨利(Henry of Navarre)成为法国王位继承人。埃德蒙·斯宾塞(Edmund Spenser)在其长诗《仙后》(The Faerie Queene)中称赞伊丽莎白一世为"荣光女王"(Gloriana):"荣光女神啊!天恩和神圣王权的镜子,宏大岛屿的伟大女性。"爱德华三世时期的侠士行为再次兴起,尤其是赞颂在同西班牙人打仗时身死沙场的勇士,例如作战中牺牲的诗人菲利普·锡德尼爵士(Sir Philip Sidney)。土地贵族和商人

阶级开始掌握后修道院时期的社会财富。修建宫殿不再是君主出资,而是富人出资,用来取悦君主。先前功能性的建筑被展示性的建筑取代。朗利特(Longleat)、哈德威克(Hardwick)、伯利和沃莱顿(Wollaton)等地座座庄园显示了都铎文艺复兴(Tudor Renaissance)的辉煌成就,这些建筑设计对称,以高塔、镂空护栏、石膏和带箍线条饰为特点。一个名叫克里斯多夫·哈顿(Christopher Hatton)的朝臣在英格兰中部地区建了卡比(Kirby)庄园和霍顿比(Holdenby)庄园,准备作款待女王之用,可惜女王从未莅临。另一位朝臣埃德蒙·哈曼(Edmund Harman)在其

》伊丽莎白女王抵达萨里郡的无双宫。曾经作为亨利八世时期的英法两国文艺复兴设计典范,如今早已不复存在。

位于伯福德教堂内的纪念堂里雇用美国印第安人,以庆祝科茨沃尔德(Cotswold)布匹贸易的实现。

1588年,伊丽莎白一世失去了心爱的莱斯特伯爵,她将他称作"我的眼睛"。听到他的死讯后,女王把自己锁了起来,直到几天后伯利勋爵撞开房门。她把他写给自己的最后一封信一直保存到去世。莱斯特伯爵和伯利勋爵两人在伊丽莎白一世统治时期地位崇高,在她眼里,伯利勋爵是一个聪明无私的顾问,而莱斯特伯爵的身份却更加复杂。莱斯特伯爵极其自负,诡计多端,行事鲁莽,他设法迎合女王奔放的天性,但又没有动摇她的统治。莱斯特伯爵的去世,使得伊丽莎白一世的一丝光辉也随之离去。

"无敌舰队肖像"（Armada portrait）中的伊丽莎白一世浑身洋溢着皇家威严气势，一只手放在地球仪上，仿佛全世界尽在她掌握之中，脖子上戴着莱斯特伯爵赠给她的由600颗珍珠串成的珍珠项链。年近60岁时，她在政治上一贯的谨慎态度有所改变。1589年，伊丽莎白一世派德瑞克率军前去荡平西班牙无敌舰队余孽，不料失败而归。他的海上抢劫副业也遭遇了失败，对此女王也有份投资。霍金斯和沃尔特·罗利爵士（Sir Walter Raleign）也遭遇了类似的失败，伊丽莎白一世对这群整日出入宫廷的年轻宠臣怒气更盛。

然而女王对这些人采取了纵容态度。伊丽莎白一世的新宠是莱斯特伯爵的继子埃塞克斯伯爵（Earl of Essex），他是一个性情暴躁之人。1591年，他试图说服女王派自己去协助法国国王亨利四世对抗天主教联盟（Catholic League）。荡平西班牙无敌舰队余孽对英格兰防御具有重要意义，可最终还是以惨败收场，女王一气之下表示再不会派埃塞克斯伯爵去国外。1598年，伯利勋爵去世，他一生行事谨慎，是女王顾问班子里制衡强硬派人物沃尔辛海姆和莱斯特伯爵的主要力量，而如今，这股力量消失了。一年后，伊丽莎白一世日渐昏庸，她对埃塞克斯伯爵的坏脾气让步，又派他率1.6万人的军队前往爱尔兰征讨自封为爱尔兰国王的泰伦伯爵（Earl of Tyrone）休·奥尼尔（Hugh O'Neill）。

埃塞克斯伯爵是个能力不佳的指挥官。他利用女王赋予的特权封赏亲信。据说"他从未动一刀一枪，只会大加封赏"，被泰伦伯爵打败后，他立即求和。他和爱尔兰首领泰伦伯爵私下议好条件，答应把整个爱尔兰都交给他，而自己将回去"以女王的名义"掌管英格兰。于是他在英军群龙无首的情况下，返回英格兰恳求女王答应他的议和条件。女王当时正在无双宫（Nonsuch Palace）穿着睡衣休息，埃塞克斯伯爵竟敢直闯进去。此时，女王无论如何不能再纵容他了。他被以擅离职守罪逮捕，并被免去官职。1601年，他勾结天主教徒和其他异见人士，发动阴谋政变。当时，伯利之子罗伯特·塞西尔（Robert Cecil）是首席大臣，他是埃塞克斯伯爵的对立方，亲自带人前去追杀埃塞克斯伯爵。在埃塞克斯伯爵被以叛国罪受审时，面对女王这群年事已高的造反臣子，塞西尔讥讽地称他们"聪慧卓群，品格高贵，剑术了得"，随后又谴责了他们的欺骗和背叛之举。埃塞克斯伯爵随后人头落了地。

在这些事情发生之时，伊丽莎白一世逐渐暗淡的统治之光被后起之秀莎士比亚的才华照亮了。比德打开了欧洲黑暗时代的一扇门，乔叟推开了英格兰中世纪晚期的一扇窗，而"艾冯河畔诗人"（bard of Avon）莎士比亚则展示了伊丽莎白时期英格兰洋溢着人文主义情怀的盛况。他的诗歌是为私人客户而写，但他主要在伦敦戏院上演的剧目却是为买票欣赏的观众而作。莎士比亚是一位戏剧天才。在欧洲大多数国家，这种才能只被上流人士所见；可在英格兰，这种才能被慷慨地分享给剧院的每位观众。莎士比亚笔下描绘的是中世纪英格兰的政治生活，但隐喻的却是伊丽莎白一世的统治，他借古讽今，尤其是亨利四世、亨利五世和理查三世等剧中人物。哈姆雷特、夏洛克、马伏里奥和福斯塔夫等虚构人物十分贴近现实生活，人们很容易想象他们穿着现代服装的样子。通过莎翁笔下的这些人物，我们现代人得以了解伊丽莎白一世时期英格兰的声音、情感、想象和社会生活动荡等。

在17世纪即将到来之时，伊丽莎白一世只剩下孤零零的一个人。她的宠臣们都去了世或背叛了她。她的国外活动耗费大量钱财，国库和船长们囊中空空，尽管他们的海上抢劫活动表面上轰轰烈烈，但却对日益壮大的西班牙和葡萄牙帝国影响甚微。对欧洲大多数人而言，英格兰是个大麻烦，而非一方强国。1601年，议会抱怨伊丽莎白一世把行业垄断权卖给手下宠臣，时年67岁的女王在其"黄金演讲"（Golden Speech）中反驳道，她不是"一个贪婪的敛财之人"，而是一位冗累王位的守护者。她用这番话结束了统治时期的最后一次演讲："也许你们见过很多更能干、更聪慧的王子登上这个宝座，但你们却再不会遇到一个比我更加爱你们的人。"爱是伊丽莎白一世争取民意的代名词。

1603年3月24日，伊丽莎白一世女王在其祖父位于里士满的宫殿内去世，她表示"只有"苏格兰玛丽女王时年36岁的儿子詹姆斯可以继承王位，他是一名新教徒。尽管后期人们逐渐对她的统治心生厌烦，但伊丽莎白一世女王是在民众的爱

第16章 英明女王贝丝（1558—1603）

》伊丽莎白一世女王复兴了撒克逊人的一项传统，即君主巡回访问各地区的民众，刻意彰显女王的财富和权威。

戴和哀悼中过世的。弥留之际，她的个人祈祷词也是一篇引人深思的墓志铭："当我周围几乎所有国王和国家在为生灵涂炭的战争和暴动烦恼之时，我治下和平；我主教会在受牵连之际，我的王国稳如磐石。"她效仿父亲亨利八世奠定了王权至高无上的地位，并将英格兰团结在王权之下。她为英格兰带来了荣耀与和平。伊丽莎白一世女王无疑是英格兰众多统治者中最伟大的一位。

第17章

Early Stuarts
斯图亚特王朝早期
（1603—1642）

1603年夏天，詹姆斯一世（1603—1625年在位）骑马南下，他在途中遇到的大多数人仍然只将伊丽莎白一世视为英格兰国王。人们对女王的个人忠诚缓和了亨利八世宗教改革的种种矛盾。伊丽莎白一世女王代表着统一的英格兰，一个和平的国度，至少国内如此。她享受着托马斯·巴宾顿·麦考利①口中的对"英格兰国王的崇拜"，她巧妙地将其称作女王及其国家之间的爱。

而对于这些，詹姆斯一世哪能比得上伊丽莎白一世女王？他个子矮小，絮絮叨叨，自认为是学者，缺乏自律。他的成长经历也极其可怕。詹姆斯一世的父亲被杀害，而凶手很可能就是其母亲玛丽女王。他母亲后来又被英国人所杀，而他如今要统治的正是英国人。作为苏格兰幼主，他经历过4位摄政王，最终无一不是横死在他身边，更不必说他曾屡次遭人谋害未遂。他的导师虐待成性，而且发生

---

① 托马斯·巴宾顿·麦考利（Thomas Babington Macaulay），英国著名历史学家和议会成员。——编者注

过针对他的女巫阴谋事件。对英国人而言，他是一个来自敌邦的外人。塞西尔唯恐西班牙人发动阴谋对詹姆斯一世不利，于是催促他加快南下的步伐。

一路上，詹姆斯一世安排其"粗俗、破衣烂衫的"随行人员在英格兰贵族庄园里歇息，随意运用他的特权。他未经审判便在纽瓦克绞死了一个人，但凡向他嘘寒问暖的庄园主人，他都令其加官晋爵。在伦敦，新国王标志着与过去的决裂。伊丽莎白一世女王统治后期社会风气简朴，詹姆斯一世却在伦敦大肆铺张。莎士比亚的剧团在当时已经声名鹊起，受皇家赞助，成为御用剧团。詹姆斯一世还赞助了诗人约翰·多恩（John Donne）和本·琼生（Ben Jonson），以及作曲家奥兰多·吉本斯（Orlando Gibbons）。依理高·琼斯（Inigo Jones）下令排练古典题材的假面剧。在格林威治，意大利风格的王后宫精致奢华。王后宫是詹姆斯一世送给丹麦妻子安妮的礼物。詹姆斯式（Jacobean）建筑在全国各地庄园兴起，站在长长的上釉走廊上，人们可以俯瞰花园全景。

新继位的詹姆斯一世一开始确实是一心一意为国家着想。加冕称王一年后，在萨默塞特宫召开的大会上，詹姆斯一世与西班牙达成和解，而这是伊丽莎白一世一直无法达成的愿望。作为回报，西班牙起初要求英格兰恢复天主教，并停止其在欧洲和美洲破坏西班牙利益的行为，但最终西班牙放弃了这些要求。同年，詹姆斯一世宣布英格兰和苏格兰结成联合王国，这便是"大不列颠"（Great Britain），他还命人设计了一面独特的旗帜，以他的拉丁名缩写命名，称"联合杰克旗"（Union Jack）。不过他无法将两国的议会合并为一，也无法使爱尔兰臣服脚下。

1604年，詹姆斯召集主教和清教徒代表到汉普顿宫开会，希望结束这两派之间的冲突。但他并不是一位不偏不倚的主席。虽然受过加尔文主义教育，但詹姆斯一世是一名"圣公会教徒"，承认主教的权威。他颇为啰唆地警告在座诸位，如果主教被议会取代的话，那么"任何人就能聚在一起，然后随意批评我和我的顾问班子了"。这岂不成了议会共和制。汉普顿宫大会对现存至今的英国国教进行重新安排，主教的地位得到确立。参会者就洗礼、神职授任以及教会在世俗生活里的角色达成了一致意见。詹姆斯一世还命人重新翻译《圣经》，并于1611年出

版，至少有54位学者参与其中，此外还有一个12人监管委员会。虽然新译版本以此前的廷代尔版和科弗代尔版为基础，但仍是英国文学的杰作之一，也是12人委员会工作成就的良好证明。"它口耳相传，"维多利亚时期神学家弗雷德里克·法伯（Frederick Faber）说道，"像一曲难忘的音乐，像信徒无法忘记的教堂钟声。"

作为宗教外交手段，汉普顿宫大会并不成功。伊丽莎白一世女王使双方深信她哪方都喜欢，可詹姆斯一世却使双方都不满意。他惯用威吓手段，不仅在宗教领域，在事关国家福利的任何领域皆是如此。他专门撰文反对吸烟，认为这一习惯"熏得眼睛疼，呛得鼻子难受，而且损伤大脑"。詹姆斯一世对从汉普顿宫赶走的天主教徒并无容忍之心。1605年，一群天主教徒由于詹姆斯一世不肯接受他们的请求而决定铤而走险，他们密谋炸毁议会。由于一个参与这项阴谋的人告诫自己的朋友在11月5日这天晚上远离议会，这才惊动了官方，议会被彻底搜查了一遍，结果在地下室发现了身边堆着40桶火药的盖伊·福克斯（Guy Fawkes）。毫无疑问，如果这些火药桶爆炸的话，国王和英格兰统治阶层将会被彻底摧毁。幸好暴行被及时阻止。

国王下令严惩。参与此次阴谋的人受审，审判结果是"国王慈悲为怀……决定轻判"。轻判意味着把每名犯人系在马尾巴上，倒着拽出监狱，接着实施绞刑，并在未断气时砍死，"将犯人生殖器砍下，当着他的面烧掉，这样的人没有资格留后。然后掏出犯人的五脏六腑，并烧掉……最后再把他的脑袋砍下来"。此后将尸体肢解。如果这样算轻判的话，真不知道"重判"是个什么样子。

>> 詹姆斯一世慷慨地资助了艺术事业和新版《圣经》的编纂，但是他的放肆言行以及君权至上的观念为最终的内战留下了隐患。

福克斯的火药没有点燃，可反天主教热潮却兴盛起来。为了显示公平，詹姆斯一世还下令处死天主教徒和激进派清教徒。英格兰国教认为"统一"等同于国家稳定，视异见为叛国。这么做的后果之一就是大批英格兰人移民新世界。移民活动始于1607年，约翰·史密斯①以国王的名字命名了弗吉尼亚詹姆斯敦（Jamestown），不过詹姆斯敦殖民地的建立最终失败了。13年后，移民热潮达到顶峰，出现了清教徒前辈移民（Pilgrim Fathers）和"五月花"号（Mayflower）。詹姆斯一世统治结束时，已有8万名不列颠人横渡大西洋，踏上了这次历史上最重要的移民之旅。

詹姆斯一世花销巨大，他视议会为令人讨厌的"银行经理"，手头紧时就理会一下，平时则无视，最后还对其产生了憎恶之情。詹姆斯一世沿袭了斯图亚特家族的旧习，那就是挥霍过度。如果议会不批钱给他，他就敌视议会。他告诉议会，议会的特权是王室的"恩典"，掌握在他手中。君权神授，这是不容辩驳的事实。他还就此写了一本书，在书中明确表示"国王被称为神，是上帝指定的，只对上帝负责"，那些妨碍他的人是"侮辱上帝"。议会对此并不认同，"抱歉地"表示，议会的特权是"向来存在的……一旦失去，便无法恢复，而且会引起政局动荡"。

1614年之后，怒火中烧的詹姆斯一世一连7年未召开议会，他的收入来源不再依靠平民百姓，而是另觅他法。他卖官鬻爵，一如亨利八世昔日买卖修道院。他设立了较小的世袭爵位，称为"准男爵"，每个爵位的价格是1095英镑，为了掩人耳目，他称这些钱是爱尔兰军队的补贴金。至他统治结束时，骑士爵位的价格仅为220英镑。不过就算他是国王，也不能逃脱审判。首席大法官爱德华·柯克爵士（Sir Edward Coke）是最先支持用习惯法对抗绝对王权的重要人物之一，他认为即使国王也应受法律的约束："国王对朝廷事务没有审判权……国王不应在任何人之下，但却在上帝和法律之下。"1616年，詹姆斯削去爱德华·柯克爵士的职务，但却不能抹去他所说的这番话。

---

① 约翰·史密斯（John Smith，1580—1631年），新英格兰舰队司令，探险家和作家。——编者注

第17章 斯图亚特王朝早期（1603—1642）

罗伯特·塞西尔自1590年以来一直担任宫廷顾问，他于1612年去世。同年，最有资格继承王位的亨利·斯图亚特（Henry Stuart）死于伤寒，年仅18岁。亨利身材矮小的弟弟查理接替了他的王储地位。英俊潇洒的白金汉公爵乔治·维利尔斯（George Villiers）把持了宫廷，他的风采折服了国王，被国王称作"亲爱的斯蒂尼（Steenie）"。宫廷生活五光十色，服装更是前所未有的华丽，这在画家威廉·拉金（William Larkin）的笔下有所体现。英格兰男性从未如此盛装打扮过，翅膀一样的花边领、宽大的裤子、绣花长袜和脚尖缝着大彩球的鞋子随处可见。1621年，詹姆斯一世不得不召回议会筹钱，可议会仍不妥协，还力劝他加入针对西班牙的欧洲新教联盟。詹姆斯一世毫无顾忌地向西班牙寻求帮助，公然和西班牙大使过从甚密。他甚至按照西班牙的意思处死了沃尔特·罗利①，自伊丽莎白一世统治以来，罗利一直被关押在伦敦塔，罪名是叛国。

〉〉英俊潇洒且敢于冒险的乔治·维利尔斯，后来被封为白金汉公爵，凭借狡诈的计谋，成为詹姆斯一世和查理一世的宠臣。

---

① 沃尔特·罗利（Walte Raleigh，约1552—1618）是伊丽莎白一世女王统治时期的政客、军人、学者。他对西班牙态度强硬，并曾俘获西班牙运宝船。——编者注

1623年,詹姆斯一世派儿子查理和白金汉公爵前往西班牙马德里,此行目的在于试图让查理迎娶西班牙公主。两人主动表示要在英格兰恢复天主教,或者至少培养信奉天主教的未来英格兰国王。两国对无敌舰队海战的记忆还未消失,这个提议可谓石破天惊。西班牙公主极其厌恶查理,公主父亲告诉查理,要想娶公主,必须接受弥撒并在马德里待满一年。听到这些条件,两人连忙逃走了。

詹姆斯一世此时病倒了,查理对白金汉公爵言听计从,于是白金汉公爵忍不住轻举妄动。他转而支持英格兰和西班牙开战,并把注意力转向法国,为查理物色了一位

>> 查理一世迎娶了法国公主汉丽埃塔·玛利亚。他们彼此恩爱,但却酿成了巨大的政治灾难,最终双双走上了绞刑架。

妻子。这便是法国国王的女儿、时年15岁的丽埃塔·玛丽亚（Henrietta Maria），她身高1.5米出头，性情骄纵，据说门牙"像獠牙一般伸出嘴巴"。然而没等这桩婚事定下来，詹姆斯一世就于1625年去世了。一位法国朝臣认为詹姆斯一世是"基督教世界最聪明的傻瓜"。詹姆斯一世起初十分认真诚恳地试图解决伊丽莎白一世女王遗留下来的国内冲突，然而英格兰这样一个充满宗教多元化的国家需要更加精妙的治国之道，而这超出了他的能力范围。英格兰也不能容忍他所鼓吹的君权神授的信条。这一切导致他与议会和民众的矛盾不断加深。

詹姆斯一世的儿子查理一世（1625—1649年在位）性格优柔寡断，但也颇有修养。虽然他个子矮小，口齿不伶俐，但却极其热爱艺术，坚持他父亲的君权神授观念。他出资赞助鲁本斯①和凡·戴克②，并收集了大量欧洲艺术作品。鲁本斯称他为"全世界国王里最热爱绘画的人"。他迎娶了丽埃塔·玛丽亚。1626年，在他加冕为王前不久，伦敦市民心情沮丧地看着他们的新王后携带200名随行人员抵达，一行人全是法国牧师和天主教徒。她在泰伯恩刑场（Tyburn）停下来为牺牲于此的天主教殉道者祈祷，此举激怒了公众。作为虔诚的天主教徒，她和她的随从不能参加加冕典礼，查理一世命卫兵依例将她的随从减少至7人。

在新国王向议会发表演讲的时候，议会众人觉得他发言简短，心里松了一口气。然而他要求提高税收，这令议会大吃一惊。下议院主要由新教徒组成，约翰·皮姆（John Pym）和约翰·艾略特（John Eliot）等独立派人士说话很有分量。一年多来，他们不肯将贸易税上交国王。他们还讨论弹劾白金汉公爵的问题，而白金汉公爵把国王掌控得牢牢的。这番交锋催生了《大宪章》之后政治自由方面最明确的宪章，这便是1628年的《权利请愿书》（Petition of Right）。该请愿书由柯克爵士发起，他声称"它约束力极强，国王没有最高统治权"。《权利请愿书》规定，国王不能未经审判将人投入监狱，未经下议院批准不能课税。国王也不能向议会施加王权或组建常备军。这份请愿书是后世所有公民权利宣言的基石，其中包括美国独立宣

---

① 鲁本斯（Rubens，1577—1640）是佛兰德斯画家，17世纪巴洛克艺术最杰出的代表。——编者注
② 凡·戴克（Van Dyck，1599—1641）是佛兰德斯弗拉艺族画家，查理一世英国首席画家。——编者注

言。查理驳回了请愿书,理由是"国王的所作所为只对上帝负责"。

同年,白金汉公爵在朴茨茅斯被人刺死,此事令查理一世震惊不已。在结婚4年之后,他开始关心王后。而王后为他生了一个继承人,也起名叫查理。1629年,他解散了议会,此后11年都没有再召集议会,有些人认为这段时期英格兰实行的是个人统治,也有人说是专制。查理一世转而向保守派坎特伯雷大主教威廉·劳德(William laud)和前议员斯特拉福德伯爵(Earl of Strafford)托马斯·温特沃斯(Thomas Wentworth)征询意见。温特沃斯被派往爱尔兰平定叛乱,和此前执行过同样任务的人一样,他回来后背上了冷酷无情的名声〔还有一个绰号叫"黑汤姆"(Black Tom)〕。

查理一世的专政是英格兰君权的最后一次持久考验。查理一世可以解散议会,但他却不能没有金钱。1635年,他利用王权,以防御之名在议会制约之外扩大原本只向沿海城镇征收的造船费①的范围。他宣布造船费为国税。白金汉郡一位前议员约翰·汉普登(John Hampden)拒绝纳这项税。"(国王)这么做,"激进派人士约翰·弥尔顿(John Milton)当时写道,"令议会一点自由都没有,就像钻进了他的绳套。"朝廷随后对国王实施审判,王后丽埃塔·玛丽亚竟欣喜若狂,她排演了一出芭蕾舞剧,她亲自出演鲁米纳利亚(Luminalia),寓意光明战胜黑暗。此举并没有为她赢得人气,也无益于增加税收。造船费很难征收,直到1639年才征收了20%。

1637年,查理一世试图将坎特伯雷大主教劳德新编的高教会派祈祷书强行派给苏格兰臣民,这在爱丁堡引起暴乱,长老会教徒"联合"起来抵制主教。虽然斯特拉福德伯爵苦苦求情,但查理一世还是向苏格兰发起"主教战争"。兵力不足的英军在纽卡斯尔城门口被击退,纽卡斯尔城只得割让给苏格兰。查理一世急需资金,他最终召开"短期议会"(Short Parliament)要求拨款。但议会拒绝了他的要求。于是议会被解散,但迫于苏格兰的大举进攻,1640年11月,一个新议会

---

① 造船费(ship money)本是战争时期向沿海城市征收的临时捐税,但查理一世却要把它作为一种固定税推向全国。——编者注

被选出，该议会共有493名议员，其中以皮姆和汉普登为首的399名议员声称坚决反对"国王的顾问班子"。这个议会被称为"长期议会"（Long Parliament）。长期议会成为英格兰历史上最伟大的机构之一。长期议会以某种形式贯穿英国内战始终，经历了激进、共和和保守等阶段，直到20年后的王朝复辟。该议会的人员构成反映了国民的财富转移状况，财富转移发生在都铎王朝统治下的英格兰各地和威尔士，财富由中世纪教会和领主手中向由小地主、城市居民、商人和专业人士组成的新兴中产阶级转移。随着长期议会内部争论不断加深，议会本身的信心也不断增加，长期议会堪称为开启现代英格兰大门的一把钥匙。

长期议会很快压倒了国王，弹劾劳德，并处死斯特拉福德伯爵。国王被逼签署斯特拉福德伯爵的死刑执行令，斯特拉福德伯爵表示"不要相信贵族"，这与一个世纪前

〉〉詹姆斯一世在位期间，见证了中世纪骑士精神、传奇故事、奢华装饰风格的回潮，位于德比郡的博尔索弗城堡就是其中的典型代表。

沃尔西的悲恸之言不谋而合。1641年，下议院将《权利请愿书》修订为《大抗议书》（Grand Remonstrance），共有200条条款。《大抗议书》要求废除大主教法庭星法院，废除造船费，并调整税收。自由选举产生的议会每三年召开会议，只有议会本身拥有自行解散权。议会约束教会，任命权臣和法官，并规范陆军和海军行为。主教不得进入上议院，国王只是名义上的统治者。这种对议会主权的主张是当时欧洲所有国家中最激进的，仅以微弱优势投票通过。即使在21世纪，其所提及的主张也没有完全实现。

查理一世此时不得不为保住王位而战。他对《大抗议书》的回应很迟疑，妻子丽埃塔·玛丽亚也督促他"对这些捣蛋鬼采取强硬措施，否则就别想再见到我"。于是他做了此前君主们都没做过的事。1642年1月4日，他私下派人以叛国罪抓捕包括皮姆在内的5名极端议员，并率兵进入下议院会场。议员们不知所措，议长威廉·伦索尔（William Lenthall）连忙为国王让座，不过他拒绝交出这5人，并说出这番著名的话："我尊敬的国王陛下，我无眼可看也无舌可言，下院引领着我，我是这儿的奴仆。"查理意识到那几名议员已经逃走，他哀叹道"我的鸟儿都飞走了"，然后灰溜溜地带兵离开。此后，再没有君主踏足下议院。

几周内，伦敦市民兵闯进威斯敏斯特大教堂，据说是为了抓捕王后。王室逃往汉普顿宫，后又逃往格林威治，查理一世和丽埃塔·玛丽亚在王后宫惊恐不安地度过了一晚。即使今天看来，王后宫殿也是一个充满哀伤的地方，弯曲的阶梯从正面看形若泪珠。王后携子女和王室珍宝逃往丹佛，后在法国靠典当为生。8月，查理一世北上前往诺丁汉，他呼吁子民们奔赴战场捍卫他的王权。民意揭穿了神赋君权的真实面目，一个半世纪后，英格兰再次爆发内战。

第18章

Civil War
英国内战
(1642—1660)

君主政体始于中世纪,依照贵族、主教和自由民的公意实施统治,世俗契约根植于君主和议会之间,议会投票赞成征税,作为回报,纳税人得到诉冤的权利。在爱德华二世、理查二世和理查三世统治时期,这份契约被打破,于是君主被推翻,但君主政体继续存在。在17世纪,君主政体也被推翻了。一位都铎家族的国王自封为教会元首,一位斯图亚特家族的国王主张王权凌驾于议会之上。甚至亨利八世也获得议会批准他实行专政。正如大家所认为的,真实的英格兰革命是国王反对议会的革命,而不是议会反对国王的革命。

1642年夏天,这种分歧不仅使国王和议会分离,也使新教徒和天主教徒分离,北部和南部分离,甚至还分离了父亲和儿子。威尔特郡利迪亚德村(Lydiard Tregoze)圣约翰之墓记录了一个分离的家庭,家中三个儿子为国王而死,两个儿子为议会而活。时至今日,人们仍互相询问:"你支持马斯顿荒原战役(the battle of Marston Moor)的哪一方?"议会圆颅党(因头发很短得名)和国王骑士党这个隐喻指的便是理性主义民主和对权威的依恋之间的矛盾。

从一开始,议会就拥有后勤的保障。议会拥有税收、海港和伦敦城,并得到了进步思想、约翰·弥尔顿和人权的支撑。然而这些并不能保证议会一定取胜。英国人对君主怀有感情,不管发生了什么问题,他们都不愿看到国王被打败。他们对篡位夺权怀有根深蒂固的恐惧之情。

1642年10月,第一场战役在沃里克郡埃季山(Edgehill)打响,双方都紧张不已。保皇党旗手埃德蒙·弗尼爵士(Sir Edmund Verney)曾是议会成员,但他仍效忠于国王。战役结束后,他的尸体被发现,僵硬的手里还紧紧握着王旗。皇家骑兵的指挥官是雄赳赳的鲁伯特王子(Prince Rupert),他是国王的外甥,时年22岁。他率军击退议会军人马,并继续追击,但皇家骑兵团没有重新部署,因此追击毫无章法。保皇党步兵由于指挥选用不当(选用了林赛伯爵,后受伤被俘),使得毫无战场经验的国王陷入了困境,直到鲁伯特王子返回救援才得以脱险。埃吉山一战双方胜负难分。议会军将领埃塞克斯伯爵返回伦敦,国王未能追上他,被迫放弃进攻伦敦。查理一世退回牛津,他想在牛津郡基督教堂设立朝廷。在内战接下来剩余时间内,此处便是他的首府。

在北部的约克郡,鲁伯特王子的骑兵队压制住了托马斯·费尔法克斯爵士(Sir Thomas Fairfax)所领导的圆颅党人。1643年年中,国王自信地组织人马,打算新年时从南面、西面和西南方向三面包抄伦敦。伦敦方面害怕打持久战,尤其是对付一个他们曾公开表示尊敬的国王。下议院行事小心,只称国王是被手下蒙蔽了,不过他们对王后就没这么宽容了。大多数人认为,1643年为数不多的几场战争只是双方力量的试探,为了逼迫国王接受新的政治格局。一些县镇和城市在战争期间置身事外。考文垂不肯放国王进城,除非他不带一兵一卒,不过考文垂后来明确倒向议会,还被用来关押保皇党犯人〔这很可能是"被送往考文垂"(being sent to Coventry)这句俗语的出处,意即"拒绝与之合作"〕。

议会派主要领导人皮姆此时打出了苏格兰这张牌。1643年8月,在经过漫长的协商之后,爱丁堡方面派出1.8万名步兵和3000名骑兵南下,条件是议会同意在英格兰废除不得人心的主教。苏格兰军队参战后，每个月的补贴金是3.1万英镑。皮姆不久后去世。1644年夏天，这支唯利是图的苏格兰军队南下，在约克城外和圆颅党人会师。后来他们又得到一支东安格利亚骑兵的增援，这支骑兵的首领是剑桥郡一位级别稍低的议员，他就是奥利弗·克伦威尔①。1644年7月2日傍晚时分，他们在约克城外的马斯顿荒原上围攻鲁伯特王子的军队。克伦威尔手下训练有素的"铁甲军"（Ironsides）进攻鲁伯特王子的骑兵。在这场内战最大规模的战役中，克伦威尔和苏格兰军队在兵力上超过鲁伯特王子，他们毫不留情。3000名保皇党士兵在战场上丧命。克伦威尔声称"上帝使他们倒在我们的刀下"。战争陷入白热化。

马斯顿荒原一役使国王失去了英格兰北部以及东海岸各港口。鲁伯特王子向南撤回什鲁斯伯里（Shrewsbury）和查尔斯（Charles），迫于埃塞克斯伯爵的穷追不舍，他又逃往伍斯特。经过一系列军力调动和反击，保皇党在英格兰西南部夺得一席之地，甚至还在康沃尔郡逼得议会军

》奥利弗·克伦威尔，"愤怒的天火"（Angry heaven's flame），他特意嘱咐画师将他脸上的那颗疣描绘出来。

---

① 奥利弗·克伦威尔（Oliver Cromwell，1599—1658），英格兰资产阶级革命家、政治家、军事家、宗教领袖，1642—1649年，他统率新模范军击败了保皇党，并处死了国王查理一世，宣布成立共和国。1653年自任护国主。他开辟了资本主义发展新时代。——编者注

投降。1644年10月,在纽伯里(Newbury),另一位议会军首领曼彻斯特伯爵在克伦威尔的支持下同国王交战。由于曼彻斯特伯爵指挥不力,两军未能分出胜负,国王撤回牛津郡。克伦威尔勃然大怒,他骑马去伦敦向议会抱怨两位贵族将领埃塞克斯伯爵和曼彻斯特伯爵指挥不力。他声称自己"希望活到英格兰没有贵族的那一天"。下议院解除了两位将领的职务,换上了谦逊却专业的费尔法克斯爵士。议会接受了克伦威尔的提议,他提出组建新模范军(New Model Army),这支军队由骑兵、步兵和炮兵组成,个个经过精挑细选,有军饷可领,克伦威尔负责指挥骑兵。此时,英格兰的军队都渴望回家。而这支新模范军则渴望上战场。

克伦威尔这时成为叱咤风云的人物,他很快驰骋疆场,所向披靡。他身材魁梧,在宗教方面属于独立派,他不苟言笑,生性坦率。他令肖像画师"不用掩饰任何缺点",如实作画。他是天主教徒、主教和清教极端主义者的敌人。如他所说,他手底下的人并不是为了发财,而是视"公众福祉为其最终目的"。他被誉为"上帝的英国人"(God's Englishman),自认为是造物主派来拯救英格兰摆脱迷信思想的使者。他的支持者包括弥尔顿和安德鲁·马维尔(Andrew Marvell),马维尔称他为"愤怒天堂的火焰"(angry heaven's flame)。有时候,人们很难将克伦威尔的神圣使命概念和他所反对的斯图亚特家族的神赋君权区分开来。

1644年冬天,议会新招募的军队一直在操练,为一场决定性的战役做准备。1645年6月,决战在北安普敦郡纳斯比(Naseby)展开。鲁伯特王子所指挥的皇家骑兵依然迅猛,但皇家步兵相比之下就差得多了,被铁甲军打得七零八落。战况异常激烈,查理一世在众人阻拦下才没有亲自冲上去。他躲过了这场大屠杀,不过纳斯比战役之后查理一世一蹶不振。国王逃走3个月后,布里斯托尔沦陷,查理一世在牛津郡被围困。第二年,他乔装出现在纽瓦克外的苏格兰军营,他以为苏格兰人仍是自己的同胞,于是来此寻求庇护。他公开了自己写给王后的书信,但于事无补,他在信中请求爱尔兰或法国派兵援助,作为回报,他会使英格兰回归罗马教廷。苏格兰人就国王的价码同议会讨价还价长达大半年时间,最后将国王交给费尔法克斯爵士,然后返回英格兰。

第18章 英国内战（1642—1660）

》》马斯顿荒原战役是英国内战中的关键战役，战况相当激烈。图中表现的是克伦威尔抵达战场，而国王失去了苏格兰的援助。

1647年2月，国王向南返回伦敦，此时英格兰已厌倦战争，因此民众对国王表示出奇怪的热情。人们期待新的政治安排。长期议会下令新模范军解散，并向保皇党贵族征收罚金来支付军饷。同时，议会不明智地禁止军中力量强大的独立派教徒和浸礼宗教徒领取军饷，还拒绝支付拖欠士兵的军饷和退休金。大多数议员承认是这些士兵打败了国王，可他们并不想要常备军，更不必说是一支有强烈平等主义倾向的军队。

克伦威尔再次勃然大怒，他拒绝解散手下士兵，辩称自己并非雇佣兵，这么做是渴望保护人民的"正当权利和自由"。亨利·艾尔顿（Henry Ireton）是克伦威尔手下一名能力出众的副官，他率领新模范军在南下的路上抓获国王，并将国王作为人质送往汉普顿宫。伦敦陷入一片混乱，议会中的温和派长老会教徒集体反对克伦威尔及其军事委员会，克伦威尔则联合平等派议员据理力争。这引发了一系列辩论，地点是帕特尼（Putney）教堂，时间从1647年10月28日持续到11月9日，双方就国王的命运和未来革命进程展开辩论。各方搬出政治哲学基本原理，其中包括个人权利和国家，个人财产和集体，以及全民投票权，妇女也参与了投票。[①] 所有发言者就一点达成一致意见，那就是"一个人不受一个他没有参与建立的政体的束缚"。公意不是讨价还价，而是无条件的。尽管帕特尼辩论在当时并未产生多大影响，但却成为英国社会主义的一个标志。

11月，国王从汉普顿宫逃走，逃进怀特岛上的卡里斯布鲁克城堡（Carisbrooke Castle）。在怀特岛，国王受到乡绅的热情款待，他接到报告，说他的民望有所恢复，于是便不顾一切地请求苏格兰协助再度打响内战。1648年，任性不羁的苏格兰人在英格兰北部和西部发动暴乱。克伦威尔和费尔法克斯爵士率军在英格兰呈扇形散开，所向披靡。叛军大多数被处死，只有伯福德（Burford）的少数人被给予一线生机，条件是接受清教牧师长达数小时的说教。

克伦威尔本想宽大处理查理一世，可如今查理一世已成为一大威胁。1648年

---

① 会议上平等派人士根据李尔本的思想提出《人民公约》，力主废除国王，取消上院，实现普选权，与独立派产生严重分歧。——编者注

12月，国王被带到伦敦，一名叫科洛内尔·普赖德（Colonel Pride）的军人对长期议会进行大清洗，大约370名长老会教徒和保皇党议员被清除，最终议会只剩下154人，其中大多数是军队认可的激进派议员。议会成立一个委员会，以叛国罪审判国王。查理一世此时才发现自己统治时期始终缺乏恒久的目标。他对威斯敏斯特大厅内的审判不屑一顾，甚至拒绝摘下帽子。审判过程颇富戏剧性。审判的罪名是国王"在被委以根据英格兰法律统治的有限权力的情况下……恶意叛国，发动战争反对现有议会"。国王的辩解很简单，（国王的权力）本身是无可辩驳的，他认为国王不能被世界上任何上级司法机构审判："英格兰从来不是选举王国，而是世袭王国，时间长达千百年……国王不可能犯错。"推翻国王的后果是专制或无政府状态。

辩解是徒劳的。委员会判定查理一世犯叛国罪，要求"砍下他的脑袋"。1649年1月30日，在怀特霍尔宫（Whitehall）国宴厅（Banqueting House）外的一个平台上行刑，查理一世穿了两件衬衫，因为他不想被别人看到自己颤抖的样子。据说"他在临死一刻表现出一生未有过的真实"。在行刑的那一刻，据年轻的塞缪尔·皮普斯①所说，围观民众并没有欢呼，而是低声叹息，他们觉得这是件可怕的事。据说就连克伦威尔也在第二天去看了遗体，他对此次"不得不做的残酷之举"颇为动容。

尾闾议会（Rump Parliament，即清洗后的长期议会）宣布成立共和国："上帝恩泽的万民是所有正当权利的缘来……议会是平民的集合，他们由人民选举，代表人民，拥有国家的最高权力。"用来批准议会行为的印章上原先有君主图案，如今被抹掉。上议院被废除。审查制度被引入。英格兰将被一个由41人组成的国务院统治，而克伦威尔无疑是其中最杰出的公民。克伦威尔付清了欠军队的钱，率一部分士兵前往爱尔兰进行镇压。这导致了1649年德罗赫达（Drogheda）市民屠杀事件，旨在报复先前的一起反新教屠杀（与该城无关）。大约8万名爱尔兰人被定为叛国者，数

---

① 塞缪尔·皮普斯（Samuel Pepys，1633—1703），英格兰托利党政治家，历任海军部首席秘书，下议院议员，皇家学会主席。他还是位为后人熟知的日记作家，在1660—1669年间定下了大量生动翔实的日记，并于19世纪发表，为我们留下了英国复辟时期社会现实和重大历史事件的第一手资料和研究素材。——编者注

》在怀特霍尔宫外处决查理一世以后,人群中爆发出的并非欢呼声,而是哀嚎声。克伦威尔所谓的"残酷的必要性"(cruel necessity)震惊全国,为后来的王朝复辟埋下了伏笔。

千人被驱逐或被送往美洲做奴隶,意在为英格兰士兵腾地方。即使在当时,德罗赫达大屠杀也被视为极端的暴行。克伦威尔继斯特拉福德伯爵之后也登上爱尔兰恶魔榜。

与此同时,曾帮助摧毁查理一世的苏格兰人如今却在款待他时年18岁的儿子查理·斯图亚特(Charles Stuart),甚至尊后者为查理二世。1651年夏天,苏格兰人侵略英格兰,不仅是为了帮查理二世夺权,还为了一个表面上自相矛盾的目的,那就是把长老派主义强加给英格兰。这支军队最终在伍斯特被克伦威尔领兵击败。查理二世从战场上逃走,在斯塔福德郡博斯科贝尔(Boscobel)庄园周围的一棵橡树上藏了一晚,然后扮成仆人装束逃往法国。后来数千间家酒馆取名为"皇家橡树"（Royal Oak）。

克伦威尔对凯尔特人十分厌烦。他强令苏格兰和爱尔兰与英格兰组成政治联盟。他实现了亨利八世和詹姆斯一世昔日试图完成的事情。国家统一，由议会统治，而议员由不列颠群岛各地选举而来。不过这种统一并不长久。克伦威尔和成立4年的尾闾议会之间关系逐渐恶化，1653年4月20日，克伦威尔领兵进入下议院，听了一会儿冗长的议会演说，然后做了一件很多人一直想做的事。在漫无边际的议会演讲正在进行的时候，克伦威尔大喊："你们这些肮脏的婊子……整个国家对你们已经极其厌恶，忍无可忍。主一直在忍你们……出去，快出去，你们这些腐败的奴才快滚。我受够了你们瞎扯。"他下令把权杖当成"小玩意儿"拿走，把议员们赶回了家。

克伦威尔如今不得不面对手中权力的实际情况。他的"共和国"砍掉了一位国王的脑袋，还在战场上打败了另一位国王。他要对付上议院、主教和下议院，他想起了安德鲁·马维尔的劝诫之辞："卓有成效的统治之道只有一种/把权力始终掌握在自己手中。"于是，克伦威尔召开宗教会议，与会者都是各地独立派教会选派的"虔诚"信徒。这就是贝尔朋议会［Barebones Parliament，以一名赞美上帝的牧师贝尔朋（Barbon）的名字命名］。克伦威尔告诉与会者："你们蒙主召唤，为主而治，与主共治。"而当这个议会提议废除几乎所有国家机构时，克伦威尔很快予以否决。

克伦威尔的权势如今超越了斯图亚特家族。他同意被称作"护国主"（Lord Protector），于1653年12月上任，他认为"稍稍效仿君权将会行之有效"。虽然很短暂，但一个联合王国还是在成文宪法或"政府约法"之下正式形成。克伦威尔召开了新成立的议会，但又因不同程度的激进主义将议会解散，他奋力在个人宽容和制约蓬勃发展的多元化的需要之间保持平衡。信奉社会平等主义的平等派和追求土地公有的掘地派决裂。浸信会教徒与再洗礼派教徒、贵格派教徒，甚至喧嚣派教徒决裂，后者压根不相信宗教或道德戒律。克伦威尔还欢迎犹太人从欧洲大陆返回。这些措施令下议院紧张不安，争执不断。

1655年，克伦威尔在地方设立军事政权，划分为11个军区，每个军区由重要将领负责管理。他下令引入清教徒规则，包括处决通奸之人，废止戏剧表演和游戏，关闭酒馆和妓院，禁止咒骂，以及禁止宗教仪式。审查制度相当严格。改革遍及全国各地，可给人民的感觉不是人身自由，而是压迫。1643年，威廉·道辛（William Dowsing）在东安格利亚开始捣毁教堂装饰品，这种行为后来时有发生。极端教派被逐渐镇压。后来发生王朝复辟的最终原因不是别的，而是克伦威尔革命政权在全国各地倒行逆施的行为。

宪法的重新制定指日可待。1657年，一群律师和议员主动向克伦威尔为新宪法提出《谦卑请愿》(the Humble Petition and Advice)，认为对新的两院制议会而言，恢复君主制不失为恰当之策。克伦威尔拒绝了国王的称号，不过也许觉得公众需要某种象征符号——"但与耶稣相比不值一提"，他同意坐在"忏悔者"爱德华的宝座上，身披紫袍，被称作"护国主殿下"。但这并没有持续多久。1658年9月3日，克伦威尔去世，终年59岁，他指定儿子理查接替自己的职位。

理查·克伦威尔是个善良却稍显无能的人，他上任8个月后，军队包围尾闾议会，议会于1659年5月投票决定废止护国主制。英格兰被掌握在一个由彼此争斗的军官组成的"安全委员会"手中。群龙无首的共和国陷入无政府状态，渴望有人主持大局。唯一手下军队凝聚力较强的人是克伦威尔昔日委派的苏格兰总督，他是一位来自得文郡的将领，名叫乔治·蒙克（George Monck）。蒙克曾效力于国会和议会，在爱尔兰和苏格兰的权力也较稳固。他在尾闾议会上重新掌权，并带领他的部队南下。英格兰的问题一切都悬而未决。蒙克听取属下意见，等待时机。1660年2月，他率军抵达伦敦，实现个人专政易如探囊取物。如果蒙克和克伦威尔怀有同样的野心的话，那么英格兰的历史就要改写了。然而他审视国家和议会的现状后认为，1657年主张恢复君主制的《谦卑请愿》是宪政进程的唯一依据，虽然请愿的对象竟是克伦威尔，此事颇具讽刺意味。如今只剩一位国王，那就是查理二世，可他现在躲在荷兰。查理二世会同意接受议会开出的必定苛刻无比的条件吗？

蒙克行事一丝不苟。他下令重新召集1640年长期议会，然后要求该议会借口指定新大会商议国王回归一事自行解散。新大会将创造一位国王，而不是国王召集大会。光是这个消息就使伦敦教堂敲响了钟声，使得市民们在街上围着篝火喝酒庆

》查理二世抵达伦敦,获得了群众的热烈欢迎。

祝。蒙克派去请查理二世的使者们与查理二世的手下爱德华·海德(Edward Hyde)展开协商,海德和蒙克一样聪明沉着。海德从前是位议会律师,他的女儿安妮当时刚刚嫁给了流亡在外的查理二世的弟弟詹姆斯。安妮简单而敏感,她所生的两个女儿长大后成为新教徒。这两个女儿便是玛丽和安妮,姐妹俩相继登基为王。

海德对伦敦的现状洞若观火。1660年,心情急切的查理二世和筋疲力尽的议会共同签署《布列达宣言》(*Declaration of Breda*),宣布大方赦免那些参战之人。该宣言同意宽恕那些"慈悲心肠的"人,付清军队军饷,并接受议会的至高权力。久经沙场的费尔法克斯爵士奉命前往海牙护送查理二世回国。1660年5月25日,查理二世从丹佛登陆,随后在一片欢呼声中朝伦敦进发。"铁甲军"甚至在布莱克希思作为仪仗队随同行进。在当时,英格兰人民觉得自己终于迈过了死亡阴影的暗谷,迎来了光明世界。这是国家和解的时刻。

第19章

Restoration
王朝复辟
（1660—1688）

什么是复辟？1660年的种种事件是英格兰人民集体智慧的最初体现。英格兰经历了可怕的事，内战爆发，国王被斩首。20年间，英格兰经历了神权专制、议会制、共和制和军事独裁，仿佛英格兰在试验各种政体。如今，在尝试和错误中经历巨大变化之后，英格兰决定恢复君主制，而且不是别的君主，正是惨遭斩首的国王查理一世的儿子。不过就算如此，君主制也与从前不同了。

查理二世的统治（1660—1685年在位）和克伦威尔的冷酷军事统治截然不同。查理二世身高6英尺（约合1.83米），他性格外向，举止温文尔雅，浑身洋溢着自信，他热爱社交，喜欢寻欢作乐，登基后的生活与他逃亡早期居留在路易十四宫廷的生活相差无几。于是，戏院、赛马场、妓院和酒馆重新开张。教堂廊台上再度设置半圆形贵宾席，人们又像从前那样兴高采烈地欢庆节日。皇家剧院（Theatre Royal）在伦敦德鲁里巷（Drury Lane）落成。查理二世这位"快乐王"（merrie monarch）经常带着那只与他齐名的猎犬在伦敦各处公园巡视，还会和民众聊聊天。

查理二世在个人欢愉方面同样涉猎甚广。他妻子布拉干萨的凯瑟琳(Catherine of Braganza)不育,可这也不是他找17位情妇的理由,他和这些情妇生了至少15个孩子,他给大多数孩子封了爵位。在他的众多情妇里,最重要的是露西·沃尔特斯(Lucy Walters)、芭芭拉·维利尔斯(Barbara Villiers)和内尔·格温(Nell Gwynne),肖像画师皮特·莱利爵士(Sir Peter Lely)为她们画了大量画像,她们共同的特点就是鼓鼓的眼睛和长长的鼻子。在访问温彻斯特的时候,主持牧师不许查理二世和格温同寝,于是他便和她住在相邻的两间房子里。甚至他弥留之际的最后一

》复辟之后,查理二世开始了放纵享乐、挥霍无度的生活。女演员内尔·格温是查理二世维持关系最长的情妇,这幅肖像画的创作者是莱利。

句话也是:"不要让可怜的内尔饿肚子。"

1660年11月,查理二世出资赞助了新成立的皇家学会(Royal Society),这是一个由科学家组成的协会,由天文学家克里斯多佛·雷恩(Christopher Wren)建立,早期成员包括雷恩、艾萨克·牛顿(Issac Newton)、罗伯特·胡克(Robert Hooke)和罗伯特·波义耳(Robert Boyle)。查理二世在怀特霍尔宫建立了一个实验室,并写信给皇家学会,在信中就男性勃起等民众关注的普遍问题请教意见。他还从欧洲大陆带来了修建宫殿的热潮,在怀特霍尔宫、格林威治、汉普顿宫和温彻斯特大肆动土,大多数工程是在雷恩的支持下开始的。他在温莎的住处时至今日仍是英格兰最豪华的建筑。

骑士议会(Cavalier Parliament)于1661年召开,它的前身是成员多为君主制主义者的长期议会。而此时骑士议会的成员多是君主制的批评者。令查理二世不快的是,骑士议会很快推翻了布列达大赦内容,下令掘出克伦威尔等昔日参与杀害查理一世的人的尸体并实施绞刑。查理二世手下的大法官爱德华·海德(Edward Hyde)如今贵为克拉兰敦伯爵(Earl of clarendon),根据他起草的一部法典,圣公会教徒恢复了威廉·劳德任坎特伯雷大主教时期的主教和《公祷书》(*Book of CommonPrayer*)。他们还宣布放弃布列达大赦归还"慈悲心肠之人自由"的承诺。因此,清洗清教教会并驱逐不信奉国教之人的不是国王,而是议会。1664年之后,五分之一的英国国教牧师被免职,不信奉国教的人被囚禁,其中就有浸信会教徒约翰·班扬(John Bunyan),他在贝德福德监狱期间写出了有关新教道德的重要著作《天路历程》(*The Pilgrim's Progress*)。如果主教们曾捍卫摇摇欲坠的天主教事业的话,那么他们的圣公会继任者此时也是如此。在接下来的200年里,他们成为对抗议会的一股主要力量。

有一点是不可能回到过去了,那就是议会得来不易的至高权力。没过多久,议会便和查理二世起了矛盾,就像昔日议会和他父亲查理一世之间的矛盾一样,还是巨大开销问题,不过这回并不是因为养情妇。局面暂时还算和谐,因为主题是历史悠久的国外战争。之前在克伦威尔的积极支持下,伦敦商人此前一直渴望打破荷兰在美洲和西印度群岛的贸易垄断地位,并为此打过为数不多的几场战争。查理二世很乐意攻打荷兰,不过他的原因有所不同,他是想继续和曾经收留自己的路易十四保持良好关系。议会正式投票决定拨巨资250万英镑,派一支由150艘船组成的舰队前往。从1664年开始,一系列海战打响,双方均损失惨重,其深远影响就是荷兰将其位于北美洲曼哈顿岛的新阿姆斯特丹(New Amsterdam,即现在的纽约)殖民地割让给英国,并以查理二世的弟弟约克公爵的名字为其命名。

1665年,一场毁灭性的瘟疫打断了战争。伦敦在短

>> 查理二世,查理士王小猎犬,以及一只菠萝;查理二世热衷于科技革新。

时间内重温了中世纪时期的惨景,病鼠在伦敦拥挤不堪的露天排水沟和下水道里大量繁殖,十字架出现在各家大门上,教堂负责搬运棺材和挖掘瘟疫坑。大街小巷上此起彼伏全是"把你家的死人抬出来"的叫喊声。据估计,伦敦死了10万人,是其总人口的五分之一。塞缪尔·皮普斯在日记里写道:"主啊,街上空荡荡,一片愁云惨淡。"

1666年9月,这场可怕的瘟疫才结束不久,伦敦桥附近布丁巷的一家面包店又发生了火灾。正好当时在刮大风,于是火借风势,席卷了全城。在5天时间内,伦敦中世纪所建的城墙内有90%的房屋被烧毁。居民们逃向郊外或者乘船到水面上去。约克公爵率人组织救火,主要方法

>> 图中展现的是著名的伦敦大火,远处是着了火的圣保罗大教堂。这场大火吞噬了此前疫病横行的中世纪城市,为乔治王朝时代的繁荣面貌铺平了道路。

是炸毁即将被大火烧到的建筑，以阻隔火势蔓延，他的英勇行为赢得了赞誉。

这场大火的结果是皇室和市政高级官员就重建问题发生争执。克里斯多佛·雷恩建议政府修建一座古典风格的新城，这种风格建设街道又宽又直，各处还设有广场。然而伦敦教区委员会没有时间搞这么宏伟的工程建设，也没有征收土地的资金。各行各业必须重回正常轨道。政府出台新规定，要求街道修得更宽，并且砌可燃性没那么强的砖石外墙。富人们搬出了旧城区。伦敦不再需要防御性城墙，于是市民们在城西修建了占地面积颇大的科芬园（Covent Garden）和圣詹姆斯广场（St. James's Square），这两处土地的拥有者发了大财，譬如杰明家族（Jermyns）、伯克利家族（Berkeleys）、安德雷家族（Audleys）和格罗夫纳家族（Grosvenors）。庄重典雅的巴洛克风格新教堂在首都伦敦各处拔地而起，其中就有雷恩新建的圣保罗大教堂。英格兰一派"恢复"的景象，不过这并未持续多久。

伦敦大火结束不到一年，荷兰人借机厚颜无耻地沿泰晤士河逆流而上，抵达查塔姆（Chatham），他们在这里烧毁了13艘船只，并且拖走了英格兰海军旗舰"皇家查理"号（Royal Charles）。此事令英格兰蒙羞。在海军大臣塞缪尔·皮普斯看来，"整个王国士气低落"。人们公开将这次失败归咎于查理二世放纵的生活方式。克拉伦登伯爵①遭到弹劾，被流放，权力转移到国王的新支持者手中，这些人分别是克利福德（Clifford）、阿林顿（Arlington）、白金汉（Buckingham）、阿什利（Ashley）和劳德戴尔（Lauderdale），他们5人的英文名字首字母连起来的意思是"阴谋"（cabal），由此为英语添了一个新词。查理二世的无能外交政策引发了骚乱。英格兰先和荷兰结盟对抗法国，这在最初颇受民众欢迎。但梅德韦（Medway）突袭事件即前文提到的荷兰人沿泰晤士河而上的突袭行动。发生不到一年，英格兰破坏英荷联盟，转而于1670年与法国结盟对抗荷兰，查理二世在丹佛偷偷和路易十四的使者团签订了盟约。英法盟约规定，英格兰与荷兰作战，作

---

① 克拉伦登伯爵（Earl of Clarendon，1607—1674），原名爱德华·海德（Edward Hyde），英格兰政治家和历史学家。由于公开批评国王查理二世道德败坏，与国王关系不睦。议会也决定以他作为第二次英荷战争的替罪羊。1667年被弹劾，免去大法官职位。后流亡法国，度过余生。——编者注

为回报，法国会向查理二世支付补贴金，如此一来查理二世就不必再召开议会。此外，为了得到更多援助，查理二世要"在国内情况允许的情况下尽快"在英格兰恢复天主教。这简直是肆无忌惮地重演他父亲查理一世1623年背地里主动向西班牙提出条件的情景，同样此举也是对《布列达宣言》和议会此类事务定夺权的公然蔑视。

英格兰此刻对一位22岁的荷兰新教英雄奥兰治亲王威廉（William of Orange）掀起热议，他于1672年在荷兰抵抗法国进攻，下令打开水坝，发誓"奋战至死"。丹佛秘密协约的内容开始泄露时，怒气冲冲的议会宣告废除这份协约，并于1673年通过了《宗教考察法》（Test Act），规定禁止天主教徒担任公职。查理二世的弟弟兼继承人约克公爵詹姆斯宁愿辞去海军大臣一职，也不愿遵守《宗教考察法》放弃天主教信仰，情况更加恶化。詹姆斯在妻子安妮·海德去世后，娶了摩德纳的玛丽（Mary of Modena），她是天主教徒。骑士议会领导人物丹比伯爵（Earl of Danby）一手处理查理二世和议会之间不断恶化的关系，他安排詹姆斯信仰新教的女儿玛丽嫁给英勇的奥兰治亲王威廉，这是民众喜闻乐见的。这样应该能确保詹姆斯的继承人是新教徒。可是万一詹姆斯的妻子玛丽生下儿子怎么办？

反天主教动乱令人不由想起盖伊·福克斯时代的天主教阴谋案。1678年，一名疯疯癫癫的牧师斯·奥茨（Titus Oates）向枢密院报告说，天主教要阴谋刺杀国王、烧毁伦敦、招募天主教军队，并使英格兰臣服于法国。虽然，后来发现奥茨是个骗子，可是消息已经传开了，人心惶惶，议会要求扩充《宗教改革法》，特别规定詹姆斯和天主教继承人不得继承王位。查理二世忍无可忍。1679年，他解散议会，并在接下来两年时间内相继召集并解散了3个议会。这几个议会一个比一个态度恶劣，要求查理二世签署法案剥夺其弟的继承人资格。他拒不签署，这个法案最终销声匿迹。在一片忙乱中，议会里开始形成"派系"。以丹比伯爵为首的保皇党人明确同情国王，他们被称为"托利党"（Tories），名字取自一帮爱尔兰天主教强盗。国王手下那些亲荷兰的反对者被称为"辉格党"（Whigs），名字取自狂热的苏格兰原教旨主义者。新召集的几个议会辉格党势力强大，自1681年起，极

第19章 王朝复辟（1660—1688）

为恼火的国王决定通过一帮枢密院盟友实行个人统治，一如昔日的亨利八世、詹姆斯一世和查理一世。查理二世用法国国王给他的补贴金负责个人开销。他的情妇们大吃一惊，连忙联合起来向他要钱。

尽管整日生活在阴谋诡计之中，查理二世仍然保持了一颗乐观宽容之心。他厌恶各种狂热，虽然被人怀疑同情天主教，他还是保持了自己的信仰。1681年，他甚至祝福了放逐在外的贵格会教徒威廉·佩恩（William Penn）所建立的宾夕法尼亚殖民地。后来佩恩受邀回国觐见国王，他拒绝摘下帽子，见此情景，查理二世好脾气地摘下自己的帽子，半开玩笑地表示在这种场合，规矩是"我们总有一人得摘下帽子"。1683年，查理二世和詹姆斯在从纽马克特（Newmarket）赛马场返回的路上险遭"黑麦屋"（Rye

>> 荷兰人突袭位于梅德韦的英国皇家海军，体现出查理二世在外交政策上的无能。这被视作英国的耻辱。

House）阴谋分子暗杀。传言这宗阴谋和辉格党脱不了干系，这使皇室兄弟俩在政治上得到些许喘息的机会。然而两年后，查理二世突然死于中风，终年54岁。他一生放荡不羁，纵情声色，不过他在统治期间努力做到了宗教宽容。和所有斯图亚特家族国王一样，他的失败主要因为他大肆铺张，并为此不惜向天主教欧洲索要金钱援助。复辟时期议会再度采取"无申诉不交税"的强硬做法，这是他堕落的原因所在。查理二世在弥留之际改信天主教，将王位传给了詹姆斯，不过他很清楚詹姆斯的政治才能。他预言说，詹姆斯的王位坐不长久。他说的没错。

詹姆斯二世（1685—1688年在位）在登基前曾有过一段辉煌的军旅生涯，不过他毫无幽默感，而且脾气暴躁。内尔·格温称他为"闷闷不乐的吉米"（dismal Jimmy）。议会投票新拨了一笔款，但却很快被用来镇压一场叛乱，叛乱头目冒认是查理二世年纪最长、信仰新教的私生子蒙默思公爵（Duke of Monmouth）。1685年，这场叛乱最初在西部发展势头迅猛，叛军后盾是装备不良的前圆颅党人。叛乱终结于萨默塞特郡塞奇高沼（Sedgemoor），死伤无数。王军副指挥是约翰·丘吉尔（John Churchill），他年轻英俊，野心勃勃，和查理二世的情妇芭芭拉·维利尔斯交往甚密。他娶了一位同样野心勃勃的妻子，即王后的侍女莎拉·詹宁斯（Sarah Jennings）。

冒牌蒙默思公爵后来被处死，他的追随者也没什么好下场。杰佛利（Jeffreys）法官的"血腥裁决"处决了300人，鞭打或流放了数百人，就连詹姆斯二世手下同情托利党的人也看不下去。塞奇高沼战役之后，詹姆斯二世拒绝解散王军，这支军队多是爱尔兰士兵，里面有100名军官是天主教徒。詹姆斯二世要求支付王军军饷，并且废除《宗教考察法》，议会一口回绝，詹姆斯二世随即解散了议会。詹姆斯二世任命多个天主教同情者担任法官和枢密院要职，甚至还开除了牛津郡莫德林学院（Magdalen College）的教员，只因这些教员不肯接受他指派的天主教院长。詹姆斯二世做事毫无策略。

1685年，路易十四也不让詹姆斯二世省心，他废除了《南特敕令》（Edict of Nantes），《南特敕令》先前保证会宽容对待法国新教徒。传言天主教大屠杀近在眼前，法国难民一下子挤满了伦敦城。虽然詹姆斯二世实行审查制度，但每座教堂都回荡着谴责天主教暴行的话，这进一步团结了英国国教徒和不信奉国教人士，他们一起站到国王的对立面。詹姆斯二世针对所有新教徒颁布了"信教自由令"（declaration of indulgence），要求每座教堂向教众宣读，可天主教徒也同样享受信教自由，这引起了英国国教徒的不快。7位主教拒绝宣读"信教自由令"，詹姆斯二世命人逮捕他们，并以妨碍治安罪予以审判，不过他们最终被无罪释放。詹姆斯二世被怀疑希望将天主教放到与英国国教同等的地位。与詹姆斯二世关系最亲密的一名亲信是彼得神父（Father Petre），他是一位耶稣会教徒。

辉格党领导人开始公开和奥兰治亲王威廉协商，威廉的新教徒妻子玛丽仍是王位继承人。威廉在伦敦有一个勤勉的代理人汉斯·威廉·本廷克（Hans William Bentinck），在与辉格党协商一事上他们主要受了汉斯的恩惠。1688年6月，詹姆斯二世的妻子玛丽生了一名皇子，取名为詹姆斯·斯图亚特（James Stuart），原先的继承人夺权计划泡汤了。谣传皇子的生父不是国王，无论这是否属实，皇子的王位继承权都要优先于玛丽。这对英格兰新教徒而言，无疑是一场灾难。1660年，各方势力联合起来阻止天主教徒继承王位以及内战的再度发生，辉格党、托利党、新教徒和不信奉国教人士齐齐上阵。复辟时期的妥协局面被打破，而这种妥协是必须重新达成的。

来自海牙的威廉朝廷使者邀请6位英国贵族和一位主教送信给威廉，请求其进行军事干预，其中包括托利党人丹比伯爵，这就是后世所称的"不朽七人"（Immortal Seven）。这封可能由本廷克起草的信中称"95%的人渴望（王权）变化"。威廉欣然应允。他唯恐詹姆斯二世和路易十四结盟对付荷兰，同时也迫切想帮助妻子得到英国王位。从这个意义上讲，1688年所发生的事就是类似于1066年诺曼征服的王朝征服行为。荷兰议会拒绝批准这次以其名义发动的远征。威廉也不敢贸然侵略英格兰，否则会引起诸多非议，除非他知道法国届时不会掺和进来，也不会趁机进攻荷兰。1688年秋天，种种迹象表明路易十四此时很乐意看到英格兰再度陷入内战。

11月1日，经过疯狂的准备之后，威廉最终率领一支庞大的舰队起航，舰队共有463艘船，其中包括53艘战舰，此外还有大约4万名士兵。这支舰队的规模是英格兰无敌舰队的3倍。舰队驶过多佛海峡的时候，一眼望去，海面上全是舰船。驶过多佛城堡的时候，大炮齐鸣。4天后，这股"新教之风"在德文郡托贝（Torbay）登陆。议会并没有要求这么大规模的侵略，国王更是不可能这么做。6位英格兰贵族邀请威廉的做法不合宪章。一位外国统治者进攻英格兰，要推翻一位合法的英格兰君主，这种邀请显然是叛国行为。不过常言道："成王败寇。"

Glorious Revolution
光荣革命
（1688—1714）

1688年秋天，威廉率重兵横扫英格兰南部，詹姆斯二世手下军队不堪一击。很多人倒戈相向，其中最主要的就有昔日取得塞奇高沼战役胜利的英国王军指挥官约翰·丘吉尔，他本人惯于见风使舵。12月18日，威廉率军抵达伦敦，一切经过精心安排，场面盛大。民众手持橘色彩带，荷兰士兵列队簇拥威廉走过骑士桥。两年间，荷兰军队占领了伦敦各处要塞。伦敦街道、旅馆和皇家宫廷处处都充斥着陌生的荷兰语。毫无疑问，英格兰已经被外国占领了。

在威廉的默许下，詹姆斯二世逃往法国避难。詹姆斯二世临走时甚至将英格兰玉玺（Great Seal）抛进了泰晤士河，如此议会就可以有借口认定他已象征性退位，之后推他的女儿登上王位。然而，篡权之后，威廉不甘玛丽·斯图亚特配偶的身份。他们夫妇俩要共同执政，如果玛丽在诞下继承人之前去世的话，那么奥兰治家族的人就是顺位继承人。第二年4月，威廉夫妇在威斯敏斯特大教堂一同被加冕为威廉三世（1689—1702年在位）和玛丽二世（1689—1694年在位）。信奉加尔文主义的威廉虽嘲笑了"这出加冕礼喜剧",但却依然宣誓遵照"议会法令"实施统治。

后世辉格党历史学家对"光荣革命"探讨颇多。在他们看来,光荣革命主张实用主义、不流血的革命,这与欧洲当时和此后的动乱局面形成鲜明对比。不过这场革命之所以没流一滴血,只是因为詹姆斯二世轻易认输。事实上,英国内战和王朝复辟未能解决英格兰的宗教专制问题,也未能在前人的基础上进一步巩固议会民主制。詹姆斯二世不想打仗,选择了逃走,可是很多人仍视他为英格兰的合法君主。威廉率领荷兰军队非法侵略,以重兵取胜,要知道英格兰和荷兰之间的战争并未结束多久。

这一次,议会没有冒险。议会不想再让天主教徒统治英格兰。1689年制定的《宽容法案》(*Toleration Act*)可谓是保障宗教自由的"《大宪章》",该法案重申昔日《布列达宣言》所规定的信仰自由,不过对象仅限于浸信会教徒、独立派教徒和贵格会教徒等新教反对人士,前提是他们认可"三一论"。该法案将天主教徒和一位论派教徒排除在外,不过毫无疑问的是,其结果是比具体规定更广范围的宗教宽容。同年,《权利法案》①随后出台,重申《《大宪章》》和《权利请愿书》此前主张的自由权利。议会有权征税、招募军队和发动战争。法官是独立的,不受外界影响。最重要的是,该法案声称:"实践证明,国王是天主教徒或其配偶是天主教徒,这与(英格兰)这个新教王国的安全和福祉背道而驰。""实践"一词从未说得这么铿锵有力。后来又通过了《三年法案》(*Triennial Act*),规定议会任期为3年,不受君主意志的影响。议会再次宣布自己拥有最高权威,作为立法机构的议会是英国宪法的核心所在。这一次,议会胜利了。

威廉面临着无家可归的詹姆斯二世所发动的叛乱。3月,前国王詹姆斯二世从爱尔兰登陆,他拥有法国的兵力和资金支持,意在掀起英国内战,这是他的朋友路易十四所希望看到的。如今贵为马尔堡伯爵(Earl of Marl borough)的丘吉尔骁

---

① 《权利法案》(*Bill of Rights*),全称为《国民权利与自由和王位继承宣言》,是英国资产阶级革命中的重要法律性文件,而非宪法。它的颁布奠定了英国君主立宪政体的理论和法律基础,确立了议会所拥有的权力高于王权的原则,标志着君主立宪制在英国的开端,为英国资本主义的迅速发展扫清了道路。——编者注

勇善战，他被派去守护威廉的荷兰边界，威廉则把主要精力放在爱尔兰上。威廉花了整整一年才打败詹姆斯二世，以1690年的博因河战役（the battle of Boyne）为其终结。与两个世纪前的博斯沃思原野战役一样，两位争夺英格兰王位的国王在一片原野上狭路相逢。威廉被炮弹所伤，詹姆斯二世则被打败，被迫撤回法国。对爱尔兰新教徒而言，威廉成为英勇的"比利王"（King Billy），并成为深受"奥社团成员"（Orangemen）崇拜的人物。

威廉已经成为一位久经沙场的军事指挥官，他似乎不再是荷兰抵抗战时期的年轻英雄。他的外国人秉性不变，喜欢荷兰侍臣陪伴左右。他患有哮喘，脾气暴躁，他离开郊外的威斯敏斯特，搬到空气更加清新的肯辛顿（Kensington）居住，经常呵斥身边人。他与马尔堡伯爵在军队表现问题上意见不合，还和小姨子安妮经常争吵，安妮是莎拉·马尔堡（Sarah Marlborough）的好朋友。两位女士给他取了个绰号"卡利班国王"（King Caliban），这是莎士比亚笔下《暴风雨》（The Tempest）剧中一个半人半兽形怪物。不过，玛丽二世女王很受欢迎。这对皇室夫妇很快表现出斯图亚特家族的奢华特性。他们下令雷恩仿效肯辛顿和汉普顿宫设计一模一样的亭台楼阁。詹姆斯·桑希尔爵士（Sir James Thornhill）后来在格林威治皇家医院绘画厅绘制了一幅壁画，画中将威廉描绘成亚历山大大帝，暴君路易四世被他踩在脚下。奥兰治王朝的主要目标很明确：让詹姆斯二世消失在视线之外。

威廉的统治受到了议会辉格党人和托利党人之间新出现矛盾的困扰，这令他想起了令人讨厌的荷兰议会政治斗争。辉格党人支持威廉篡位，但却时刻提防威廉恢复斯图亚特家族的专制。仍以丹比伯爵为首的托利党人对王权归于谁手没什么意见，但却强烈反对威廉发动对法战争，由于法国战争，威廉每年夏天返回荷兰，留下玛丽二世一人执政。1694年，通过局部妥协，新的英格兰银行成立，国王可以通过银行筹集资金满足军需。不过同年，玛丽二世感染天花，威廉不顾君王颜面，大哭大叫，被人架着离开她的卧室。玛丽二世很快去世，威廉伤心欲绝，甚至考虑就此返回荷兰。

1701年，玛丽二世已去世7年，她信奉新教的妹妹安妮没有任何诞下男性继承人的迹象，议会面临着斯图亚特家族新教主义可能消亡的形势。议会通过《王位继承法》（Act of Settlement），正式将斯图亚特家族的继承权转移到汉诺威家族（the house of Hanover）身上，由詹姆斯一世的女儿波希米亚郡主安妮（Anne of Bohemia）一支继承。该法案坚称，君主发誓效忠英国国教，未经议会同意不得发动海外战争，君主在英格兰居住，未经许可不得出国旅行，这很明显针对的是威廉经常不在英国国内的情况。议会对其权力越来越一丝不苟。

此时另一宗王权事件震动了欧洲。1700年，西班牙国王查理二世去世，他没有子嗣，于是威廉和法国的长期冲突演变为更广范围的西班牙王位争夺战。年迈的路易十四为孙子菲利普夺得西班牙王位，将法国和西班牙两大帝国、佛兰德斯和意大利大片领土合并在一起。这使天主教

》威廉和玛丽决定远离浓烟缭绕的怀特豪尔宫，选择空气相对清新的肯辛顿宫，并且按照荷兰的传统来布置花园。图中的远景是哈罗和汉普斯特德的起伏山脉。

欧洲融合在一起，并导致欧洲大陆权力失衡。路易十四说道："比利牛斯山不复存在。"威廉怀疑法国国王会采取敌对行动。1701年，詹姆斯二世在巴黎城外的圣日耳曼（St Germain）去世，他临死前宣布他的儿子"老僭王"（Old Pretender）詹姆斯为英格兰国王，争议声四起，威廉担忧不已。这也令议会恼怒不已，投票拨款给威廉参战。尽管威廉不喜欢马尔堡伯爵，但还是委派他出任总指挥，率领一支由荷兰、普鲁士和奥地利士兵组成的大军迎战法军。这场英法战争最初因争夺西班牙王位而起，最终以各种形式持续了100多年，扭转了中世纪英法战争的可悲结局。从前是法国抵御了英格兰扩张，此次却是英格兰抵御了法国扩张。这次英法战争削弱了法国实力，使英格兰成为全世界最强大的帝国。

战争刚刚开始，威廉的坐骑在里士满公园一处小丘绊了一下，他摔下马，跌伤了锁骨。之后跌伤发展成肺炎，他于1702年3月去世。詹姆斯二世党人，即拥护詹姆斯二世的人，在此后多年一直保留为"身穿黑色天鹅绒马甲的小绅士"举杯祝酒，然后打破酒杯的习惯。玛丽二世的妹妹安妮身材矮小，简单朴素，有痛风的毛病。她登上王位，是为安妮女王（1702—1714年在位）。安妮多次流产，生下来婴儿也夭折了，共有18次之多，她登基后身边有亲信莎拉·马尔堡，由和蔼可亲的戈多尔芬亲王（Lord Godolphin）主持朝政。诗人亚历山大·蒲柏（Alexander Pope）在诗中写到她在汉普顿宫的宫殿："三个王国顺服的伟大安妮在此/有时候商议国事——有时候饮茶闲乐。"茶和以其源出国命名的"瓷器"（China）此时广泛流行。

在欧洲大陆，马尔堡伯爵将法国人赶出默兹山谷（Meuse Velley），于1704年发动了军事史上卓越的一次急行军。他领军逆莱茵河而上，下令加快行军速度，好在多瑙河河畔的布伦海姆（Blenheim）同盟友尤金王子（Prince Eugene of Savoy）会合。他们在布伦海姆会合后合力打败了一支法军，胜利的主要原因是马尔堡伯爵在战场上部署骑兵和步兵以及迅速调动兵力的才能。布伦海姆一役将法军赶出维也纳，一贯排斥战争的英国民众为之群情激昂。安妮女王晋升马尔堡伯爵为公爵，并赏给他牛津郡外伍德斯托克的一块土地，范布勒[①]在这里开始兴建

[①] 范布勒，全名为约翰·范布勒（John Vanbrugh），英国建筑师、喜剧作家。——编者注

一座以布伦海姆战役胜利命名的庄园，这是英国唯一一座被称为宫殿的私人住宅。两年后，马尔堡公爵再次在拉米伊（Ramillies）打败法军，法国派4万多名骑兵上了战场。然而路易十四拒绝认输。

在英国，安妮女王渴望将英格兰的斯特亚特王位和苏格兰的斯图亚特王位合二为一，她的愿望达成，两个王国正式合并。这是出于英格兰"从后门"对抗法国长期威胁的安全需要，也是将苏格兰商人赶出新开辟的美洲殖民地英格兰市场的反威胁需要。在伦敦和爱丁堡，双方就合并问题展开了激烈的辩论，大多数苏格兰人显然对此持反对态度。丹尼尔·笛福（Daniel Defoe）被派往苏格兰侦察政府动向，他报告说："99%的苏格兰人反对。"支持合并的苏格兰人的房子甚至遭到暴徒洗劫。不过通过贿赂和游说等手段，女王最终争取到足够的票数，苏格兰议会通过了合并方案。

1707年《联合法案》（*Act of Union*）规定，在合并后的大不列颠联合王国（Kingdom of Great Britain）议会中，苏格兰议员占45%。安妮女王不仅是英格兰女王，还是爱尔兰女王。5月1日，安妮女王前往圣保罗大教堂就两国合并一事发表感谢辞，她随身佩戴着嘉德勋章和苏格兰蓟花勋章（Scottish Order of Thistle）。她表示希望两国"向全世界展示，两国一心"。"展示"（appear）一词很是恰当。与威尔士人和爱尔兰人一样，苏格兰人后来在英国军队、大英帝国和工业革命（Industrial Revolution）中发挥了重要作用，更不必说苏格兰自己18世纪的知识复兴。在接下来一个世纪里，不列颠群岛各国人民塑造了"大不列

〉〉格林威治皇家医院经过描画的天花板：作为坚定的新教徒，威廉和玛丽仍然沉醉于斯图亚特王朝惯用的宏伟壮丽的建筑装饰风格，他们深谙皇室象征在民众心目中的地位。

第20章 光荣革命（1688—1714）

颠"，除非是明显指代英格兰，人们开始使用"不列颠政府"（British government）和"不列颠人"（British people）等词汇。不过这种塑造在很大程度上依赖于世界舞台上人们对不列颠的看法，特别当帝国处于战争和扩张时期。但即便在20世纪，"英格兰"也往往被人用来指"不列颠"：士兵们"为英格兰"而战，诗人鲁伯特·布鲁克（Rupert Brooke）诗里的异国"永远是英格兰"。虽然安妮女王总是提起"两国一心"，但英格兰北部或西部边境并没多少人怀有这样的心。英格兰人也许称"不列颠"为"英格兰"，但大多数苏格兰人、威尔士人和爱尔兰人肯定并不这么认为。苏格兰议会于1707年结束，但却在三个世纪后重新召开。

〉〉安妮女王，斯图亚特王朝最后一位君主，死后无子嗣，将王位传给了汉诺威家族。

1708年，首届英格兰—苏格兰大选后，辉格党执政。身为忠实托利党人的安妮女王对此耿耿于怀。她本质上是斯图亚特家族的一员，对曾推翻她父亲詹姆斯一世的辉格党人极其不信任。同年，她深爱的丈夫乔治去世，这更是雪上加霜。她是在私人"内阁"召开大臣级会议的最后一位君主，她不喜欢但却不得不将自己讨厌的政客纳入会议。但在一件事上，她和辉格党人的意见完全一致，这便是继续马尔堡公爵的"伟大战争"。此时的战争和中世纪时期一样，夏天打仗，冬天休整。1709年，即使路易十四也清楚，应该寻求和平，可辉格党人迟迟不肯，鲁莽地要求路易十四让孙子菲利普放弃西班牙王位。路易十四不答应，于是双方继续交恶。

1709年，双方经过新兵扩充后，重返蒙斯（Mons）附近的马尔普拉奎特（Malplaquet）战场。马尔堡公爵和尤金王子率一支3万人的骑兵队伍出征。结果又是马尔堡公爵取胜，但联军2万人战死，民众对此颇为不满。马尔普拉奎特大屠杀激怒了托利党人，辉格党人也就此停止纷争。各地教会纷纷宣扬和平，安妮女王解散议会。在随后的1710年选举中，反战的托利党人赢得多数选票，在异见人士罗伯特·哈利（Robert Harley）的领导下掌权。

哈利爱好读书，政治眼光敏锐。哈利成为领导人兼财政大臣，而后来成为博林布鲁克亲王（Lord Bolingbroke）的亨利·圣约翰（Henry St. John）则负责外交事务。他刚愎自用，是詹姆斯二世党人。新政府成立之际，安妮女王和莎拉·马尔堡两人反目，哈利的女门徒阿比盖尔·希尔（Abigail Hill）成为女王的新宠，莎拉严厉指责希尔和女王之间是同性恋关系。常胜将军马尔堡公爵逐渐失去了其在政治和宫廷的影响力。讽刺作家乔纳森·斯威夫特（Jonathan Swift）谴责马尔堡公爵挥霍军费的行为是英国麦得斯（Midas，传说中点石成金的国王）之举："如今无视看台/长着驴耳朵和肮脏的双手。"托利党人开始偷偷与路易十四谈判，结果马尔堡公爵被免职，詹姆斯二世党人奥蒙德公爵（Duke of Ormonde）取代他出任盟军统帅。奥蒙德接受博林布鲁克亲王任命一事对盟军保密，意在避免战争、寻求和平。法国人闻讯后欣喜不已。路易十四非常兴奋，他表示形势的变化"朝着我们希望的方向发展"。

其结果是1713年的外交大事件，英法双方签署《乌得勒支和约》（*Treaty of Utrecht*）。该合约对路易十四的野心进行遏制，盟军得到了比4年前马尔堡公爵种种胜利后可能取得的利益。双方同意奥地利控制如今为比利时的领土，英方利益范围延伸到地中海和北美洲地区。作为交易的一部分，西班牙将直布罗陀割让给不列颠。《乌得勒支和约》与其说是征服，不如说是谈判胜利。托利党人主宰的下

>> 挂毯中的人物是参与布莱尼姆战役的马尔堡公爵。他出众的军事战略使他成为英国乃至欧洲史上最杰出的军事指挥官之一。

议院支持这份和约,但辉格党人主宰的上议院表示反对,安妮女王不得不安插多名托利党人进入上议院,从而保证该和约的顺利通过。这是首次采用这个办法把未当选议院的意愿强加给当选议院。马尔堡公爵自我流放到汉诺威,当时布莱尼姆宫(Blenheim Palace)尚未建成。

安妮女王此时病倒了。她认为是自己昔日夺走了同父异母兄弟"老僭王"的王位,于是鼓励詹姆斯二世党人和托利党人使者前往法国,要求"老僭王"放弃天主教信仰,好在她死后继承王位。不过他坚决不肯这么做。博林布鲁克亲王继续在议会建立一个詹姆斯二世党人派系,与他的搭档哈利针锋相对。警钟此时响起。辉格党人警告安妮女王王位的合法继承人乔治王子:与他之前的威廉一样，他可能必须动用武力才能坐稳王位。经验老到的马尔堡公爵在乔治的宫廷自我流放，据说他正在准备新的入侵力量。

1714年7月27日，在肯辛顿女王的卧室，两位大臣牛津伯爵（Earl of Oxford）哈利和博林布鲁克亲王爆发了激烈争吵。两人互相指责，女王站在博林布鲁克亲王一边，要求哈利主动辞职。接下来是一片混乱。博林布鲁克亲王和身在巴黎的詹姆斯定期通信，博林布鲁克亲王离开王宫去议会争取众人支持詹姆斯继位。然而，第二天，一群枢密院成员说服奄奄一息的女王任命高级官员什鲁斯伯里公爵（Duke of Shrewsbury）担任部门领导，专门负责按照《王位继承法》安排汉诺威家族继承王位。

如果安妮女王再多活一个星期，那么博林布鲁克亲王也许就能成功赢得议会支持，将王位交给詹姆斯，虽然这样违背了《王位继承法》相关规定，还会挑起内战。事实上，保皇党人乔纳森·斯威夫特写道："恰恰在时机即将成熟的时候，运气变差。"安妮女王的去世标志着斯图亚特时代的终结。虽然据说当时有55个人比乔治①更具备继承资格，但他被普遍认为是英国合法王位继承人。乔治登基后，英国君主制在英国历史上的重要性有所下降。国王们离开舞台中央，让位给了党派政治家。

---

① 乔治是汉诺威选帝侯奥古斯都与英国国王詹姆斯一世的外孙女索菲亚的儿子。1698年在其父去世后继位为汉诺威选帝侯。——编者注

第21章

Walpole and Pitt the Elder
沃波尔和老威廉·皮特
（1714—1774）

汉诺威家族是新贵，而不是天生的君王家族。他们之所以掌权，不是因为战功卓著或政权地位高，而是因为他们是一位新教国王的远房后代。他们大多数是头戴假发、面敷脂粉的小人物，无足轻重，既不会管教子女，也不敢对议会提意见。正因为如此，他们共同推动了议会政府的进程，而且远比亨利三世以来任何国王所起的作用都要更大。乔治们主要关心的是他们的情妇和打牌，在其他事情上任由国家自由呼吸和成长。其结果是，政治家不再小心侍奉国王，而是具有独立的政治人格，深受政党、民意、选民和经济力量的影响，这些使政治具有了新的重要意义。

1714年，时年54岁的乔治一世（1712—1727年在位）抵达伦敦，人们对此松了一口气，但却没有表示出任何热情。乔治一世不怎么会说英语，只来过英格兰这片新领土一次，他表示"不喜欢这里"。他自认为帮了英格兰一个忙，使王位免于落入斯图亚特家族之手。他是一位汉诺威独裁者，曾将妻子囚禁在城堡里达

30年之久，只因为她同一名朝臣私通，这名朝臣也惨遭杀害并被肢解。除去妻子后，他带来了两名情妇，一胖一瘦，被称为"大象"和"柱子"，她们每晚轮流陪他打牌。新朝臣们在新的汉诺威广场建造房屋，采用老家的装饰图样。乔治一世的儿子乔治·奥古斯塔斯（George Augustus）讨厌父亲，他在伦敦斯特莱庄园（Leicester House）和性情活泼的妻子卡洛琳（Caroline）建立了一个单独的宫廷。她称汉诺威为"粪堆"（dunghill）。如果说在此之前国王的威严，更不必说神圣性，尚对英国人存有少许吸引力，那么这种吸引力也随着汉诺威的到来而消失了。

乔治一世经常不在伦敦，这为内阁带来了独立和地位。内阁会议由资深大臣主持，斯坦诺普亲王（Lord Stanhope）成为"首席"，此外粗犷的诺福克地主罗伯特·沃波尔（Robert Walpole）出任财政大臣。1715年，"老僭王"詹姆斯·斯图亚特在苏格兰掀起叛乱，内阁面临着挑战。阿盖尔公爵（Duke of Argyll）代表政府，赶在叛乱分子南下斯特灵之前阻截他们，詹姆斯一回到苏格兰，便不得不逃回法国。所谓的"1715年叛乱"还没开始便结束了。

和威廉一样，乔治一世认为王位在一定程度上可以借英格兰国内的支持解决本国国内矛盾。1715年登基后举行选举，托利党人因为被怀疑有同情詹姆斯二世党人的嫌疑被打败，辉格党人再度执政。虽然辉格党一贯支持战争，可党内在如何支付过去战争费用以及是否支持乔治一世参战的问题上产生了意见分歧。国债升至5000万英镑，沃波尔辞去财政大臣一职。1720年，为了偿还国债，南海公司（South Sea Company）依照《乌得勒支和约》被授予了贸易垄断权。这导致了对该公司股份的疯狂投机，内阁官员公开赞扬股份的价值，结果钱都落在了自己口袋里。在几周时间内，南海公司价值100英镑的股份飙升至1000英镑，子公司的股份也迅速膨胀。据说当时几乎不可能在伦敦买到一辆四轮马车，信贷繁荣达到如此地步。

同年9月，南海泡沫（South Sea Bubble）破灭，举国震惊。成千上万的人倾家荡产，他们大多是伦敦市民，议会不得不宣读《取缔暴动法》（Riot Act）。斯坦诺普亲王在上议院突然中风，当场死亡。邮政大臣锒铛入狱，财政大臣（不再是沃波尔）也被关进监狱。有人提议将以股份抵押贷款的银行家们"绑起来放在装满蛇的袋子里，然后扔进阴沉沉的泰晤士河"。

1722年，沃波尔重新成为辉格党领导人，他也是英国历史上执政时间最长的反战政府的首脑。他身躯庞大，喜欢饮酒，生活奢华，他和托利党人一样，反对花费高昂的军事行动。因此他下令降低土地税，并向各方保证半独立的汉诺威国王统治下的辉格党政府不会破坏既有秩序。沃波尔最初是财政大臣，他是首个被称作"首相"（prime minister）的英国大臣。政府将地产发展项目中的一座市内房屋赠给了他。这座房子离怀特霍尔不远，其所在街道被命名为唐宁街。他颇为明智地坚持这座房子自此以后与首相一职相挂钩。

》图中描绘的是在伦敦皇家交易所发生的"南海泡沫事件"。这场金融危机促成了沃波尔成为英国史上首位"首相"。

沃波尔的政治座右铭是"莫惹是非"（Let sleeping dogs lie）。政府债务被转移到偿债基金中来，政府制定政策避免战争和促进贸易。"沃波尔和平期"被视为英格兰的黄金时代。蒲伯（Pope）、斯威夫特（Swift）、笛福和约翰逊用机智风趣的语言记录了当时的政治生活。洛克（Locke）和贝克莱（Berkeley）的哲学阐述了自由主义观点。政治对话的范畴开始从宫廷和议会向知识分子精英大范围扩展。在宗教领域，受《宗教考察法》保护的英国国教缺乏生气，这催生了约翰·卫斯理（John Wesley）的"卫理公会派"（Methodist）讲道，他自称"劫后余生的人"，存在的目的是激励英国国教发展。乔治一世时期社会环境怡人，新的中产阶级对波·纳什（Beau Nash）在公共集会场合所提倡的向上社会流动很感兴趣。与此同时，杜松子酒价格便宜，穷人也可以借酒浇愁。18世纪70年代，伦敦11区每区都有一家杜松子酒酒馆，人们"可以花一便士喝醉，花两便士喝个烂醉"。18世纪二三十年代是伦敦人口史上唯一一次停止增长的时代，当时大约有70万人。在1736年之前，《杜松子酒法令》（Gin Act）向酒馆征税和发放经营许可证，对消费起到了抑制作用。

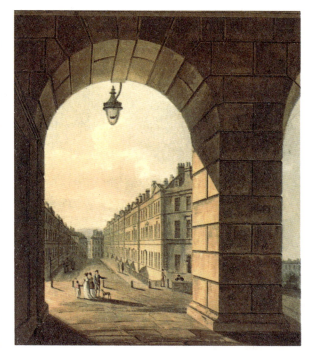

》》波·纳什开设的浴场标志着一种全新的在贵族阶级和富裕中产阶级之间的社会流动性。

满载艺术品从大旅行（Grand Tour，指旧时英国贵族子弟遍游欧洲大陆）归来的贵族掀起了风格之战。一边是英国巴洛克风格，以范布勒、霍克斯莫尔（Hawksmoor）和吉布斯（Gibbs）为代表人物，其代表作有布莱尼姆宫、霍华德城堡（Castle Howard）和伦敦东部的"安妮女王"教堂。另一边是意大利帕拉第奥风格，以柏林顿爵士（Lord Burlington）及其门徒科伦·坎贝尔（Colen Campell）和威廉·肯特（Willian Kent）为代表人物，其代表作有伦敦皮卡迪利大街（Piccadilly）的伯林顿府（Burlington House）和泰晤士河畔的奇兹威克府（Chiswick House）。有"英国斗牛犬"（British Bulldog）之称的画家威廉·荷加斯（William Hogarth）讽刺意大利帕拉第奥风格建筑来自外国，缺乏活力，不过这种风格在18世纪风靡英国建筑领域。同样，一位名叫弗雷德里克·汉德尔（Frederick Handel）的德国移民激发了英国音乐界的生气，汉诺威朝廷对他青睐有加。

1727年，乔治一世去世，沃波尔与旧王朝有着千丝万缕的联系，这或许是他被变节者乔治二世（1727—1760年在位）免职的原因。不过他和新王后卡洛琳关系不错，并且把王室专款花在政治盟友身上，因此他的地位几乎是不可撼动的。乔治二世比父亲乔治一世更受欢迎，但他渐渐变得懒惰和暴躁，他和王后都憎恶自己的儿子弗雷德里克（Frederick），一如他父亲曾厌恶他一样。有一次，王后看见弗雷德里克在大街上走，她说道："我希望地面此刻开裂，把这个畜生打入十八层地狱。"汉诺威家族的人无法做到和蔼可亲，哪怕对自己人。

乔治二世缺乏个性，不过他不失为一位行事谨慎的君主。在有关宪法的事情上，他"看谁敢做我亲身证明不恰当的事"。他和沃波尔讲和，沃波尔继续执政了15年。沃

》沃波尔，擅长政党政治，他是促成下议院在政府中地位得到显著提高的首位英国首相。

波尔邀请肯特在诺福克为他修建了宏伟的霍顿庄园，他为这座庄园搜集了一批艺术品，一部分是用自己的薪水，一部分是赊账购得。1728年开演的《乞丐歌剧》（Beggar's Opera）大受欢迎，剧中讽刺了沃波尔，他也是斯威夫特的《格列佛游记》一书中财政大臣弗里姆纳普（Flimnap）的原型。1734年，他在王后面前夸口说："夫人，今年欧洲有5万人被杀，但没有一个是英国人。"

最终使沃波尔烦恼的正是他强烈反对的外国冒险主义。西班牙海盗骚扰伦敦的远洋贸易，商人们向沃波尔施加压力，要求他采取行动。年轻的议会演说家威廉·皮特（William Pitt）要求英国向西班牙开战，此举令年迈的马尔堡公爵夫人大悦，她死后给皮特留下了一大笔遗产。1738年，沃波尔和西班牙达成和解，不过双方对执行的意见分歧导致了1739年战争的爆发。这就是人所共知的"詹金斯的耳朵战争"（War of Jenkins's Ear）。英国船长罗伯特·詹金斯（Robert Jenkins）称自己的一只耳朵被西班牙人割掉，皱巴巴的耳朵被呈交给议会。沃波尔认为全民的好战情绪令人不快，他表示："他们现在斗志激昂，可是他们很快就会愁眉苦脸。"这场战争和新一轮西班牙和法国的敌对状态并无二致，1741年大选之时，首相长期的优势地位有所减弱。1742年，沃波尔没有通过不信任动议，只好回到上议院，据说他的落败是当时首次发表的童谣《谁杀死了知更鸟？》（Who Killed Cock Robin?）的材料来源。

新政府仍由辉格党人主宰，辉格党当时的领导人是纽卡斯尔公爵（Duke of Newcastle）佩勒姆兄弟（Pelham brothers）。据说他们两兄弟有"掌权的天赋，却没有治国的才能"。曾在汉诺威拥有绝对权力的乔治二世哀叹自己在伦敦缺乏权威："大臣们是这个国家的国王，我在这儿什么都不是。"有些人甚至希望他连国王都当不成。1745年，"老僭王"的儿子波尼王子查理（Bonnie Prince Charlie）再次在苏格兰竖起反叛的大旗。苏格兰高地人一呼百应，组成军队南下迎击英格兰国王，按说这也是他们的国王。英国政府派坎伯兰公爵（Duke of Cumberland）迎战查理。查理领兵一路来到英国中部德比，由于缺少当地人的呼应，查理最终失败。坎伯兰公爵将查理赶回苏格兰，一直赶到苏格兰北部的因弗内斯

（Inverness）。1746年4月，在可洛登（Culloden）的战役打响，查理临阵脱逃，他的贴身保镖称他为"该死的意大利懦夫"。

苏格兰高地叛军兵力不敌。他们"像野猫一样"拼死反抗，但却节节败退，死伤无数。苏格兰人遭受屠杀，他们的家族权力终结，他们的格子呢着装被禁止，他们的领导人被处死或囚禁起来。查理逃之夭夭，从此在法国和意大利过着动荡的流亡生活。坎伯兰公爵因冷酷无情被人送上"刽子手"（Butcher）的绰号，不过大多数英格兰人和苏格兰人松了一口气，旷日持久的斯图亚特争斗终于画上了句号。

原先反对纽卡斯尔公爵所领导辉格党政府的平民百姓如今簇拥在威廉·皮特身边。他头脑聪明，口才流利，冷淡超然。他在伦敦大街上的反法演讲深受欢迎，他与威尔士亲王弗雷德里克和莱斯特庄园一派私交甚好，因此乔治二世极不想对他委以官职。皮特反对拨款继续与法国交战，这更使他成为乔治二世的眼中钉。在1743年的在德廷根（Dettingen）的战役中，乔治二世甚至成为最后一位亲自上战场指挥作战的英国君主，他以59岁的高龄翻身下马，手持宝剑朝敌军冲去，最终英军获得大捷。

1746年，皮特的地位再也不容小觑，他被委任为财政大臣。由于皮特拒绝收受贿赂，这振奋了同僚们的士气。纽卡斯尔公爵仍是政府首脑，皮特却成为政府策划人和下议院掌舵人。他的政策非常明确。他一直反对沃波尔的不抵抗政策，也同样反对欧洲战争。他不喜欢常备军，既因为他们花费高昂，也因为他们给政界注入好战性。他声称，"我们应该用资金和船只支持欧洲大陆的盟友"，不过"鼓励大量英国人以战争为业对我们的自由而言是危险的，也会破坏贸易"。

欧洲以外的世界截然不同，而在英国，皮特十分有闯劲儿。1756年，米诺卡岛（Minorca）被法国夺走，大量民众涌上大街要求英国为夺回该岛而战。皮特在一片激昂的战争情绪中初露锋芒，一举成名。他被誉为"伟大的下院议员"（Great Commoner），堪称第一位真正受欢迎的政治家。约翰逊博士认为"沃波尔是国王给予民众的大臣，皮特则是民众给予国王的大臣。"

第21章 沃波尔和老威廉·皮特（1714—1774）

1756年至1763年之间的七年战争（Seven Years War）波及全球，被认为是第一场真正的"世界战争"。矛盾的源头在欧洲大陆，基本上是与腓特烈大帝统治下日益崛起的普鲁士结盟的英格兰，和法国、西班牙和俄国三国同盟之间的矛盾。战争很快蔓延到这些势力在美洲和亚洲发展迅速的交易站。英国的立场和国王相同，明确支持普鲁士，这表现在很多酒馆以普鲁士国王和盟军将军格兰比侯爵（Marquis of Granby）命名。皮特尽量避开这场战争，向普鲁士提供资金和一些军队，但把主要精力放在海军和海外。

》威廉·皮特，第一代查塔姆伯爵，他在欧洲、印度、美洲部署的全球战略为大英帝国奠定了基础。

在印度，莫卧儿王朝瓦解，一位法国将军约瑟夫·迪普莱（Joseph Dupleix）趁机从英国东印度公司手中夺取马德拉斯（Madras），从而控制了印度南部大部分地区。迪普莱势如破竹，直到被时年23岁、才能出众的尉官罗伯特·克莱夫（Robert Clive）阻截。1756年，一名印度官员奉法国人之命抢占了该公司位于加尔各答的交易站，他在交易站的地窖里囚禁并闷死了123名欧洲人，这被后世人称作"加尔各答黑洞"（the black hole of Calcutta）。克莱夫率领一支3200人的军队前来报仇，他在普拉西战役（the battle of Plassey）中打败了一支4万人的印度军队，主要是用炮弹将敌人吓退。1759年，法国进攻马德拉斯被打败，加尔各答、马德拉斯和孟买重回英国东印度公司之手。维多利亚时期的人认为"一个不留神"，大英帝国便萌芽了。这更是克莱夫的个人努力所致，而不是伦敦方面的部署的功劳。克莱夫后来被议会指控存在严重的腐败问题，他的回答是，考虑到他的成就，"我的天，主席先生，此刻我对自己的节制大吃一惊。"

1754年，英国在美洲大陆与法国产生摩擦，一个名叫乔治·华盛顿的年轻英国军官进攻"新法兰西"（New France）堡垒，然而进攻失败了。该区域从加拿大经由俄亥俄和密西西比河向路易斯安那扩展，几乎包围美洲东海岸的13个"新英格兰"殖民地。1758年，皮特在美洲重启战事，英国重兵开进俄亥俄山谷，占领法国领域，重要堡垒德奎斯尼（Dequesne）改名为匹兹堡。英国将军詹姆斯·沃尔夫（James Wolfe）率兵沿圣劳伦斯河北上，于1759年占领法国殖民地魁北克。沃尔夫率兵趁夜色攀上被称为"亚伯拉罕高地"（Heights of Abraham）的毗连悬崖，从而一举拿下此地，据说沃尔夫一边走一边背诵托马斯·格雷（Thomas Gray）的《墓园挽歌》（*Elegy Written in a Country Churchyard*）。他在接下来的战役中牺牲，用生命歌颂了格雷的诗句："光辉的道路终通往坟墓。"不过此时，法军已经被赶出加拿大大多数地区和如今的美利坚合众国国土。

1759年是不可思议的一年，霍勒斯·沃波尔（Horace Walpole）表示"捷报频传，胜利钟声响个不停"。1760年，皮特的战略打破了法国缔造一个南起孟加拉、

第21章 沃波尔和老威廉·皮特（1714—1774）

》沃尔夫在魁北克之死。这场胜利标志着英国最终取代法国，成为北美洲的霸主。

北至蒙特利尔的宏伟帝国的美梦。他利用海外作战大败四方，尤其是普鲁士腓特烈大帝，从而在欧洲打击法国势力的政策取得了成功。据他说，他已经"在莱茵河畔赢了加拿大"，并羞辱了那个一向比英国更辽阔、更富裕、更恢宏的国家。皮特的成就是对积极外交政策的精妙阐释，这是英国历史上一个伟大的篇章，可谓前无古人后无来者。

1760年，乔治二世去世，他的继承人不是先他死去的儿子弗雷德里克，而是他的孙子、时年22岁的乔治三世（1760—1820年在位）。与其祖父一样，新登基的乔治三世不喜欢皮特，认为皮特"心肠黑如蛇蝎"，之后皮特功成身退，便被摒弃一旁，成为一名坏脾气的下议院普通成员，但同时也是一名深受民众爱戴的战士。1763年签订的《巴黎条约》（Treaty of Paris）肯定了皮特的成就，该条约承认不列颠是印度、加拿大和大部分西印度群岛领土的主人。然而帝国的形成绝非轻而易举，国债翻了一番，国家年度收入的利息损失了一半。

年轻的乔治三世曾在短时期内不明智地试图恢复斯图亚特王朝的君主特权。他大言不惭地表示，他并不是德国移民，而是"土生土长的英国人"，还与他的老导师比特伯爵（Earl of Bute）和罗金汉侯爵（Marquis of Rockingham）一起组成了执政班子。他以为自己可以像沃波尔一样，通过操纵赞助对象搞定下议院。为了收拾皮特留下的经济烂摊子，乔治三世政府开始征收各种税款和印花税，其中印花税遭到了美洲殖民地的强烈抵制，随后还对玉米、纸和茶叶进一步征收关税。这些苛捐杂税旨在减轻国债压力，但却明显损害了新殖民地的核心目标，那就是促进贸易发展。

18世纪中叶，工商业成为英格兰发展的关键。18世纪初，英格兰、威尔士和苏格兰的总人口有500万，到18世纪中叶已经几乎翻了一番。在工业革命的影响下，制造业生产力不断增强；河运畅通，工厂拔地而起；运河的开凿缔造了新的运输网，产品自由流通。18世纪80年代，纺纱机、蒸汽机和铁条的最初专利权到期失效。英格兰新型黄金煤炭资源充足，在其推动下，珍妮纺纱机和蒸汽机的数量激增。大量产品需要不受欧洲政策影响的市场，换言之，需要一个帝国。

皮特隐退下议院，乔治三世在议会找不到一个凝聚力强的政党或意见团体来组建政府。乔治三世如今不得不亲自挑选大臣，而不是现成的由下议院推荐的大臣，他的内阁每年一换，与他针锋相对的皮特却每日在伦敦街头接受人们的欢呼。这种局面无法长久维持，1766年，乔治三世最终恳请皮特再度执政。皮特此时身体抱恙，患有痛风，在下议院发言的时候，他经常穿着厚厚的法兰绒衣服，挂着拐杖。他同意出山,条件是他要以查塔姆伯爵(Earl of Chatham)的身份进入上议院。被誉为"伟大的下院议员"的皮特的这个要求令托马斯·格雷惊骇不已,格雷称其为"想不到如此伟人竟做出此等懦弱之事"。查塔姆伯爵很快变得消沉,深居简出,一度曾躲在房内数日不出,要旁人从门缝递饭菜给他。两年后的1768年,他以健康不佳为由辞职。

皮特下台之时,与皇室或贵族赞助截然不同的平民政治开始显现出来。1763年,米德尔塞克斯郡一名蛊惑人心的议员约翰·威尔克斯(John Wilkes)因抨击政府被囚伦敦塔,具体事由是他抨击"国王的演讲"。他后来再度被选民们选为伦敦市市长,虽然议会予以否决,但却得到了大法官等人的支持。皮特发表了著名演讲,为约翰·威尔克斯作辩护,他认为,不论性格如何,威尔克斯都是"英国子民,他拥有某些权利,这些权利是法律赋予的,也只有法律才能剥夺他的这些权利"。皮特表示,不受限制的权力"往往会侵蚀拥有这种权力的人的意志,我知道,诸位大人们,这是法律的终点,也是专制的起点"。威尔克斯随后就职。此事令乔治三世愤恨不已,但却鼓舞了伦敦市民。威尔克斯话锋犀利,措辞巧妙。山明奇勋爵(Lord Sandwich)当着威尔克斯的面诅咒他迟早会"被绞死或染瘟疫而死",

>> 埃德蒙·伯克:爱尔兰的激进主义者,他将议会议员(MP)定义为"代表"(representative),而不是"委派"(delegate)。

威尔克斯回答道:"阁下,这要看我到底是拥抱你的原则还是你的情人。"

1774年,一名祖先来自爱尔兰的年轻议员埃德蒙·伯克(Edmund Burke)获得了布里斯托尔的议席。他在新选民面前发表了演讲,他认为议员的角色是民意的代表,而不是权力的委托人。他表示,议员"不是布里斯托尔的一员,而是议会的一员……他用他的判断为你们负责;如果他盲从于你们的意见的话,他就背弃了为你们服务的初衷"。威尔克斯和伯克的激进主义确定了与政府相对立的议员权利,为19世纪的改革时代奠定了基础。但在那之前,他们的激进主义接受了实践的检验,与此同时,皮特所缔造的新帝国的某个重要角落以惊人之状迅速瓦解。

第22章

From Boston to Waterloo
从波士顿到滑铁卢
（1774—1815）

新税激起了美洲殖民地的反抗，英国议会为了平息民愤，下令废止了其中一些税项。乔治三世对废税之举震惊不已。"令我极其震惊的是，"他表示，"我发现一些子民竟然对北美一些殖民地不幸存在的叛逆行为采取姑息态度。"他对时局缺乏了解，首相诺斯勋爵（Lord North）也和他一样。诺斯勋爵身材矮胖，脾气温和，能力不佳，乔治三世很没礼貌地表示诺斯勋爵是"他的最后选择"。诺斯勋爵在北美独立战争期间的表现极其糟糕。

这场战争一开始完全不是人们所想象的那样。本来只是英国臣民忠诚派和激进派之间就贸易与税收问题展开的讨论，后来才渐渐提及公民权利和自由。即使在今天，这个话题的讨论仍深陷沙文主义的泥潭。伦敦方面抗议道，不列颠在英法七年战争期间将北美13个殖民地从法国独裁统治中解救出来，可作为回报，这些殖民地每年上交的只有微不足道的1400英镑。而美洲人竟称这种解救为"专制统治"，这是十分荒谬的。遭到抗议的《印花税法》（Stamp Acts）和其他贸易限制条例一样，在整个英帝国境内实施，殖民地居民享有集会权，在很大程度上是自治的。美洲的待遇比爱尔兰好多了。

英国虽废止了大多数税项，但却唯独保留了进口茶叶税。1773年，生意陷入困境的东印度公司被免除关税，获准往美洲运茶叶。作为其竞争对手的茶商大多是走私者，他们扮成印第安人，将这些看不顺眼的茶叶倾倒入波士顿港。由于缺乏当地的情报，大西洋彼岸的伦敦政府在数周后才得悉消息，政府反应强烈，通过了五项强制法案，下令关闭波士顿港并重申马萨诸塞州总督的直接统治。强制法案促成了1774年的费城第一届大陆国会，此次会议起草了权利宣言，宣布联合抵制英国进口产品，请求废除"惩罚"美洲贸易的相关法律。

伦敦方面拒绝了这些请求，美洲殖民地当地民兵揭竿而起。民兵随之得到了大量殖民地居民的支持，他们动机各异。一些人真心渴望自由，另外一些人则害怕伦敦方面追讨土地债务、被要求遵守英国殖民者和当地印第安人之间的条约，或者控制奴隶制。1775年4月，马萨诸塞州的英国总督试图攻占位于列克星敦和康科德的民兵基地，在战斗中，总督手下伤亡1000余人，英军仓皇撤回波士顿。1776年，先前寻求与伦敦方面和解的殖民地代表重聚费城。托马斯·潘恩（Thomas Paine）出版了一本有共和主义倾向的小册子《常识》（*Common Sense*），他在书中谴责那些效忠于英国王位的人"胆小如鼠，只会溜须拍马"。7月4日，主要由托马斯·杰斐逊起草的《独立宣言》（*Declaration of Independence*）发表，该宣言声称乔治三世"不配做自由人民的统治者"。其中的著名段落坚称："我们认为下述真理是不言而喻的：人人生而平等，造物主赋予他们若干不可剥夺的权利，其中包括生存权、自由权和追求幸福的权利。"这些振聋发聩的语句是欧洲启蒙运动的经典产物。不过，该宣言并不适用于奴隶或印第安人。英格兰最成功的作品——"美利坚合众国"——由此诞生了。

美洲民兵和政府军在美洲东海岸展开了长达5年的猫鼠战争。英国方面也出现了意见分歧。上了年纪的皮特对有人认为美洲"不可征服"的愚见火冒三丈。乔治三世在汉诺威招募雇佣兵，伯克批评国王利用"德国粗人"镇压"殖民地自家同胞"。战争动摇了英国国内政治，1780年，反天主教的"戈登动乱"（Gordon Riots）在美洲战争如火如荼之际爆发，起因是政府放松对爱尔兰的管制。大约6万人涌上伦敦街头，此次动乱几乎持续一周时间，有200余人死亡。

美洲民兵找到了法国和西班牙这两大盟友，这两个国家报仇心切，想一雪皮特先前带给它们的耻辱。1777年，萨拉托加大捷之后，法国人加入战争，法国的支持至关重要。一支法国舰队很快控制美洲沿岸，阻止了英军的轻易调遣。1781年，英军将领康沃利斯（Cornwallis）被迫在切萨皮克湾（Chesapeake Bay）约克镇向法军和民兵指挥官兼美国未来第一任总统乔治·华盛顿投降。英军战败的消息传回伦敦之后，倍感绝望的诺斯勋爵哀号道："哦，上帝啊，全完了！"乔治三世亦深受打击。令民兵欣慰的是，英国承认约克镇投降为最终战果。1783年，根据巴黎签署的条约，不列颠拥有加拿大和印度，但却失去了一颗明珠——美洲殖民地。

约克镇投降之后，诺斯勋爵没有通过信任议案。辉格党和托利党之间旧有的团结状态被打破，无奈之下，乔治三世于1783年邀请年仅24岁的皮特之子出任首相之职，他就是小威廉·皮特（William Pitt the Younger），即小皮特。在第二年的选举中，小皮特赢得多数投票，这种状态持续了其后17年。小皮特虽自称独立派辉格党人，但却是一名新的托利党人，他赞成科学革新和工业革命的重商主义。他热衷于亚当·斯密的观点，后者的《国富论》一书于1776年问世，书中强调了劳动分工和贸易的重要意义。小皮特与父亲一样，能力出众，精力充沛，心机深沉，但性格却比父亲更加开朗。和其父一样，他清楚考虑不周的战争会给国家经济带来严重损失，他害怕和欧洲各国纠缠不清，认为自己的责任就是促进国内经济发展，并且保证海外贸易有利可图。

英国不是把美洲败给了欧洲竞争对手，而是败给了略微体面却也更加激进的力量：自治。英国国内民众并没觉得多么羞耻，更多的是一种饶有兴趣的无奈情绪。1785年，新任美国大使约翰·亚当斯（John Adams）抵达伦敦，乔治三世和蔼可亲地表示，自己想成为"和独立国家美国交好的第一人"。美国虽取得了战争的胜利，但却面临着更加严酷的未来。美国第一次征税用作自我保护，在接下来的15年间，美国人均收入下降了46%。不列颠的人均收入却在上升，部分是通过和前殖民地美国做贸易。在法国，美国独立战争产生了巨大的不良影响，民粹主义革命迅速发展，而对此波旁王朝压根儿无法遏制。1789年，巴黎市民起义，攻占了巴士底狱。年轻的小皮特和改革派英国人起初对法国革命持欢迎态度。法国似乎只是在走英国一个世纪前走过的老路。英国诗人华兹华斯（Wordsworth）称："能活在那样的黎明中是何等幸福。"在英国"相应的组织"形成，好与法国的盟友保持联络。

当时，美国和法国的形势催生了辉格党的新型激进主义。激进派贵族查尔斯·詹姆斯·福克斯（Charles James Fox）和威尔士亲王建立了密切的关系，后者是一个生性风流、头脑聪明、有教养的年轻人，并继承了汉诺威家族一贯父子相对的传统。两人还有伯克这个盟友。伯克昔日支持美洲起义军，如今是一名著名辩论家兼评论家。福克斯背地里叫乔治三世"笨蛋"，伯克则批评皇室赞助制度和所谓的"腐败选区"，即由土地贵族出资赞助的小选区，通常选民很少。伯克唯独对法国革命毫不留情，言辞犀利。他认为法国革命"推翻了君主，却没有恢复自由"，法国不应该一味革命，同时还应该开展社会和经济改革。他精明地预测道，法国不是走向改革，而是走向专制。伯克的批评之语是英国保守主义的经典阐释。

小皮特仍然是个乐观主义者。巴士底狱被攻陷3年之后，他在1792年的预算案演讲里预言道，欧洲将迎来15年的和平时期。他的预言在一年内便被证明是错误的。1793年1月，路易十六走上断头台，恐怖统治（Terror）开始了。以煽动性演说家乔治·丹东（Georges Danton）为首的革命者誓要推翻欧洲所有君主，并"用一位国王的头颅吹响战争的号角"。法国农民军跨过边界，吞并比利时，并对荷兰宣战。法国国王被处死后不到两周时间，法国宣布向不列颠宣战，为共和事业殊死战斗。

这是一场大规模的欧洲战争，沃波尔和皮特父子皆被卷入其中。法军势如破竹，横扫欧洲大陆。巴黎的革命派督政府（Directory）将这支法军留在国外，唯恐他们回国生出什么事端。1797年，一名年轻的科西嘉军官拿破仑·波拿巴领兵在意大利作战，他战无不胜，一路凯歌高奏，法国大臣塔列朗（Talleyrand）担心他返回法国的话，会发动军事政变，于是派拿破仑去埃及，意在打击地中海地区的英国势力。

小皮特采取行动，对法宣战，一如他父亲昔日在七年战争时一样。"我们必须重新拯救欧洲。"他表示。和很多打着国家安全旗号的政府一样，他颁布了不少人身保护令相关规定，譬如"煽动性集会"和"叛逆行为"，这引起了福克斯的不满，称其为"皮特恐怖统治"。魅力超凡的霍雷肖·纳尔逊（Horatio Nelson）上尉被派往地中海。1798年8月，他发现拿破仑的舰队停泊在尼罗河三角洲地区。纳尔逊大胆指挥手下船只朝陆地靠近，对方在英军的火力下几乎全军覆没。法军共有17艘船，至当时只剩下4艘。纳尔逊的尼罗河大捷一时间成为欧洲争相讨论的话题，他在战争中失去了一条胳膊和一只眼睛，名声大噪，同样广为人知的还有他和"英伦第一美女"爱玛·汉密尔顿（Emma Hamilton）的风流韵事。拿破仑逃回法国，并于1799年发动政变，这是伯克预料到的，也是塔列朗所担心的。小皮特在英国首征所得税，1英镑征收2便士，超过200英镑的收入征收2先令。

与此同时，在英国边界的凯尔特地区，美国的"叛乱活动"也引起了世人的注意。富有营养的土豆种植的推广和天主教教义使爱尔兰的人口增长到600万，此时不列颠群岛总人口有2000万，因此爱尔兰人口几乎是这个总人口的三分之一。英国此前一直视爱尔兰为其殖民地，而这种状况越来越站不住脚。1800年，经过一番与一个世纪前英格兰—苏格兰联合类似的商讨后，伦敦方面和都柏林方面通过了《联合法案》（Act of Union），宣布将英格兰议会和爱尔兰议会合并在一起。然而乔治三世拒绝把选票给爱尔兰天主教徒，因此这番折腾几乎是毫无意义的。由于小皮特致力于选举权授予一事，不得不辞职。和美国起义一样，英帝国是君主特权的最后避难所，君主特权带来了灾难性的后果。

1802年，英国政府与时为法国首席执政官的拿破仑讲和，此后大批英国游客涌向巴黎一睹巴士底狱遗址风采，并到卢浮宫瞻仰拿破仑从欧洲各国抢掠而来的奇珍异宝，其中就有意大利威尼斯的骏马和梵蒂冈的阿波罗雕像。可是一年不到，拿破仑违背和平约定，重燃战火，整个欧洲为之震惊。英国意识到，这是一场殊死斗争。政治改革之谈被视为有革命谋逆之心。托马斯·潘恩的《人的权利》(*Rights of Man*) 一书曾热销20万册，当时被禁止发售。人身保护令暂停实施，法官放逐了很多人，将他们发配至澳大利亚博特尼湾（Botany Bay）新殖民地。原先已被废除的所得税重新施行，规定年收入150英镑以上每英镑征收1先令。

1804年，小皮特受邀再度执政，他一头扎进了疯狂的战争准备工作之中。在拿破仑于法国北部港市布伦

》》纳尔逊打赢了特拉法加海战，终结了拿破仑侵占英国的美梦，重新确立了英国海军在大西洋上的统治地位。

（Boulogne）集结一支侵略部队的同时，英国在南部和东部沿海地区建造了圆形石堡，又名玛尔特罗塔（Martello tower），名字取自科西嘉岛玛尔特罗率先修建的防御工事。纳尔逊奉命再次领兵出海，目标是发现并摧毁法国侵略军护航所需的法国舰队。1805年10月，纳尔逊在西班牙海边小镇加的斯外的特拉法尔加角（Cape Trafalgar）将法国和西班牙敌军团团围住。他下令手下船只呈直角冲向绵长的敌军封锁线，以便在减少攻击目标的同时突破封锁线，最终摧毁了33艘敌船中的22艘。英军船只一艘未损。纳尔逊在得胜的时刻殒命海上，他被己方后甲板一名狙击兵的流弹射中。他的遗体被运回伦敦，身后哀荣无限。他的葬礼在圣保罗大教堂举行，查令十字街专门为他修建了一个新广场并立碑纪念。英国躲过了被侵略的命运。拿破仑海上势力大减，他率大军往东侵略奥地利和俄国，并在奥斯特利茨战役（the battle of Austerlitz）中击溃奥地利和俄国军队。听到消息之后，小皮特对着一幅欧洲地图说："把地图卷起来吧，今后10年我们都不需要这幅地图了。"对小皮特而言，特拉法尔加角战役便是终结。他于1806年1月去世，称得上是"鞠躬尽瘁死而后已"。

1806年5月，新一届辉格党政府在议会通过一项法案，禁止不列颠子民从事奴隶贸易，福克斯和一名来自赫尔（Hull）的议员威廉·威尔伯福斯（William Wilberforce）随后为之呐喊助威，并得到了卫理公会派教徒约翰·卫斯理的支持。福克斯称奴隶贸易"违反了正义、人道和明智决策的原则"，该法案的通过是他40年政治生涯中最杰出的贡献。直到25年之后，与奴隶贸易相对的奴隶制度才在英帝国境内被废除，不过美国并未废除奴隶制，新独立的美国不在英国废奴主义者的掌控之内。该法案通过后不久，福克斯去世。他是乔治时代后期举足轻重的人物，他嗜赌成性，好饮贪杯，生性风流，英国漫画家詹姆斯·吉尔雷（James Gillray）讽刺他和威尔士亲王两人是"笨蛋"（a right Charlie），这也是这句俚语的由来。但福克斯实际上非常敏锐和机智，他是公民权利、天主教解放、公民权改革和反奴隶制运动的诚挚捍卫者。他和伯克等人一道坚定推动辉格党原则的主流向自由主义发展。在英格兰政治历史的这一

>>约翰·卫斯理（John Wesley）经常在斯巴达教堂进行大型演讲，内容多涉及反奴隶制及圣公会教会改革。

关键时刻,改革从未脱离议会,或者说议会从未脱离改革。无论有多么不代表国家民意,下议院为保守主义和激进主义提供了一座桥梁,虽然双方都觉得自己可以跨越这座桥梁。

小皮特1806年的去世给政治斗争留下了很难弥补的空白。两位主要托利党人趁势崛起,他们是乔治·坎宁(George Canning)和爱尔兰贵族卡斯尔雷勋爵(Lord Castlereagh),他们彼此厌恶,关系恶化到两人1809年在帕特尼希斯(Putney Heath)展开了一场决斗闹剧。坎宁不知道按照决斗规矩,决斗双方应该抬高手臂射击,以减少伤亡,他开枪了,但没有打中,怒气冲冲的卡斯尔雷勋爵要

>> 滑铁卢战可谓是"双方实力最为接近的一场较量",标志着法兰西帝国的终结以及英法两国百年积怨的尾声。

求展开第二轮射击，试图杀死坎宁，结果击中了坎宁的大腿。之后两人辞去公职，此时英国仍处于战争状态。与此同时，乔治三世患了精神病，两年之后，威尔士亲王被尊为摄政王。国不可一日无主。

1808年，拿破仑侵略西班牙，坎宁派遣来自印度的军队指挥官阿瑟·韦尔斯利（Arthur Wellesley）带兵将法军从葡萄牙赶上伊比利亚半岛。这场为时4年的追逐战花费昂贵，很可能是不必要的，但也成为军事史上一个史诗般的篇章。1812年，拿破仑开始从西班牙撤军，把注意力转向正在复苏的俄国民族主义。于是他挥戈挺进莫斯科，在博罗季诺（Borodino）战败之后，法军最终撤退。拿破仑这位法国皇帝灰溜溜地返回巴黎，随后被流放到厄尔巴岛（Elba Island）。1814年，同盟国在维也纳召开和平会议，共同商讨对处于革命状态的法国的处理意见。

几个月内，维也纳会议被拿破仑从厄尔巴岛出逃的消息打断。1815年2月，拿破仑从法国东南沿岸昂蒂布（Antibes）登陆，朝巴黎进发。后来拿破仑又重组王军，向比利时挺进，结果遭到了当时已贵为威灵顿公爵（Duke of Wellington）的韦尔斯利匆忙集结的盟军的抵抗。6月15日，里士满公爵夫人在比利时首都布鲁塞尔举行舞会，在舞会上，戏剧性的消息传来，法军已兵临城下。两位时年皆为46岁的伟大统帅先在四臂村（Quatre Bras）打了一小仗，并于两天后在滑铁卢交战。欧洲各国希望这是决定性的一役，最好能结束所有战事。双方各有大约7万人，不过盟军又派来了4.8万名普鲁士援军。法国骑兵与火力猛烈的英国步兵"阵营"狭路相逢，双方都损失惨重。姗姗来迟的普鲁士援军扭转了战局，威灵顿公爵承认这场战役是"一生中见过的最胜负难分的较量"。拿破仑的禁卫军最终陷入困境，节节败退，最终法军掉头逃去。天色已晚，拿破仑乘坐的马车被普鲁士人截获，他身上的钻石后来被镶嵌在普鲁士王冠上。

拿破仑最终战败。他在给乔治三世的信中写道："我的政治生涯已经终结……

我向殿下寻求法律保护,自愿归顺于我诸多敌人中最强大、最稳固、最慷慨的贵国。"拿破仑希望逃往美国,因为正是美国启发了法国革命,而他便是这场革命的最大受益人。然而他再次被捕,被押往大西洋南部与世隔绝的圣赫勒那岛(St. Helena/sland),并在那里度过了他人生最后6年时光。拿破仑于1821年去世。英国和法国之间的第二次百年战争结束了。

第23章

The Road to Reform
改革之路
（1815—1832）

滑铁卢战争之后，维也纳会议被视为欧洲民主的一大胜利，其实这次会议极其保守。此次会议惩罚了法国的革命行为，巩固了奥地利、西班牙和俄国的专制统治，但却无法抑制革命的精神。潘多拉魔盒已在美国打开，已经席卷了法国。革命的幽灵在欧洲各国徘徊，英国似乎难以避开。从1812年至1827年，英国政府处于利物浦伯爵（Earl of Liverpool）的领导之下，他生性十分保守，据说他为了维持天地混沌状态，宁可反对上帝造物。此时的英国处于历史上的关键时刻，而他是其领导人。革命风暴横扫欧洲各国，自1688年光荣革命以来基本保持不变的英国宪法如何保持屹立不倒之势呢？

法国战争结束之后，20万名被遣散的士兵和水手涌入

>> 彼得卢屠杀使得利物浦勋爵政府陷入恐慌。然而，这次事件最终成为了推动议会继续进行公民权改革的契机。

》图中是1840年左右的英国利兹市。新兴工业城市的崛起威胁着未经改革的不相关政府部门。1832年通过的改革法案将它们纳入政治改革的范畴,进一步改革已经无可避免。

劳动力市场。政府支出下降,经济衰退,社会动荡不安。1815年议会仍然代表着有土地者的利益,议会制定《进口法案》(*Importation Act*),向进口小麦征收关税,作为维持农业收入的一种手段。这项"谷物法"提高了面包的价格,在城市引起骚乱;而在工厂,勒德派成员①捣毁了机器设备。这股骚乱在各郡县广为传播,令当局惊骇不已,也让人回想起不久前巴黎的"无套裤汉"(即平民)。

1819年,民众在曼彻斯特圣彼得广场举行和平示威活动,惊慌失措的军队闻讯赶来驱散人群,结果造成15人死,600余人伤。此次事件被称为"彼得卢屠杀"(Peterloo Massacre),不无讽刺意味地暗指滑铁卢战役。利物浦伯爵(Earl of Liverpool)在震惊之余制定了严苛的"六条法令",与昔日皮特的严厉措施不相伯仲,法令限制言论自由、出版自由和集会自由。为了免受牢狱之灾,雪莱(Shelley)的反政府诗句——"我在路上偶遇屠杀/他带着一张貌似卡斯尔雷的面具"竟然无法发表。旨在促进改革的集会被视为"公然谋逆之举"。第二年,5名共和主义者在伦敦卡托街(Cato Street)开会,商讨刺杀内阁成员的

---

① 勒德派成员(Luddites),指英国1811—1816年间以捣毁机器等手段反对资本家压迫的人。——编者注

行动,这起阴谋在最后一刻被挫败。

英国的政治体制在这种紧张形势下勉强支撑。即使君主政体似乎也是不牢靠的。罹患精神病的乔治三世又瞎又聋,被长期幽禁在裘园(Kew),直到1820年去世。他的继承人乔治四世(1820—1830年在位)贪吃贪玩,挥霍无度,一心想超越拿破仑的排场。在举行加冕礼之时,他身穿抄袭拿破仑黄袍的服装。与他日渐疏远的妻子布伦瑞克的卡洛琳(Caroline of Brunswick)特意从法国赶来出席他的加冕礼,他被妻子的出现吓了一大跳。卡洛琳的外貌和举止虽并不怎么讨人喜欢,但乔治四世着实不受欢迎,伦敦市民们欣然拥护她。乔治四世无法依靠守卫,只好雇用暴徒将卡洛琳赶出威斯敏斯特大教堂。她用力敲门,要求让自己进去。之后没过多久,她便一命呜呼,原因可能是服药过量。

工业进步改变了不列颠的人口结构。除爱尔兰之外,不列颠群岛总人口1700年时有500万,还没有中世纪时期的两倍,人口超过一万人的地方城镇只有5处:约克、布里斯托尔、诺威奇、埃克塞特和纽卡斯尔。1800年,总人口升至900万,并在接下来的25年间增至2000万。人口增长的主要因素是城市化和营养改善,城市化似乎延长了人口寿命,并提高了生育能力。曼彻斯特、伯明翰、利兹和谢菲尔德……教堂林立的古老城市被新的工业城市淹没。这些工业新城把大量烟雾排入空中,令人感到既敬畏又恐惧。

这些变化使英国成为世界上首个工业国家,不过也给议会带来了沦为政治摆设的风险。英国各选区无法反映新英国的意志,英国领导阶层仍是本土寡头政治模式。地方政府由区议员、教会委员会和治安法官组成。英国国教停滞不前,牧师兼管多个教堂,他们只管从教区搜刮钱财,却把教区事务留给助理牧师打理。自15世纪以来就再未修缮的教堂建筑东倒西歪,一仰头就能看见天空。不信奉国教的人的数量很快和英国国教徒数量相差无几。小皮特的《结社法》(*Combination Acts*)仍禁止工会的存在,互助会遍地开花,贵族和教会成为新的领导者。政府把爱惹事儿的记者关进监狱,譬如反君主主义者利·亨特(Leigh Hunt),还有抨击"自治区商人、闲职人员和中饱私囊之人"的保守激进派人士威廉·科贝特（William Cobbett）。政治观点百花争鸣。19世纪20年代，《曼彻斯特卫报》（*Manchester Guardian*）、《利兹信使报》（*Leeds Mercury*）和《苏格兰人》（*Scotsman*）等报纸出现在街头，目标读者是没有选举权的普通市民，其出资人也是没有选举权的商人。

对这些反应最为强烈的是包括威灵顿公爵等在内的一些托利党人，他们的应对措施是镇压异见人士。其他人意

〉〉旧托利党人和新托利党人：威灵顿（左图）以及皮尔，持有异见的保守派，确保改革持续稳步向前。

识到，政治生活中某些反映英国新貌的变化是不可避免的。利物浦伯爵虽十分保守，但他却是天才的实用主义者，他把保守和实用两种元素融合于一身。在内政部，罗伯特·皮尔（Robert Peel）在哲学家杰里米·边沁（Jeremy Bentham）和监狱改革活动人士伊丽莎白·弗莱（Elizabeth Fry）的影响下废除了监狱体系的一些恶行。他大幅削减死刑犯的数量，并在后来为伦敦组建了一支无武装都市警察队伍。伦敦警察被称为"博比"（bobbies）和"皮勒"（peelers），便来源于他的名字。贸易委员会主席威廉·赫斯金森（William Huskisson）通过调低进口关税，从而降低了粮食价格。1830年，在利物浦至曼彻斯特铁路的开幕式上，他不幸丧命，成为第一个死于火车事故的乘客。

利物浦伯爵内阁此时的明星是坎宁·坎宁在决斗事件后被流放，结束流放生活后，他返回外交部就职。他对英帝国持自由主义观点。1823年，他支持门罗主义在南美洲的不干涉原则，呼吁"新大陆修复与旧世界之间的平衡关系"。这激怒了憎恶"新自由主义"的乔治四世。坎宁后来支持拜伦呼吁希腊脱离土耳其自治的运动。

1827年，利物浦伯爵中风，坎宁接替他出任首相一职，却在上任后不久突然去世，改革派托利主义一时间陷入危机。身体抱恙的乔治四世在绝望之下向保守派英雄威灵顿公爵求助，请他出山主持大局。威灵顿公爵虽反对公民选举权改革，但却继续实施零星改革。他需要议会坎宁追随者的支持，他废除了查理二世制定的《宗教考察法》和《公司法》，规定只有英国国教徒才能担任公职，此举给不列颠各地地方政府注入了一股新的激进主义血液。1892年，威灵顿公爵在爱尔兰推动天主教解放，这吓坏了保守派人士，小皮特也曾在此事上栽过跟头。这对英国议会产生了极大影响，最终许多爱尔兰天主教议员越来越致力于实现爱尔兰自治。改革引起了威灵顿公爵这位资深政界人士与温切西伯爵（Earl of Winchilsea）两人的奇怪决斗，温切西伯爵指责威灵顿公爵背叛了新教事业。与坎宁和卡斯尔雷的决斗不同，两人的决斗均没有射中对方。

1830年，乔治四世在温莎去世，他去世时浑身肿胀，受人厌弃，备受嘲弄。

》纳什的摄政街是在摄政王的授意下建造的,由此成为伦敦唯一能与欧陆国家首都相媲美的建筑风貌。

他登基后,曾要求内阁筹集55万英镑帮他还清债务。他下令亨利·霍兰德(Henry Holland)重修卡尔顿官邸(Carlton House)和布莱顿宫(Brighton Pavilion),接着要求约翰·纳什(John Nash)重建白金汉议院(Buckingham House)作为他的伦敦住所,这便是后来的白金汉宫。乔治四世还下令纳什提交一份规划图,将圣詹姆斯广场和摄政公园连接起来,这是伦敦唯一一份可以与罗马、维也纳和巴黎的城市规划图相媲美。此时的乔治四世身材肥胖,已经住进了温莎城堡。他死后,《泰晤士报》评论道:"已故国王无法引起人们的一丝怜惜之情。"之后王位传给了乔治四世时年64岁的弟弟威廉四世(1830—1837年在位)。威廉四世是一位失败的海军军官,他从没料到自己会当国王,当然对王位也没什么兴趣。一个名叫桃乐西·乔丹(Dorothea Jordan)的女演员是他的长期情妇,两人共同生育了10个子女,但他却没有一位合法的男性继承人。

1830年，选举的唯一话题是公民选举权改革。托利党人虽是多数派，但威灵顿公爵却不识时务地表示目前的公民选举权状况十分理想，"只要我有一席之地……我就始终觉得自己有责任抵制"任何改革举措。民众拒不让步，在激动之余冲上街头抗议。内阁众大臣没有武装警卫的陪同哪儿都不能去。威灵顿公爵没有通过信任投票，被迫辞职。

时年66岁的贵族、辉格党领导人格雷伯爵（Earl of Grey）出任首相一职，他身边亲信有思想开明的墨尔本勋爵（Lord Melbourne）、帕麦斯顿子爵（Viscount Palmerston），还有一位才能出众、思想激进的律师亨利·布鲁厄姆（Henry Brougham）。他们致力于改革，托利党人一分为二，一派是保守"极端主义者"，另一派是改革派"坎宁分子"，两派展开了激烈较量。1831年3月，辉格党人约翰·拉塞尔勋爵（Lord John Russell）向下议院提交一份改革法案，该法案要求废除旧塞勒姆（Old Sarum）等60个腐败选区，再减少47位多方代表，因此将1800年英格兰—爱尔兰《联合法案》之后的658名议员减少至168人。公民选举权的范围适当扩展，由原先的40万名公民增至65万人，但曼彻斯特、伯明翰和利兹等大型工业城市有史以来第一次派代表进入议会。

这份改革法案以608票的超高赞成票在下议院通过，但却在委员会审议时被托利党人否决。4月，格雷伯爵辞职，他召开单一议题选举，就赞成或反对改革法案进行投票。全国各地成立政治联盟，第二次选举以赞成改革的压倒性优势恢复了下议院的地位。1831年9月，拉塞尔的改革法案再度提出，在下议院通过，但却在上议院被否决，主教们21人弃权，22人反对。布里斯托尔、诺丁汉和德比等地爆发骚乱。威灵顿公爵的绰号是"铁公爵"（Iron Duke），这不是因为他在滑铁卢战役中大败拿破仑，而是因为他不得不在自家窗户上安装金属护窗。传言说有武装组织形成，民众拒绝纳税，银行的钱也纷纷被人取走。人们惧怕已久的1789年状况再次上演。议会和国王该如何应对呢？

1831年12月，拉塞尔的改革法案内容经过弱化之后，第三次提交上去，但再次被上议院否决。格雷伯爵此时要求国王"创造"足够多的议员，好通过这项法案——这种策略曾被安妮女王采用过，用来通过1713年的《乌得勒支条约》。然而在1832年5月，格雷的这个要求被国王拒绝，他再次辞职，并警告国王说"时代精神的凯歌高奏，抗拒时代精神便是自寻死路"。在接下来的数周，宪法政治命悬一线。威廉四世传唤威灵顿公爵组建新政府，但威灵顿公爵不能这么做，他明白大势已去，于是建议国王立即答应格雷伯爵的要求。同为激进人士的斯坦利勋爵甚至要求整个旅的禁卫军被授予爵位。

面临着前景不佳的现状，上议院屈服了。1832年6月7日，伟大的《改革法案》（*Reform Act*）成为法律。大多数腐败选区消失了，125个新议席出现。公民投票权增加了大约60%。虽然投票权仍是基于财产而定，而且只有男人才能投票，但投票权不再神秘，大坝决堤了。英国内战以来，英国第一次实现新的权力分配。格雷伯爵承诺进一步的改革将"随着民智提高和时代需求"向前发展。不过言外之意是，改革必将发展。1832年是英格兰历史上的伟大转折点之一。暴力起义被预先阻止，这是因为英国议会和政界顺应了时代要求，并予以积极回应，虽然这种回应有点姗姗来迟。1832年的"革命"才是真正意义上的"光荣革命"，而不是1688年的那次。

第24章

Victorian Dawn
维多利亚早期
（1832—1868）

1833年，威灵顿公爵就第一次议会改革不无讽刺地说道："我这一生中还从未见过这么多可怕的坏蛋。"1833年议会同1640年长期议会一样激进，不过其议会改革成果更为持久。格雷伯爵重组后的内阁尊重新选民的选举权，自由立法蔚然成风，欧洲各国一片哗然。新内阁废除了西印度群岛的奴隶制，虽然奴隶贸易业已是非法行为。新内阁限制工厂雇用13周岁以下的童工。济贫法规定对穷人实施"院内救济"，不过管理体制极其严苛，催生了查尔斯·狄更斯的《雾都孤儿》一书。选举自治市议会将腐败的市营公司接管过来。1834年，托尔普德尔（Tolpuddle）"殉难者"因参与工会运动被驱逐到澳大利亚，舆论强烈要求判他们缓刑并遣返。政府满足了公众的要求。1834年，威斯敏斯特宫被烧成平地，这象征着旧秩序的终结，艺术家J.M.W.特纳（J.M.W.Turner）用画笔生动地记录了这一幕。威斯敏斯特宫被建筑师查尔斯·巴里（Charles Barry）和奥古斯汀·皮金（Augustine Pugin）的垂直哥特式建筑取代，这种建筑是对旧式风格的缅怀。

>> 特纳描绘的旧议会大厦被焚毁的场景,该事件同样标志着旧时代让位于新时代。后来,此处重建为如今我们看到的由巴雷和帕金共同设计的哥特建筑杰作。

同年,格雷伯爵从首相职位上退休,3年后,和蔼可亲的墨尔本欢迎威廉四世时年18岁的侄女维多利亚(1837—1901年在位)登上王位。某天凌晨5点,维多利亚还正在肯辛顿宫的睡梦中被坎特伯雷大主教和宫务大臣叫醒,两人告诉了她威廉四世去世的消息。她刚换下女式睡衣,枢密院所有大臣就已经集合在了一起。她性格活泼,聪明好学,当时身高只有4英尺11英寸(约合1.5米),她对墨尔本很是迷恋。墨尔本相貌英俊,妻子去世,他自封为女王的非正式秘书。墨尔本每天见她两面,每周和她一起吃三次饭。维多利亚女王的传记作者戴维·塞西尔(David Cecil)写道,维多利亚"情感上停留在女学生时期,她要寻找的是一位英雄,而不是爱人"。墨尔本恪尽职责,维多利亚对他言听计从，他带领她探寻宪法的种种奥秘，并促成了她和派头十足的德国人撒克逊—柯堡尔族的阿尔伯特亲王（Prince Albert of Saxe-Coburg）的美满婚姻。他解释说，照规矩，她应该向阿尔伯特亲王求婚。

正如一些人所希望而另一些人所惧怕的那样，改革的到来意味着更多的要求。1838年，一群激进分子公布人民宪章，超越改革法案的范围，要求平等选区、男性普选权、无记名投票、议会每年召开，以及议员发薪。虽然宪章派举行群众大会，而且在某些人眼中是原生革命派的工人阶级力量，但他们的领导者和议会支持者认为"人民宪章运动"是符合1832年改革法案精神的。在剧变和"立宪变迁"两者的较量中，后者胜出。宪章派本身并不是极左的辉格党人。1841年选举后，托利党执政，罗伯特·皮尔担任首相，他自称"保守派"，这颇具有讽刺意味。皮尔

>> 1830年，从利物浦到曼彻斯特的铁路线路正式开通，标志着以交通工具革新引领的英国第二次工业革命的开端。不到十年的时间，所有的大城市都由铁路连接。

是棉花商人的儿子，他做事认真，认为工业进步、海外贸易和政治改革是新型托利主义不可或缺的一部分。1834年，他在塔姆沃思（Tamworth）当着选举人的面发表了一段著名的宣言，称托利党"为了生存必须改革"，必须"审查所有机构，无论是政府机构，还是宗教机构"。皮尔采取了本质上是反动性质的议会立场，使其最终适合管理一个现代民族国家。

工业革命的范围已远远超越了18世纪的纺织制造中心产业，与科茨沃尔德（Cotswolds）和奔宁（Pennine）山脉的煤炭资源、铁矿石和急流水动力息息相关。运输是关键。19世纪30年代，铁路开始作为货运航线取代运河，集成制造业基地遍布英国中部地区和北部地区。19世纪40年代，"铁路狂热"掀起，铺设了数千公里铁轨，劳动力铺设铁路后，直接留在当地进入工厂工作。从伯明翰到伦敦，坐火车只需一上午时间。国内大部分地区很快可以每日购买到商品或收到邮件。新兴工人阶级的生活条件也许很糟糕，但原先的农业人口从土地的束缚中解放出来，纷纷前往经济相对繁荣的地方生活。

经济社会革命的重要意义反映在皮尔执政时期的重中之重：自由贸易。制造业需要国外销路，也需要价格低廉的进口原材料和劳动力生活所需的便宜食物。关税是进口和出口的敌人。两位激进派实业家是皮尔这一伟大主张的拥趸，他们是理查德·科布登（Richard Cobden）和约翰·布赖特（John Bright），两人创立了反谷物法同盟（Anti-Corn Law League），旨在降低粮食价格。1843年，《经济学人》（The Economist）首次发行，该刊创办的初衷在于声援两人的这项运动。科布登绝不是托利党人，他是和平主义者，强烈反对贵族统治。不过在自由贸易这个方面，城市激进主义和资本主义不谋而合。只有一些宪章派反驳道，自由贸易会用更低的工资欺压穷人。

1845年，食品供应和食品价格成为关键所在，因为此时爱尔兰的马铃薯歉收，一种众人以为早已远离不列颠群岛的恐慌——饥荒卷土重来，到19世纪40年代末，已有100万爱尔兰人逃到美国，大多数人被赶进死亡笼罩的"棺材船"，疾病和饥饿是家常便饭。一些远洋船上食品极其短缺，每趟竟有三分之一的逃荒乘客死亡，死者的尸体被抛进海里喂鲨鱼。唯一立竿见影的解决方法就是废除进口小麦税，从而降低面包价格。在辉格党人和激进分子的帮助下，皮尔于1846年成功废除了1815年谷物税。虽然此举并未立刻见效，但食品平均价格在接下来30年内降低了将近一半。

废除谷物法对托利党及其农业利益的影响很快显现出来。皮尔的政策也许从经济角度看是明智的，巧妙地将托利主义和新的商业利益联系在一起，可是却激怒了党内传统主义者。一个名叫本杰明·迪斯雷利（Benjamin Disraeli）的年轻煽动家抨击了皮尔，谴责皮尔之举是"一位政党领袖对其治下伟大政党的蓄意破坏"。1846年夏天，托利党就支持或反对废除谷物法分裂成两派，局面一片混乱，皮尔下台，辉格党人再度执政，约翰·拉塞尔担任首相。辉格党在接下来20年内一直处于统治地位。

19世纪中叶留给人的印象是英国处于渐进式变革状态，遍及商业、文化、精神和建筑领域，这和一个世纪前"沃波尔和平时期"没什么不同。1848年是欧洲的"变革之年"，法国、奥地利、意大利和波兰等国君主纷纷被推翻。相比之下，英国差点引起政局动荡的事件便是大批宪章派在肯宁顿公地（Kennington Common）集会，集会群众乘三辆马车将一份言辞恳切的请愿书上呈议会，不过被议会拒绝了。在伦敦另一端的不列颠博物馆，卡尔·马克思正在心无旁骛地起草《共产党宣言》，与此同时，下议院众议员通过了《公共卫生法案》（*Public Health Act*）。

维多利亚女王和丈夫婚姻美满，他们穿梭于温莎、巴尔莫勒尔堡和他们最喜爱的位于怀特岛奥斯本的乡村别墅之间。与荒淫不堪的汉诺威王朝相比，维多利亚夫妇的生活平静无澜。阿尔伯特亲王在奥斯本建造了一间瑞士小屋，孩子们在这儿学着料理家务和做园艺杂活，他们和普通家庭没什么不同。一时间，瑞士小屋在不列颠遍地开花。伦敦郊区随处可见灰泥露台，富人们与欧洲大陆贵族和逃出欧洲动乱政局的知识分子来往密切。1851年，世界博览会在海德公园举办，组织者即为阿尔伯特亲王，旨在向世界各国展示，不列颠不是乡村田园，而是一个自信满满的工业贸易大国。不列颠的新面貌在国家文化领域也有所反映。小说家安东尼·特罗洛普（Anthony Trollope）描写了金钱政治死气沉沉的现状，明确支持宗教改革和政治改革。

查尔斯·狄更斯对变革的看法不同，他呼吁关注尚未被变革触及的人们的需要。他在公众集会上发表演讲，将演讲所得捐给无家可归人士收容所。政治哲学家约翰·斯图尔特·密尔（John Stuart Mill）在《论自由》（On Liberty）一书中论述了国家和个人自由之间业已改变的界限，提醒人们提防"多数人暴政"，并强调了积极参与民主的重要性："一个人的作为可能给别人带来伤害，他的不作为也同样如此。"就连牛津和剑桥也掀起了一场福音

》不同于汉诺威王朝的廉价华丽，维多利亚女王和艾尔伯特重新建立起王室的形象，将婚姻幸福作为"维多利亚价值观"的核心。

运动，使英国国教从乔治时期的萎靡状态中振作起来。教堂建筑如雨后春笋般拔地而起，其蓬勃之势是15世纪以来所未见的，肃穆的哥特式尖塔俯视着成排的古典风格别墅。19世纪50年代末，达尔文的《物种起源》是挑战宗教教条之作，教会受到了猛烈冲击。达尔文将科学探究方法应用到自然界，这是工业领域力学发现的真实写照。就连艺术也变得富有争议性，奥古斯汀·皮金和艺术家约翰·拉斯金（John Ruskin）抗议英国新貌丑陋异常，宣扬重拾中世纪时期的价值观和技艺。英国蓬勃发展，创新性观点层出不穷。

拉塞尔时任首相，不过英国当时政治上的主导人物是非同凡响的帕默斯顿（Palmerston，又译巴麦尊），他是外交大臣，职业生涯贯穿19世纪30年代以及1846年至1851年。在任时期，他一人独揽外交大权，很少请教同僚们的意见。他长期被视为海外"自由干涉主义"（liberal interventionism）的先驱。1848年，他在下议院发表了长达5个小时的演说，表示："英格兰的真正政策……是推广正义和公义，并以节制和谨慎的态度追求这一事业，不是成为这个世界的空想家，而是着重用道德制裁和支援手段维护正义。"1850年，他派英国海军攻打雅典，名义上是为受伤的直布罗陀人唐·帕西菲科（Don Pacifico）报仇，声称"英格兰锐利的眼睛和强有力的臂膀"应该永远保护英国子民，一如古罗马时期那样。帕默斯顿支持欧洲大陆的革命事业，他将"炮舰外交"运用得炉火纯青；与此同时，他使英国远离欧洲争端，并和查塔姆一样把精力集中在皇家海军和帝国安全上。他还非常爱国。有一次，一个法国人想恭维他，表示如果自己不是法国人的话，会希望做一个英国人，帕默斯顿的回答是："如果我不是英国人的话，我会希望自己做个英国人。"

帕默斯顿不是一个有团队精神的人，他制定政策时我行我素，不为同僚所容。1852年，他被调到内政部。在供职内政部的两年时间内，他继续大刀阔斧进行改革。他进一步限制童工工作时间，推广疫苗接种、洁净空气、监狱改革和教养院。他没有直接参与不得人心的克里米亚战争，这场战争始于1853年，不过他主张采取强硬措施以土耳其的名义遏制俄国扩张。对不列颠而言，这场战争的收获微乎其微，主要标志是《泰晤士报》呼吁进行军队改革，以及弗洛伦斯·南丁格

》拿灯的妇女（The lady with the lamp）：弗洛伦斯·南丁格尔通过自己在克里米亚地区的不懈努力，推动了医疗护理事业的进一步改革。

尔（Florence Nightingale）所提倡的改善护理条件。诗人坦尼森（Tennyson）在《轻骑队之战歌》（Charge of Light Brigade）中将这场战场的惨败转化为辉煌的诗句，不过一项针对政府战争行为的调查结果非常糟糕，政府面目无光，辉格党首相阿伯丁勋爵（Lord Aberdeen）不得不辞职。1855年，维多利亚女王邀请帕默斯顿所有同僚组成政府，不幸被所有人拒绝，之后帕默斯顿出任首相一职。维多利亚女王极不喜欢帕默斯顿，认为他是一个无情的自由思想家和不讲原则的"捣蛋鬼"。的确，他是一位无情的自由思想家，却不是一个不讲原则的捣蛋鬼。

帕默斯顿的贵族辉格党主义理论汇集了伯克、福克斯、格雷、墨尔本、拉塞尔和1932年那一代人的观点之大成。1859年，他参加了圣詹姆士俱乐部的集会，一群辉格党人、皮尔追随者和激进分子决定成为自由派。现场的主导人物是年轻的财政大臣威廉·格莱斯顿（William Gladstone），他品格高尚，是利物浦一位商人之子。格莱斯顿曾是皮尔派托利党人，起初反对1832年《改革法案》并维护奴隶制，不过他现在一心想转换政治立场。1852年至1855年，他担任大法官，如今他再度出任大法官长达7年（1859—1866年在任），并在任上致力于提高税收和中止政府借贷。他认为，在和平时期，"若非极其必要，否则政府不该借贷"。在皮尔自由贸易政策的基础上，他减少关税税项，从419项降至48项，废除了原先对新闻用纸征收的"知识税"。他还致力于降低粮食价格，被誉为"工人早餐英雄"。

帕默斯顿虽是一名坚定的废奴主义者，但他却在1861年至1865年美国内战期间选择站在南部联盟一边，他这么做主要是因为，一者他本人厌恶美国北方各州盛行的反英情绪，二者担心美国南方的棉花出口。格莱斯顿也选择支持南方。不过这种支持并没有演变成战争。1865年，帕默斯顿死于任上，在他执政的20余年内，不列颠境内一片安宁

》》轻骑兵旅在巴拉克拉瓦（Balaclava）的进攻，充分显示出英国人反败为胜的军事才能。

繁荣的景象。之后上了年纪的拉塞尔接替出任首相。拉塞尔是1832年原始改革法案的发起人，而他上任后一心要推动改革。政治改革重新回到政治舞台中央，和19世纪初一样，这受到了海外改革的激励，譬如意大利的加里巴尔迪（Garibaldi）和美国的林肯。1866年，拉塞尔向议会提交了一项公民选举权法案，这正合宪章派的心意，该法案主张选举平等以及给予所有拥有技术性工作和稳定家庭的成年男子选举权。如果该法案通过的话，选民数量将翻一番，增至大约200万，而且实行选民登记后，操纵选票也相应变得更加困难或更加昂贵。反过来，这会减少有土地者赞助，并加强政党组织的作用。届时公意将开始摆脱当地寡头领导者的束缚，为广大公众所掌握。

事实证明，该法案在下议院被否决，拉塞尔和他所领导的政府下台，让位给以德比勋爵（Lord Derby）为首的托利党人，迪斯雷利担任下议院领导人。19世纪30年代事件重演，伦敦爆发了大规模改革游行。海德公园的一次抗议集会规模不小，警察叫来军队帮忙才将人群驱散。托利党人惊恐不安，于1867年8月匆匆忙忙地通过了拉塞尔的旧法案。这一次换迪斯雷利遭受指责，被［罗伯特·塞西尔，未来的索尔兹伯里勋爵（Lord Salisbury）］认为"这是一场政治背叛，是议会编年史上前所未有的"，用词几乎和迪斯雷利曾经批评皮尔的话一模一样。不过如果迪斯雷利觉得自己已经挫败了自由派，将会在下次选举时得到新选民的支持，那他就大错特错了。在1868年改革后的首次选举中，迪斯雷利所属的托利党落败，格莱斯顿胜出并出任首相。这为其后的诸神之战打好了基础。

第25章

Gladstone and Disraeli
格莱斯顿和迪斯雷利
(1868—1901)

时机来临,双雄格莱斯顿和迪斯雷利应运而生。不列颠的政治领导人似乎要么是巨人,要么是侏儒。除了皮特、皮尔、墨尔本和帕默斯顿等人之外,其余都是相对籍籍无名之人,大多数是封爵之人,譬如利物浦伯爵、德比勋爵和阿伯丁勋爵。这些人很少有政治雄心,只有与生俱来的责任感,好似他们的任务就是让国家安生片刻而已。不过此时登上政治舞台的双雄绝不属于此类。格莱斯顿和迪斯雷利皆非出身英国统治阶级,不过他们两人除此之外,并无多少相同之处,他们的个性截然不同,彼此上演了英国历史上最令人瞩目的一场较量。

迪斯雷利自小打扮时髦,在12岁时受洗成为英国国教徒,而他的父亲则是一位不信宗教的犹太人。他受过法律训练,能言善辩,不费吹灰之力便"平步青云"。他最初反对格雷、皮尔和拉塞尔等人的政治改革,后来接受并利用改革谋取私人和政党利益。他还是一名成功的小说家,个人魅力非凡,是不切实际的理想主义者,他意气风发地声称要将富有的英国和贫穷的英国"合二为一"。他虽是信奉英国国教的新教徒，却常常沦为排犹人士取笑的对象，不过好在他幽默感十足，总是一笑置之。有一次，一名议员同僚讽刺他是一个犹太人，他回答道："我是一个犹太人，当阁下的祖先还是野蛮人的时候，我的祖先早已是所罗门圣殿的祭司。"

格莱斯顿与他截然不同。他熟读《圣经》和经典著作，甚至到了可以任意引经据典的程度。他浑身洋溢的道德优越感激怒了迪斯雷利，并表示"后世人将会对这个毫无原则的疯子进行公平审判"。格莱斯顿的报告称迪斯雷利"败坏民意，毫无品味，行事冲动，眼光偏颇，利欲熏心"。1861年，阿尔伯特亲王英年早逝，迪斯雷利刻意讨好伤心欲绝的维多利亚女王，甜腻腻地称她为"亲爱的女王陛下"，格莱斯顿对此种行为愤怒不已。维多利亚女王表示，格莱斯顿总是说服她相信他是世界上最英明之人，迪斯雷利则说服她相信她才是世界上最英明之人。她毫不掩饰自己对一方的偏爱之情。她说过，格莱斯顿"在我面前说话总像在公众集会上做演讲"。

格莱斯顿从1868年开始担任英国首相，他称这届政府是"史上最优秀的领导班子"。与1832年那时一样，新议员上任后为了表示对最新获得选举权

》迪斯雷利和格莱斯顿的政治分歧是绝佳的讽刺题材，他们对于彼此的不满愈演愈烈，影响英国政坛长达25年。

的选民的尊重，纷纷提出改革立法。首先是教育。财政大臣罗伯特·洛（Robert Lowe）的一句格言总结了这个时代，他表示"我们必须教育我们的主人"。长期享有小学教育垄断权的教会面前摆着一份提议，所有学校应该世俗化。最终，1870年《教育法》（Education Act）引进了"寄宿学校"，只要在人们觉得教会学校不够用的地方，就会创办寄宿学校，主要是城市比较贫困的地区。新学校的荷兰式红砖屋顶不卑不亢地矗立于城市连栋房屋之间，正如教堂曾经俯视中世纪小屋一样。同时，富有争议的"教会学校"继续履行英国教育的功能，时至今日依然如此。

19世纪60年代，不列颠在国内外到达鼎盛时期。国内铁路四通八达，航运通达世界各洲。传统农业虽在与粮食自由贸易的竞争中每况愈下，但制造业仍未受到德国和美国日益强大的工业的冲击。在地方政府，19世纪30年代的市政改革发展成为强劲的公民事业。伯明翰的人口从19世纪初的7万人增至1870年的35万人，曼彻斯特、利物浦、利兹、谢菲尔德和纽卡斯尔人口也出现类似增长。这些城市生机蓬勃，市政厅、旅馆、火车站和美术馆一应俱全，其规模可以与欧洲相媲美。市政革新的领导人是伯明翰自由派市长约瑟夫·张伯伦（Joseph Chamberlain），他于1873年当选市长，等他卸任的时候，据说"公园、街道、巡回法庭、市场、燃气、自来水等生活必备品井井有条，城市面貌得到很大改善"。他高兴地称这种改善为社会主义。与此同时，安吉拉·伯德特—库茨（Angela Burdett-Coutts）和奥克塔维亚·希尔（Octavia Hill）为城市平民住房问题奔走呼吁。在美国慈善家乔治·皮博迪（George Peabody）成就的激励下，两人试图推倒贫民窟，代之以"值得救助的穷人"所居住的公寓，方法是说服潜在发展商相信公道的租金可以带来合理利润，这一原则被称为"5%的慈善"。

格莱斯顿内阁也是改革派内阁。公职人员的招募不仅要有人赞助，还要通过考试。征收入伍手续费的做法被禁止。大学向拥有各种信仰的学生敞开大门。允许大学老师结婚，牛津北部郊区到处是高高耸立的哥特式教师家庭住宅。1871年，英国工会联盟（Trades Union Congress）成立，合法工会兴起，虽然政府严格限制

》科茨沃尔德布利斯尼作坊（Bliss Tweed Mill），1872年：伪装成普通农舍的维多利亚工业机密。

工会集会活动。1872年，一项法案规定选举时实行无记名投票。上了年纪的拉塞尔对此无法接受，他警告说这会导致危险的"普选权"。辉格党人长期惧怕"民主"，再也无法跟上自由派的脚步。

在国外，格莱斯顿继续奉行帕默斯顿的谨慎帝国主义和避开欧洲纠葛的政策。正如在19世纪40年代避开革命运动一样，英国也避开了俾斯麦领导下统一德国的兴起以及1870年巴黎被围的惨况。然而爱尔兰不容忽视。饥荒和移民美国对人口造成沉重打击。英国人口激增，爱尔兰人口却锐减。爱尔兰原来有800万人，占不列颠群岛总人口的三分之一，可20年后，人口却在此基础上减少了一半。爱尔兰是一个受压迫的国家，为英国地主所有，听从外国政府命令，被迫信奉不为人心所喜的宗教。然而只要英国国教和英裔爱尔兰人占据上风的上议院仍旧坚决反对改革，格莱斯顿就无法缓解爱尔兰的困境，不过他成功废除了爱尔兰国教教会，并颁布了一系列爱尔兰土地法案以保障佃农安全。

执政6年后，格莱斯顿内阁疲态尽显。迪斯雷利嘲讽内阁是"一座疲惫的火山——而不是黑暗中的一炷火焰"。1874年选举中，尽管自由党获得大多数选票，但却未赢得多数议席，于是托利党再度执政，时年69岁的迪斯雷利出任首相。在充当多年反对派之后，他从中总结了一点，那便是日益壮大的选民队伍期待渐进式变革。他废除了格莱斯顿时期的工会集会禁令，一名工会领袖表示，托利党"在5年内为工人阶级办的实事比自由党50年都多"。迪斯雷利还颁布了一项公共住房法案、一项教育法案、一项卫生法案和一项工厂法案。在外交政策方面，他和自由党产生了分歧。他希望沿着查塔姆未竟之路走下去。1875年，为了保护英国向东的交通线，他购买了新成立的苏伊士运河公司（Suez Canal Company）将近一半股份。第二年，他宣布维多利亚女王为印度女皇（令她生气的是，格莱斯顿竟提出反对），女王龙颜大悦。然而帝国主义是一把双刃剑。迪斯雷利怂恿土耳其阻止俄国向克里米亚和高加索地区扩张，甚至提出重燃克里米亚战争之火。民众的爱国热情被点燃，新建的音乐厅中传出这样的齐声吟唱："我们不想打仗，可是老天作证，如果我们这么做/我们有船，有人，也有钱。"这种观点后来被称为"侵略主义"。

格莱斯顿批评迪斯雷利挑起了针对保加利亚基督徒的"土耳其暴行"。格莱斯顿声称"就连南太平洋诸岛的食人族得知这一切也会怒火冲天"。迪斯雷利反驳道，保加利亚最严重的暴行是格莱斯顿本人。身为反对党一员，格莱斯顿的下一步行动堪称英国现代历史上第一次竞选活动，他于1879年动身前往新的中洛锡安郡选区，到各地发表演说。在此之前，大规模集会通常和卫理公会联系在一起，而不是政治。格莱斯顿在大型集会上发表演说，他一般站在火车车厢的车尾平台上，利用"叫喊招揽人员"将他的话传达给观众。他在演说中指责迪斯雷利"外交政策狭隘、不稳妥、装腔作势、独断专行，一副自恋、得意的模样"。他的演讲内容被提前透露给媒体，迪斯雷利（和维多利亚女王）谴责此举"违反宪法"。

1880年，以格莱斯顿为首的自由党人再度执政，迪斯雷利退休回到位于比肯斯菲尔德（Beaconsfield）外休恩登（Hughenden）的乡间邸宅生活，并于一年后去世。迪斯雷利是一个机会主义者，熟练掌握了具有个人魅力的政治艺术。他天生能敏锐察觉公众情绪，并能够对其善加利用，一如他用阿谀奉承讨得维多利亚女王的欢心。他年轻时打败了皮尔，可也继承了皮尔主张进步托利主义的衣钵，彼时欧洲大多数保守派是君主主义者和反动派。客观地说，他在英国政治自由化方面起到了关键性作用。公民选举权贯穿了他政治生涯始终，他说得没错：保守主义要么改变，要么消亡。具有讽刺意味的是，在接下来的半个世纪里，自由党竟然忽视了这一点。

格莱斯顿成为政界元老。他的1880年内阁成员全是同时期的旧同僚，这些人压根不知道该如何应对日益全球化的经济即将遭遇的第一次危机。新大陆大草原上铁路飞驰，蒸汽船降低了运输成本。1882年，第一艘冷藏货船"但尼丁"号（Dunedin）抵达伦敦，随船运来的冷冻新西兰羔羊肉在史密斯菲尔德（Smithfield）肉类市场引起了轰动。20年后，不列颠进口谷物的价格降低了90%。这对英国业已苦苦挣扎的农民产生了毁灭性影响。农业再也不能指望得到议会的保护。

1884年，19世纪第三次改革法案通过，投票权范围扩大到所有男性户主，选民数量翻了一番，增至500余万，涵盖了矿工、磨坊工人和农业工人。选举权的扩大足以表明，民意已成为一股新兴的政治力量。这也缺不了大众媒体兴起的推动作用，伦敦创办了十几份日报，英国境内共有上百份报纸。19世纪80年代，有组织的"左派"形成，该词源自旧时法国国民大会的座位表。1884年，以研究为主的费边社（Fabian Society）[①]成立，创办人是悉尼·韦伯（Sidney Webb）和比阿特丽斯·韦伯（Beatrice Webb）以及乔治·萧伯

[①] 费边社奉行的费边主义（Fabianism），简单说来就是渐进社会主义，主张采取渐进措施对资本主义实行点滴改良，是社会主义思潮的一支，是费边社的思想体系和机会主义路线。——编者注

格莱斯顿就无法缓解爱尔兰的困境,不过他成功废除了爱尔兰国教教会,并颁布了一系列爱尔兰土地法案以保障佃农安全。

执政6年后,格莱斯顿内阁疲态尽显。迪斯雷利嘲讽内阁是"一座疲惫的火山——而不是黑暗中的一炷火焰"。1874年选举中,尽管自由党获得大多数选票,但却未赢得多数议席,于是托利党再度执政,时年69岁的迪斯雷利出任首相。在充当多年反对派之后,他从中总结了一点,那便是日益壮大的选民队伍期待渐进式变革。他废除了格莱斯顿时期的工会集会禁令,一名工会领袖表示,托利党"在5年内为工人阶级办的实事比自由党50年都多"。迪斯雷利还颁布了一项公共住房法案、一项教育法案、一项卫生法案和一项工厂法案。在外交政策方面,他和自由党产生了分歧。他希望沿着查塔姆未竟之路走下去。1875年,为了保护英国向东的交通线,他购买了新成立的苏伊士运河公司(Suez Canal Company)将近一半股份。第二年,他宣布维多利亚女王为印度女皇(令她生气的是,格莱斯顿竟提出反对),女王龙颜大悦。然而帝国主义是一把双刃剑。迪斯雷利怂恿土耳其阻止俄国向克里米亚和高加索地区扩张,甚至提出重燃克里米亚战争之火。民众的爱国热情被点燃,新建的音乐厅中传出这样的齐声吟唱:"我们不想打仗,可是老天作证,如果我们这么做/我们有船,有人,也有钱。"这种观点后来被称为"侵略主义"。

格莱斯顿批评迪斯雷利挑起了针对保加利亚基督徒的"土耳其暴行"。格莱斯顿声称"就连南太平洋诸岛的食人族得知这一切也会怒火冲天"。迪斯雷利反驳道,保加利亚最严重的暴行是格莱斯顿本人。身为反对党一员,格莱斯顿的下一步行动堪称英国现代历史上第一次竞选活动,他于1879年动身前往新的中洛锡安郡选区,到各地发表演说。在此之前,大规模集会通常和卫理公会联系在一起,而不是政治。格莱斯顿在大型集会上发表演说,他一般站在火车车厢的车尾平台上,利用"叫喊招揽人员"将他的话传达给观众。他在演说中指责迪斯雷利"外交政策狭隘、不稳妥、装腔作势、独断专行,一副自恋、得意的模样"。他的演讲内容被提前透露给媒体,迪斯雷利(和维多利亚女王)谴责此举"违反宪法"。

1880年,以格莱斯顿为首的自由党人再度执政,迪斯雷利退休回到位于比肯斯菲尔德(Beaconsfield)外休恩登(Hughenden)的乡间邸宅生活,并于一年后去世。迪斯雷利是一个机会主义者,熟练掌握了具有个人魅力的政治艺术。他天生能敏锐察觉公众情绪,并能够对其善加利用,一如他用阿谀奉承讨得维多利亚女王的欢心。他年轻时打败了皮尔,可也继承了皮尔主张进步托利主义的衣钵,彼时欧洲大多数保守派是君主主义者和反动派。客观地说,他在英国政治自由化方面起到了关键性作用。公民选举权贯穿了他政治生涯始终,他说得没错:保守主义要么改变,要么消亡。具有讽刺意味的是,在接下来的半个世纪里,自由党竟然忽视了这一点。

格莱斯顿成为政界元老。他的1880年内阁成员全是同时期的旧同僚,这些人压根不知道该如何应对日益全球化的经济即将遭遇的第一次危机。新大陆大草原上铁路飞驰,蒸汽船降低了运输成本。1882年,第一艘冷藏货船"但尼丁"号(Dunedin)抵达伦敦,随船运来的冷冻新西兰羔羊肉在史密斯菲尔德(Smithfield)肉类市场引起了轰动。20年后,不列颠进口谷物的价格降低了90%。这对英国业已苦苦挣扎的农民产生了毁灭性影响。农业再也不能指望得到议会的保护。

1884年,19世纪第三次改革法案通过,投票权范围扩大到所有男性户主,选民数量翻了一番,增至500余万,涵盖了矿工、磨坊工人和农业工人。选举权的扩大足以表明,民意已成为一股新兴的政治力量。这也缺不了大众媒体兴起的推动作用,伦敦创办了十几份日报,英国境内共有上百份报纸。19世纪80年代,有组织的"左派"形成,该词源自旧时法国国民大会的座位表。1884年,以研究为主的费边社(Fabian Society)[①]成立,创办人是悉尼·韦伯(Sidney Webb)和比阿特丽斯·韦伯(Beatrice Webb)以及乔治·萧伯

---

① 费边社奉行的费边主义(Fabianism),简单说来就是渐进社会主义,主张采取渐进措施对资本主义实行点滴改良,是社会主义思潮的一支,是费边社的思想体系和机会主义路线。——编者注

第25章 格莱斯顿和迪斯雷利（1868—1901）

纳（George Bernard Shaw）。费边社信奉罗马将军费边的名言："为了恰当的时机，你必须等待。"这句话成为更多同时代革命者的绝望心声。费边派致力于"渗透"自由党。

迪斯雷利的海外事业此时开始困扰格莱斯顿。1885年，英埃联军被迫撤出苏丹，"侵略主义"报纸强烈要求他把这项任务交给魅力非凡的乔治·戈登（Charles Gordon）将军，在查令十字火车站为戈登举行的送行会上人头攒动。为了顺应民意，戈登抗令不从，拒绝放弃苏丹首都喀土穆。该城被伊斯兰教信奉救世主降临的托钵僧攻占，戈登被杀，格莱斯顿因没有支持戈登而备受指责。

1885年6月，格莱斯顿被迫辞职，让位给以托利党新领导人索尔兹伯里侯爵（Marquess of Salisbury）为首的短期过渡政府。不到一年，格莱斯顿第三次上台执政，此时出现了"悬浮议会"（即没有一个政党成为议会多数党）的局面，他上台依靠的是爱尔兰民族主义者手中的选票。

19世纪和20世纪初，爱尔兰在不列颠政治上的重要性很难想象，爱

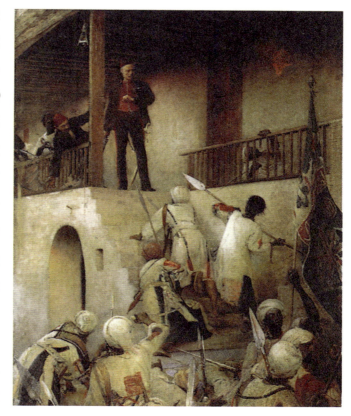

〉〉大英帝国的崛起并非没有牺牲。戈登不顾后果地远征苏丹，结果客死他乡，同时造成了格莱斯顿的垮台。（画家情景再现）

尔兰人将反天主教主义、地主土地所有制和殖民主义的种种情感和利益融合于一身。这些因素非同小可。要不是马铃薯饥荒，爱尔兰人的选票在19世纪末本可以占到不列颠总票数的三分之一，而爱尔兰议员也本可以在下议院实现常规的权力平衡。事实上，作为一个整体活动的爱尔兰议会党（Irish Parliamentary Party）由脾气暴躁的查尔斯·斯图亚特·巴涅尔（Charles Steward Parnell）领导，他头脑聪明，领导能力出众。格莱斯顿称其为"自己所见过最了不起的人"。巴涅尔坚持创建一个在很大程度上自治的新爱尔兰自由邦，这个自由邦涵盖东北部的阿尔斯特省（Ulster），该省大多数居民是新教徒和统一主义者。这个提议遭到了托利党以及张伯伦所领导的自由党统一派（Liberal Unionists）的反对，张伯伦当时是议员、内阁成员兼地方政府委员会（Local Government Board）主席。

为爱尔兰争取地方自治是格莱斯顿的最后一搏。1886年4月，他在长达三个半小时的演讲中提出一项议案，对很多人而言，这是下议院演讲的巅峰之作。然而议案最终徒劳无功。这项议案被否决，张伯伦辞去政府职务，与统一派一起逼迫格莱斯顿辞职。在1886年的另一场大选中，保守派和张伯伦自由党统一派联合执政，索尔兹伯里侯爵出任首相。这与利物浦-皮尔和德国比—迪斯雷利执政时期托利党保守派和改革派融合的情形如出一辙。在下议院，扣眼上插着白玉兰的张伯伦派头十足，他鼓吹"市政社会主义"（municipal socialism）和进步；在上议院，索尔兹伯里侯爵规劝各位大臣"与对手相比，要放慢工作效率，控制工作热情"。1888年，英格兰和威尔士县级政府与城镇接轨，治安法官和教区委员会被62个郡议会取代。第二年，伦敦市政议会（London County Council）成立。

1892年选举后，格莱斯顿四度执政，他时年82岁，耳朵已不太灵光，视力逐渐衰退，但声音仍坚定如初。维多利亚女王大吃一惊，她没想到"偌大的帝国"即将"交到一个年老、疯狂、令人无法理解的人颤抖的手中"。此次选举引人注目的是出现了首批独立派工党议员，有苏格兰矿工凯尔·哈迪（Keir Hardie）、来自伦敦巴特西区（Battersea）的约翰·伯恩斯（John Burns）和来自苏格兰东北部米德尔斯堡（Middlesbrough）的哈夫洛克·威尔逊（Havelock Wilson）。哈迪被分派苏格兰东南部西汉姆（West Ham）伦敦议席，他身穿花呢套装，头戴猎鹿帽，伴着随行军乐队的乐声来到议会。一年后，他成为独立工党（Independent Labour Party）领导人，出席地方党支部年会，并推动明显带有社会主义色彩的公有制议程。格莱斯顿的注意力全部放在爱尔兰地方自治上。巴涅尔于1891年去世，终年45岁。他生前已经和反对派格莱斯顿商谈好改良版地方自治议案的具体细节，但却在自己领导下的爱尔兰议会党失去权力，起因是他的离婚案闹得纷纷扬扬，其中还牵扯到他的情妇基蒂·奥谢（Kitty O'Shea）。当时正值爱尔兰需要保持团结的时候，此事使爱尔兰议会党陷入分裂。格莱斯顿的新议案在下议院通过，但却在上议院以419张反对票、41张赞成票被否决，这是对世袭制前所未有的肯定：不惜违背选民意志。格莱斯顿辞职，他发出最后警告，表示自己在爱尔兰问题上与上议院的分歧"必须得到一个结果"。

》凯尔·哈迪，第一位独立工党领袖，在特拉法加广场作公开演讲。

4年后，格莱斯顿去世。他的生涯历尽政治起伏，从保守托利主义转变为自由党改革。他成长于摄政时期。他反对1812年《改革法案》，却成为善用该法案影响力的老手。19世纪50年代和60年代，他担任财政大臣期间，财政清廉，人民生活条件改善。他的晚年蒙上了爱尔兰的阴影，不过他既不是第一位也不是最后一位为此事烦扰的英格兰领导人。他的遗体由地下火车运往威斯敏斯特大教堂安葬，这是自威灵顿公爵去世后伦敦最隆重的葬礼。

1895年选举后，索尔兹伯里侯爵上台，他行事小心翼翼，堪媲美格莱斯顿在爱尔兰问题上的谨慎态度。德国此时组建了一支海战舰队，意图与意大利和比利时一起建立一个非洲帝国。索尔兹伯里侯爵对此无动于衷，他奉行"光辉孤立"（splendid isolation）政策。他表示，"事情越少"，越有益于英国。关于外国干涉英国内政的行为，他认为："根据过往经验，各国应共同谴责这种行为，各国政府应避免这种行为。"

英帝国的责任不应该被轻易忽视。非洲好望角省总督是钻石大亨塞西尔·罗兹（Cecil Rhodes），他梦想不列颠的统治权有朝一日从好望角延伸至尼罗河。此区域内有独立国家德兰士瓦（Transvaal），该国是1881年布尔人①从英国人手里抢过去的，此时被兰德（Rand）淘金热②所席卷。1895年，罗兹支持詹姆逊博士（Dr.Jameson）带兵鲁莽进攻德兰士瓦，意在恢复英国对兰德的控制。这次突袭行动以失败告终，但其背后的经济和扩张动机引发了一场军事对峙，布尔人最终攻打殖民地小镇马弗京（Mafeking）。金伯利（Kimberley）和雷地史密斯（Ladysmith）被围，纳塔尔（Natal）受到威胁。英国民众起初斗志昂扬，当英军在布尔游击队面前不堪一击时，英国民众才大吃一惊。

1899年，英国政府派国内最杰出的将领基钦纳勋爵（Lord Kitchener）前去遏制布尔军队，他正在恩图曼战役（the battle of Omdurman）中为戈登报仇。战争拖到了1902年，基钦纳勋爵创立"集中营"，意在阻止布尔家庭为战场上的士兵送粮

---

① 布尔人（Boers），指居于南非的荷兰、法国和德国白人移民后裔形成的混合民族的称呼。——编者注
② 兰德金矿，全称威特沃特斯兰德金矿，是世界上规模最大的金矿。——编者注

>> 在新世纪初,英军与南非布尔人作战,结果抑制并重创了大英帝国不可一世的气势。

草,不过此举恶化了战势。集中营疾病横行、死亡不断的消息激起了世界各国的舆论谴责。英军最终获胜,德兰士瓦被纳入英帝国,不过英方许诺其实行特赦,允许自治,并赔偿布尔家庭。这场战争是远方冲突接连爆发的例子,大英帝国的抗体开始出现,宗主国付出了巨大代价,却似乎没有得到相应的收益。

其后100年间,不列颠发生了剧变,这是此前任何世纪所未见的。大量人口从乡村迁往城镇,不列颠和爱尔兰的人口翻了两番,增至4000万人。生活方式的变化更富戏剧性。1800年,大多数英国人口生活在乡村。他们靠土地生活,或者说靠在周边集镇出售农产品生活。当时没有自来水,没有下水道,没有公共教育,没有卫生设施,没有邮政,也没有迅捷的交通。人们只能用明火取暖,用蜡烛照明。规模最大的居住地是有教堂的古城。在英国大部分地区,生活方式自1700年,甚至自1600年

第25章　格莱斯顿和迪斯雷利（1868—1901）

以来似乎没多大变化。

到1900年，英格兰旧貌换新颜，令人称奇的是，这种变化时至今日仍可辨认。除了最贫穷的人，房屋都是用砖石建造的，房屋周边有现代基础设施，譬如人行道、自来水管道和下水道。工人阶级中上层所居住的房屋有煤气，一些家庭甚至还有电。桌上摆着每日报纸和来自世界各地的食品。路面浇上柏油，汽车从柏油路上跑过，时速限制在12英里以下（不过不再要求汽车前面插上一面红旗），1900年，在伦敦至布莱顿的路上，据估计每小时有1200辆汽车通行。火车四通八达，包括伦敦的地下电气化火车，运行时间可与今日相媲美。大多数社区附近有免费或平价学校和医院。维多利亚早期黑漆漆、外观丑陋奇怪的作坊被洁净的工厂取代。此时的英国是乐观和新奇之地，此外毫无疑问也十分现代。

1901年1月22日，维多利亚女王去世。她是宪法礼仪的化身，在位长达三分之二世纪之久。她和她的德国丈夫共养育了9个子女，其中很多嫁进了欧洲各国皇室。她展示了对家庭的热爱和世界大同主义，这两者是始终贯穿时代变迁的主线。阿尔伯特亲王去世后，她开始身穿黑色衣服为他守丧，并将他的肖像画放在旁边枕头上。她的儿子威尔士亲王威尔士的爱德华王子（Edward Prince of Wales）风流不羁，挥霍成性，这更加深了她的阴郁情绪，她认为他不比摄政王强到哪里去。多年来，她甚至不允许他看一眼国务文件。尽管众大臣多次求情，但她更愿意把宽容留给英国子民。在大多数英国人看来，维多利亚女王满足了他们最期望从一位君主身上得到的东西：稳定和完整。

〉〉老年的维多利亚女王。维多利亚女王在位期间，宪政稳定领先于欧洲的其他地区，推动英国成为全球霸主。

第26章

The Edwardians
爱德华家族
（1901—1914）

印度总督当时是世界上最风光的殖民地总督，他下令为爱德华七世（1901—1910年在位）登基为王大肆庆祝，虽然这种庆祝活动来得有些迟。1903年，大英帝国从阿富汗绵延到中国边界，一直延伸到印度新首都德里城外尘土飞扬的平原。印度总督寇松勋爵（Lord Curzon）邀请英帝国各地慷慨的统治者一道返回英国庆祝新王登基。一行人高高地坐在披着镀金象衣的大象背上的华丽帐篷里，一路由家臣组成的军队护送。据说终场盛宴上人人珠光宝气，堪称史上最盛大的宝石展览会。为了展现大度的姿态，寇松勋爵免除了借给遭受饥荒各省的贷款利息。

以印度为其重要胜利果实的大英帝国覆盖了全世界五分之一的陆地。大英帝国总人口有4亿，其中四分之三为印度人，世界上最庞大的海军是其有力保障。不列颠制造商和不列颠商业无处不在。80%的世界贸易在不列颠船只上完成。不列颠城市是欧洲最繁华的地方，蓬勃发展的郊区丝毫没有侵略之虞。乡间别墅非常豪华，艺术收藏品异常珍贵。埃尔加（Elgar）的音乐、吉卜林（Kipling）的诗篇、建筑师勒琴斯（Lutyens）的古典主义、约翰·辛格尔·萨金特（John Singer Sargent）的华丽肖像画无不反映了这种自信满满的心态。

然而，这种明显的优势地位受到了挑战。产业竞争在欧洲大陆和美国越来越激烈，这种竞争所依托的是全球原材料市场以及新增熟练工人。法国和德国的技术教育和技术创新反超不列颠。20世纪新兴产业——汽车、航空和电影从大西洋彼岸传至英国，爱德华国王最先购置的两辆汽车一台是德国的奔驰，另一台是法国的雷诺。帝国统治的成本并不低。在20世纪前10年，教育在公共支出中的比例只有10%，帝国防卫却占了55%。俄国、美国、法国、德国和比利时皆心怀帝国野心，德国为了和英国海军较量，专门建立了一支海军。在这样的背景下，英国于1904年和法国达成"友好协议"。这也多亏了爱德华七世的个人外交，他会讲流利的法语，口才了得。出乎母亲维多利亚女王的意料，他成长为一位尽职尽责、深受爱戴的君主。1907年，友好协约的范围扩展，将俄国囊括进来，有心人应该知道，三国联盟的目标是牵制德国。

1902年，索尔兹伯里侯爵将内阁交给他软弱的侄子亚瑟·贝尔福（Arthur Balfour），而不是理所应当的继任者约瑟夫·张伯伦。张伯伦是内阁的主导人物，他担任殖民大臣，并认为殖民地部是帝国事实上的核心所在，不过他于一年后辞职，意在集中精力继续致力于终结自由贸易和在帝国各地设立关税壁垒。张伯伦明确承认英国制造商正在渐渐失去竞争优势，他寻求重新实行贸易保护，无论是粮食，还是工业产品。他语重心长地提出要求："糖没了，丝绸没了，铁没了，羊毛受到威胁，棉花也会消失不见！这种情况你们还能忍受多久？"他得到了商业和农业领域许多人的支持，不过自由党人反对食品价格上升，"面包变小"。托利党内对此产生分歧，和6年前皮尔担任领导人时期一样。贝尔福努力将托利党团结在一起，并试图和爱尔兰议员打好关系，他于1903年颁布另一部爱尔兰土地法案，该法案允许爱尔兰佃农购买他们所耕种的土地。然而在1906年的下次选举中，自由党人大获全胜，夺得400个议席，上了年纪的亨利·甘贝尔-班纳曼（Henry Campbell-Bannerman）为领导人，他是一名思想激进的苏格兰人。托利党人仅剩

》尽管风流韵事为母亲所诟病，爱德华七世仍然被称作是一位尽职尽责的国王，尤其在与法国建交方面起到了关键作用。

》1906年自由党政府的两位重要人物：劳合·乔治以及丘吉尔。他们共同促成了福利国家制度，最后在政治理念上分道扬镳。

157个席位。大约29名托利党人打着劳工代表委员会（Labour Representation Committee）的旗号当选，其中不少人和自由党人达成了选举协议。他们很快组建了劳工党（Labour Party）。

甘贝尔-班纳曼担任首相两年后，因健康不佳辞职，让位于亨利·阿斯奎斯（Henry Asquith）。阿斯奎斯是一名温文尔雅的律师，以在内阁会议期间给密友维尼夏·斯坦利（Venetia Stanley）写的大量情书而闻名。这些情书与内阁会议记录无异，成为重要的历史文献。阿斯奎斯内阁与格雷1832年内阁和格莱斯顿1868年内阁一样，是了不起的改革派内阁。激进派贵族霍尔丹勋爵（Lord Haldane）在这届内阁里担任战争大臣，年轻的前托利党人温斯顿·丘吉尔担任贸易大臣，头发乌黑、性格外向的威尔士演说家大卫·劳合·乔治（David Lloyd George）担任财政大臣。

财政大臣一职至关重要。19世纪60年代，在格莱斯顿的领导下，财政部成为国家财政清廉的体现。劳合·乔治无疑是首位左派大臣，在他的领导下，财政部成为创新性政策的工具。5年时间内，内阁制定了为今后福利国家打下基础的大量措施。劳合·乔治及其同僚提出为年满70岁的老人发放养老金，学校提供免费餐，以及设立学校

第26章 爱德华家族（1901—1914）

诊所。他致力于改善济贫院条件，成立职业介绍所，以及为离婚单身母亲发放赡养费。工会组织罢工活动造成大量损失，后对新成立的劳工党做出重大让步，劳工党也没有对工会提起损害赔偿诉讼。在国防方面，劳合·乔治寻求"削减前人轻率建立的军备的庞大开支"，将原计划的6艘新无畏战舰减少至4艘。在这个问题上，他至少在新闻宣传运动期间遇到了对手，对方是魅力非凡的海军上将杰克·费舍（Jacky Fisher）。公众纷纷要求"我们想要8艘，我们不要等"，劳合·乔治不得不让步，第一艘无畏战舰在短短4个月后建成。

这一切花费巨大。在1909年"人民预算"中，个人所得税升至1英镑征收1先令2便士，收入超过5000英镑还要1英镑额外征收6便士。此外还有土地税、燃油税，以及烟草和酒的关税。富人们哀号一片，劳合·乔治却以此为乐，为"令公爵失望"而自豪。事实上，"公爵"是他最喜欢骂别人的词；他抱怨说一个排场十足的公爵比两艘战舰的花费还要大。预算在下议院通过的时候，在上议院占据多数席位的托利党无视不要反对财政法案的惯例。劳合·乔治不屑地认为上议院是"从失业者中随便挑选500人组成的机构"。1910年1月，阿斯奎斯不得不就这次预算专门举行一次选举。选举过后，他成为少数派政府领导人，所依靠的是82名爱尔兰人和40位如今明确认定劳工党的议员的支持。

上议院此时通过了预算，可是爱尔兰议员的权力如今举足轻重，一场有关爱尔兰地方自治的交锋势在必行。格莱斯顿曾表示上议院的矛盾"必须分出个结果"，他的预言应验了。阿斯奎斯向议会提出一项议案，主张上议院的搁置权不得超过3个议会期，这理所当然遭到了上议院的反对。就在此时，国王去世了。维多利亚女王遍布欧洲各国的亲戚们赶来参加他的葬礼，历史学家芭芭拉·塔奇曼（Barbara Tuchman）称这次葬礼"皇室显贵齐聚一堂，其盛况此后不复再见"。参加葬礼的很多人不久便在战场上相见了。

阿斯奎斯如今不得不寻求得到态度尚不明朗的新国王乔治五世（1910—1936年在位）的保证，如果这项议案再次提出，国王会同意创造足够多的自由党议员来确保其通过，这可能需要多达250人。乔治五世身边顾问大多数是托利党人，明显具有偏向性，他们几经商讨后，国王点头应许，不过条件是他就这项议案专门举行第二次选举。选举于1910年12月举行，阿斯奎斯的职位有惊无险，不过这次仍主要依靠爱尔兰人的选票。上议院做出让步。乔治五世履行了身为一名民主君主的职责，带领下议院对抗贵族统治和混乱政局。

新势力开始登场。势头强劲的工人运动演变成为蓬勃发展的劳工运动。1911年，水手、码头工人和铁路工人掀起罢工，引起一片混乱，其结果大体上是成功的。作为回应，劳合·乔治提出为重要行业的工人提供有限医疗和强制性失业保险。女性运动的势头也毋庸置疑。以艾米琳·潘克斯特（Emmeline Pankhurst）为首的激进女权主义者冲进议会和唐宁街，她们使伦敦霍洛威女子监狱一时间人满为患。乔治五世在德比骑马比赛时，艾米丽·戴维森（Emily Davison）策马冲向了他，这起事故在早期电影屏幕上有所展现。

1912年4月，作为当时世界上最大的船只，象征着英国商业骄傲的"泰坦尼克"号在其处女航途中撞上冰山，1517条人命随之葬身海底，这严重打击了英国人的民族自豪感。在南极洲，英国探险家史考特（Scott）队长被挪威

>> 妇女参政权论者艾米琳·潘克斯特被警察逮捕。在第一次世界大战爆发以前，即便是民主派改革者都认为妇女投票权只是天方夜谭。

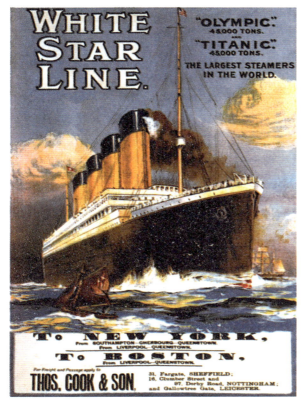

》泰坦尼克号的沉没再次震撼并动摇了大英帝国的信心。

探险家阿蒙森（Amundsen）抢先一步抵达南极，而史考特在途中被冻死。史考特的同事奥茨（Oates）队长自觉无法继续前行，他为保全队友牺牲了自己。他留给队友的最后一句话成为传奇："我出去一下，过一会儿回来。"（I am just going outside and may be some time.）随着《轻骑队之战歌》的问世，英国的战败被蒙上了一层史诗英雄主义的色彩。

1912年，爱尔兰最后一次出击。在威尔士和苏格兰议员的努力下，两国的政治愿望暂时得到了满足，不过大多数爱尔兰人的态度并不明确。他们想实现爱尔兰自治。阿斯奎斯内阁依赖于爱尔兰议员的支持，因此这个问题不能长期无视。新的自治议案在下议院通过，但遭到了上议院的否决，新的议会法案要求这项议案推迟到1914年再表决。这遭到了爱尔兰裔律师爱德华·卡森爵士（Sir Edward Carson）的强烈反对，他打出了"阿尔斯特绝不认输，阿尔斯特必将胜利"（Ulster will fight and Ulster will be right）的口号。卡森计划招募一支8万人的民兵队伍，并开始在德国购买武器。1914年3月，柯里奇（Curragh）是都柏林城外的一处军事基地，该基地的英国军官以辞职之举声援卡森。于是爱尔兰自治运动聚焦于一点，那就是阿尔斯特是否应该被分割，以及分割多久。自治法案于1914年成为法律。不过由于阿尔斯特问题悬而未决，该法案被暂时搁置。

虽然人们以为战争蓄势待发，但谁也无法预测战争的导火索是什么。英国历史学家A. J. P. 泰勒（A. J. P. Taylor）写道："谁也没有下定决心挑起战争。政治家们估算错误……成了自家武器的俘虏。本应提供安全和维护和平的强大军队却将国家推入战争的泥潭。"1914年6月，战争的导火索出现，塞尔维亚民族主义者加夫里洛·普林西普（Gavrilo Princip）在萨拉热窝刺杀奥匈帝国皇储，此前10年间形成的欧洲各国联盟之间的战争一触即发。奥地利认为有必要出兵讨伐塞尔维亚，于是开始炮轰塞尔维亚首都贝尔格莱德。俄国则出兵支持塞尔维亚斯拉夫人，如此就触发了奥地利和德国之间的联盟。德国皇帝威廉二世抓住时机主张领土扩张。而其对立者即是1907年达成协约的法国、俄国和英国。8月1日，德国对俄国宣战；2天后，对法国宣战。依照德皇前参谋长冯·施利芬伯爵（Count von Schlieffen）赶在俄国调兵或英国派兵跨越英吉利海峡之前迅速出击法国的计划，德国很快入侵比利时。

这就是后人所说的第一次世界大战，人们通常认为这场战争是一场毫无意义的杀戮，一场"驴子领导狮子"（lions led by donkeys）的战争。在某些方面的确如此，其目的与18世纪的马尔堡伯爵和19世纪的威灵顿公爵所指挥的战争并无多大不同。对英国而言，战争的目的是保护国家免受商业封锁，以及遏制足以威胁英国地位的欧洲大陆强国的出现。

主张领土扩张的德国对大英帝国的威胁与之类似。低地国家的状况对英国尤为重要。1831年，伦敦方面参与了比利时的独立，保证会保持中立态度。而此时好战的德国海军有可能即将控制北海和英吉利海峡各港口，从而封锁英国的进出口渠道。对于阿斯奎斯内阁而言，这是不能接受的。8月4日，德军打破了比利时的中立状态，英国随即对德宣战。一支13万人的英军跨越英吉利海峡，就历史上英国一贯争夺的领土与大陆敌军展开较量。一个世纪以来，英国小心翼翼地避开欧洲大陆的种种争端，如今这种局面突然间被打破。外交大臣爱德华·格雷爵士（Sir Edward Grey）对属下说："全欧洲的灯光即将熄灭；我们有生之年是不可能看到灯光再次点亮了。"

第27章

The First World War
第一次世界大战
（1914—1918）

英军第一波登陆欧洲大陆的行动面临着巨大的阻碍。根据德皇的施利芬计划，100万德国军队可在6周内抵达巴黎。这支军队有纵贯莱茵河的庞大铁路网作后盾支援，此外德国还派遣一支人数较少的军队依托铁路线入侵波兰，以阻止俄军前进。施利芬计划开端良好。英国和法国军队撤出比利时西部小镇蒙斯，德军眼看还有两天便能抵达巴黎，不料在蒙斯北边的马恩河遭到阻截。法国内阁曾经声称"我们终会取得胜利"，此时却携官员和公文逃往波尔多。战争期间有很多不为人知的战绩，其中一次便是英法联手逼迫德军向东撤退至一条始于佛兰德斯，经由兰斯和凡尔登连接瑞士边境的战线。

3年时间内，尽管炮火从未中断，但西部战线向前或向后移动的范围不超过15英里。炮火袭击破坏了河道，战场沦为一片泥地。士兵退回到战壕里，在带刺铁丝网和机关枪的保护下向敌军开战。毒气首次被运用到战争中来，不过毒气只会使人虚弱，并不会致命。坦克和飞机尚未投入战争，彼时的战争技术使得进攻比防守还要更难。

英军指挥官陆军元帅约翰·弗伦奇爵士（Sir John French）预测道，圣诞节到来之前就能将德军赶出比利时。他的上司战争大臣基钦纳勋爵对此并不认同。战事很快发展成为各大帝国之间的混战。9月，英国内阁要求招募50万名新兵充实军队，届时英军数量将达到100万。民众对战争的强烈支持和基钦纳勋爵的征兵广告海报大力推动了新兵招募活动，海报上的他目光坚定地直视观众，说道："你的国家需要你。"（Your Country Needs You.）

>> 基钦纳勋爵大量运用广告宣传，有效推动了英国历史上的第一次征兵。

欧洲之外，一支由25万英国士兵和其他帝国士兵组成的军队奉命去美索不达米亚和巴勒斯坦同德国的土耳其盟友作战，其中就有"阿拉伯的"劳伦斯。丘吉尔时任海军大臣。英国政府决定在地中海东部开辟一个新战场，攻打土耳其达达尼尔海峡，战事再次升级。1915年4月，英国、澳大利亚和新西兰（澳新兵团）军队在土耳其加里波里半岛实施登陆，不料被德国军官指挥下的土耳其人压制，在接下来9个月时间内一直苦苦挣扎，试图突破敌军封锁。此次行动最终失败，英国和澳洲军队无奈下只好灰溜溜撤军，丘吉尔被迫辞职。1915年末，西部战线毫无进展，法军撤退，道格拉斯·海格爵士（Sir Douglas Haig）被委任为战地指挥官。英国内阁决定招募身体强健的男性公民参军，这是英国史上第一次征兵活动。

1916年5月，期待已久的无畏战舰之战爆发。若要阻止德国对英国的全面封锁，英国海军就必须赢得海上战争，这一点极其关键。日德兰半岛战争爆发，英国海军顶着浓雾和黑暗在丹麦沿岸苦苦奋战了整整24小时，这场战争是一次大规模军舰较量。总共有250艘战舰参与其中。最终，英国的损失较为惨重——共折损了7艘战舰和6900名士兵，不过德国舰队也被迫撤回港口，此后不得不依靠U型潜艇继续海战。这种潜艇非常有效，在1917年之前共击沉了100艘商船。劳合·乔治终于批评了皇家海军不愿拿其宝贵战舰冒险的行为，坚决要求海军舰船和商船联合出击。由此英国船只被击沉的数量立即减少，德国U型潜艇折损的数量则大幅攀升。战事还发展到空中，德国动用齐柏林飞艇轰炸伦敦和东海岸城镇。英国民众一开始被吓坏了，他们从未见过这样的阵势。德皇下令禁止轰炸港区西部的首都伦敦，唯恐危及他的亲戚——英王和王后。

战争很快激发了英国国内的矛盾。粮食价格大幅上涨，海德公园多次发生抗议活动。大量妇女加入到劳动力大军中来，最终有500万名妇女投入公共交通、政府部门、农业和军需品等领域工作，这进一步增强了她们要求得到选举权的底气。英国政府不愿将爱尔兰纳入征兵范围。地方自治一事悬而未决，爱尔兰民族主义者抓住政府聚焦战争、无暇旁顾之机大做文章。1916年复活节期间，一群叛乱分子攻占都柏林邮政总局，宣布成立共和国。这次事件造成了很多财产损失，其间一艘英国炮艇不计后果地大肆开火，这场叛乱活动随后被镇压，其领导者被处决。不过爱尔兰已经宣布独立。开弓没有回头箭。

在战争前线，1916年夏天，新指挥官海格爵士下令军队实施索姆河"大挺进"。在为期5天的炮火袭击期间，光是7月1日第一天就牺牲了1.9万名英国士兵，皆为德国战壕防御所用的带刺铁丝网之后的机枪手所屠杀。这是英国军队史上一日之内最惨重的损失。德军允许英方担架员前去边境无人地带抬回死伤士兵。在接下来6个月里，42万英军和帝国军队士兵在索姆河畔丧生或受伤，却只前进了2英里。在索姆河战役中，战斗坦克（tank，有"水槽"之意）首次投入使用，因其伪装成运水车而得名。不过坦克数量很少，发挥不了多大作用。索姆河战役引发了政府危机，阿斯奎斯对海格爵士的战略负有一定的责任，他在12月的政变中被推翻，此次政变背后的主使是劳合·乔治及其报业大亨朋友。劳合·乔治出任首相，用5人组内阁替换了原先的20人战时内阁。他认为众大臣对将领们太过顺从，于是设立了以莫里斯·汉基（Maurice Hankey）为首的内阁秘书处，该部门在和平时期继续存在，发展成为现在的内阁办公室。

〉〉1916年7月，索姆河战役，伯兹耶尔地区（Pozieres）自卫队士兵。倾向于防守而非进攻，战壕作战成为战争中的又一梦魇，伤亡人数大幅增加。

1917年，法军在凡尔登附近承受了极大压力，兵变时有发生，领导层危机不断。1917年夏天，海格爵士在佛兰德斯前线再度试图领兵挺进，令惨剧重演，24万英国和帝国军队士兵在帕斯尚尔战役（the battle of Passchendaele）中牺牲，英军再次陷入困境。海格爵士的战略越来越备受争议，被人批评为劳民伤财、残酷无情、毫无成效。然而鉴于现有资源，一场消耗战似乎不可避免。

随着西部战线以外的时局发展，形势对协约国越来越不利。反抗俄国沙皇的二月革命和十月革命打击了俄军的士气，德军不必再同时兼顾两条战线，得以派重兵赶赴西部战线。德军状似鲁莽地下令袭击大西洋上的外国船只，其中包括中立的美国人，此举削弱了在俄军方面得到的优势。因"他让我们置身于战争之外"而再次当选的美国总统伍德罗·威尔逊（Woodrow Wilson）很快改变了他的态度，宣誓缔造一个"民主得以安全存在"的世界。在英国，劳合·乔治得到美国参战的消息后表示："美国业已一跃成为世界强国。"

美国的增援还需很长时间。1917年6月，美国派出第一批士兵参战；然而直到1918年5月，美国军队才大批集结，最终派100万士兵参战，在数量上匹敌英军。在美军抵达之前，德军先行发动春季攻势，从俄国战线解放出来的70个师的兵力参与其中。德军指挥官鲁登道夫派300万名士兵奔赴战场。他采用新战术，先派侦察机直接突然轰炸，紧接着派重兵进攻此时弱于防守的目标。其结果是，1918年3月，英国的弗兰德斯战线被德军渗透了40英里。德国军队再次逼近巴黎。英军在慌乱之下疯狂组装坦克，仅仅一周时间便用"坦克债券"筹集了1.38亿英镑。盟军在德军的进攻下举步维艰。有抱怨说美国人临阵退缩，海格爵士批评法军指挥官贝当元帅"惊恐万状"。随着战局的倒退海格爵士的地位备受威胁。劳合·乔治对下议院的掌控被削弱，对他战争之举的质疑声四起，其中包括曾被他无情批判的前任阿斯奎斯。

1918年7月，法军在美军的支持下把德军拦截在马恩河一带。盟军随即在法国亚眠展开反扑，出动了420辆坦克和大批飞机，一举突破德国的新战线。这次行动至关重要。盟军迅速攻占了大片领土。在北方，海格爵士最终发动"百日攻势",不过此次胜利还是无法弥补先前的屡次败仗。德军在这场联合作战的攻势下节节溃败,为了避免被侵略和投降,遂请求停战。在开战的第11个月第11天第11个小时,炮火声静寂下来。英国各地钟声响起,这一天自此成为"休战纪念日"(Armistice Day)。通常被称作"罂粟花日"(Poppy Day),因为有人看到战壕里长出了红艳艳的罂粟花,仿佛被战死沙场的士兵的鲜血浇灌过一样。

人们对第一次世界大战众说纷纭。这场战争德国战败,似乎终结了德国独霸欧洲的白日梦。正如一个世纪前的拿破仑一样,英国帮助欧洲消除了一国支配其他各国的威胁。无论这种威胁的波及范围是否很广,无论这种威胁是否严重危及英国安全,这种威胁的确被及时消除了。英国为这场战争付出了高昂的金钱和政治代价:1914年的国债是4000万英镑,战后飙升至3.6亿英镑。英帝国虽在"一战"中完整无损,其影响力也扩展到中东地区,可英国的主导地位很快被全球影响力不断攀升的美国抢走。英国一共牺牲了70万名士兵,等于损失掉十二分之一的成年健康男性,虽然在战争双方总共牺牲的1000万士兵中所占比例较低,但也是一个不小的数字。军官牺牲的比率大于普通士兵,25%的军官战死沙场,因为民众期望军官能够"身先士卒"。

自中世纪以来,英国从未遇到过如此逼近家园的战事。德国飞机飞过英国城镇,英国民众随时有遭受毒气和炸药轰炸的危险。遗产税和劳动力流失摧毁了很多土地,这些劳动力要么死亡,要么去从事其他职业。征兵活动使各个阶层和各个职业的人奔赴战场,其中不乏创造出激动人心的作品的作家和艺术家。鲁珀特·布鲁克(Rupert Brooke)、西格夫里·萨松(Siegfried Sassoon)和维尔浮莱德·欧文(Wilfred Owen)等人用诗句,保罗·纳什(Paul Nash)、威廉·奥宾(William Orpen)和C.R.W.内文森(C. R. W. Nevinson)等人用画笔记录了战争的种种惨状。斯坦利·斯宾塞(Stanley Spencer)在汉普郡伯格克莱尔(Burghclere)的壁画令人回想起马其顿前线的沉闷和苦难。

第一次世界大战是一次影响力巨大的国有化进程,众多从未离开村镇的男男女女迁往陌生的地方,接触到新鲜的异乡口音。人们在统一政府的领导下参战,政府利用"全面战争"这一概念征收前所未有的税项,并在全国各地落实法规、征兵制度和审查制度。H.G.威尔斯(H. G. Wells)称"一战"为"一场结束所有战争的战争"(the war to end all wars),战后民众和政府之间的关系有所增进。选举权的扩大反映了这一点。1918年,凡是年满21周岁的男子和年满18周岁的女子获得选举权,劳合·乔治认为这是战争的功劳。尤其是女性,她们能够更加自由地谋生和参政。长期在战争或和平问题上听从领导人指令的英国民众终于能够自主决策。

第28章

The Locust Years
气势低迷的岁月
（1918—1939）

　　1918年的英国是一个满身伤痕、满怀期待的国度。那些为战争付出一切的人相信，海外国家安全应该能够促进国内社会保障。英国民众希望得到安全，不仅要对抗外国敌人，还要抵抗饥饿、疾病、失业，甚至收入分配不公。刚刚宣布和平，世界各国就被一场大规模流行性感冒席卷，这更强化了人们的不安全感。1918年和1919年，光是不列颠就有大约22.8万人死亡，而且主要是年轻人。从战场上返回的帝国军队将疾病带到家乡，据说全球死亡人数高达5000万，这是有历史记录以来最严重的人类灾祸，甚至比昔日的黑死病还要严重。

　　休战一个月之后，劳合·乔治举行了选举，女性首次参与其中。乔治利用自己的战争领导人身份，主张继续联合托利党人协助重建工作。考虑到阿斯奎斯和近半自由党议员对自己的敌意，他和保守党商量好不提名反对支持派自由党人的候选人。劳合·乔治和保守党领导人安德鲁·博纳·劳（Andrew Bonar Law）联名给未受挑战的候选人写了一封信。阿斯奎斯嘲笑这些信是"优惠券"，因此

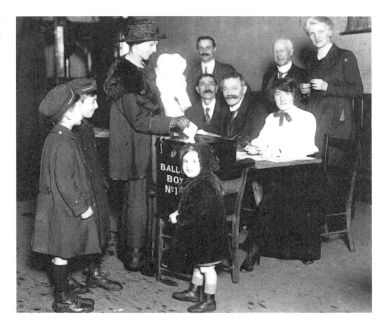

>> 1918年选举中,鉴于在战争中作出的贡献,女性第一次获得了投票权。

1918年选举又称"优惠券选举"。这种联合获得压倒性胜利,虽然参与其中的478名议员大多数是保守党人。阿斯奎斯的自由党人加入到工党的反对阵营中来,不过自由党自此再未被视为工人阶级的地盘。工党继承了其衣钵,劳合·乔治认为工党是"偏激、反战的布尔什维克主义团体"。

这次选举笼罩着浓厚的反德情绪,人们纷纷要求"绞死德皇"和"把德国这颗柠檬榨到渣儿都不剩"。《泰晤士报》拒绝讨论使德国破产的可能性后果,只是要求"我们提交法案"。1919年的《凡尔赛和约》无视劳合·乔治和年轻经济学家凯恩斯要求谨慎对待战败德国的请求,以最"羞辱"的方式惩罚德国人。这意味着盟军占领莱茵地区(Rheinland)以及巨大的经济赔偿。《凡尔赛和约》意味着德国对民主的初次尝试就是无法承受的债务,这种困境使希特勒重建的国家社会主义工人党（National Socialist Party）在1925年后轻易攀上权力巅峰。

劳合·乔治认为《凡尔赛和约》是"疯子透过锁眼喊叫"。他掌握了英国大权。他是首位执政风格接近于总统作风的英国首相。他保留了汉基所领导的战时秘书处以及唐宁街"花园房"的外部助手办公室。哈罗德·尼尔逊（Harold Nicolson）认为，劳合·乔治的威尔士语调提升了他演讲的效果，"如今可与克伦威尔和查塔姆比肩"。在战时，他欺负和哄骗政府机器为自己所驱使，如今也是一样。政府通过一项住房法案，为"适合英雄居住"的房屋发放补贴金，并要求学生在年满14周岁之前接受学校教育。战争动员使工会成员的人数翻了一番，政府面临着来自警察、旷工、铁路工人，甚至士兵的罢工活动。只要他们走上街头，政府通常会做出让步。

与此同时，在爱尔兰海那边，丘吉尔疲惫地表示"潮水退去，前尘往事涌上心头，我们看到爱尔兰弗马纳郡和蒂龙单调的尖塔再次浮现"。阿尔斯特的新教徒继续回避爱尔兰地方自治的问题，至少在不进行分割的情况下；与此同时，爱尔兰民族主义者在1918年选举中赢得几乎所有爱尔兰南部席位，并于次年1月在都柏林成立了独立的议会，称为"众议院"（Dail Eireann）。众议院的领导人是魅力非凡的迈克尔·柯林斯（Michael Collins），他公然向英国宣战。当时，爱尔兰仍由以新教徒为主的英国人统治和监管。爱尔兰共和军（Irish Republican Army，IRA）的恐怖主义暴行遭到了同样恐怖的"王室警吏团"（Black and Tan）辅警的残酷镇压，辅警中很多人是从西部战线解散的士兵。爱尔兰爆发游击战，毫无纪律性的士兵到处焚毁村庄，并于1920年12月烧毁了科克郡整个中部地区。即使在劳合·乔治的领导下，英国对爱尔兰的政策也是镇压为主，结果适得其反。1921年初，一份工党报告警告说"（爱尔兰）以不列颠的名义所做的事情定会使英国在全世界臭名远播"。最终，1920年的《爱尔兰政府法案》（Government of Ireland Act）促使劳合·乔治商议了一份条约，宣布成立爱尔兰自由邦（Irish Free State），阿尔斯特的6个县单独设立一个议会。1922年，爱尔兰首次举行独立选举。

劳合·乔治的联合政府做法很快将其政治资本消耗殆尽。他通过卖官鬻爵手段资助私人办公室一事成为丑闻（骑士爵位开价1.5万英镑，贵族身份开价5万英镑）。他不检点的生活作风也街知巷闻，有人据此编了一首流行歌曲，歌名叫"劳合·乔治认识我爸爸"，这首歌有各种版本。联合政府的股票下跌。1920年，经济出现新的衰退。1921年，财政部被政府社会计划和偿还战争债务的花费弄得焦头烂额。以联合派大臣埃里克·格迪斯爵士（Sir Eric Geddes）命名的"格迪斯大斧"（Geddes Axe）提出全面削减公共开支，上至国家防御，下至学校运营，甚至要下调警察和教师的工资。

左派的转变使英国政治更加复杂，工党票数增加，自由党票数减少到惨不忍睹。托利党几乎总是最大党，不过也面临着与工党或自由党联合的需要。1922年，对大多数托利党下议院普通议员而言，劳合·乔治联合政府越来越令人讨厌。同年10月，其中很多人在圣詹姆斯广场的卡尔顿俱乐部（Carlton Club）集会，决定不再支持这种联合。来自英国中部地区的议员斯坦利·鲍德温（Stanley Baldwin）表示，如果托利党继续支持劳合·乔治这位很少出现在下议院并且利用私人"参谋团"统治的首相，他便"下野"。鲍德温认为，劳合·乔治是"可怕的人物，活力无限"。联合政府迅速崩溃，在当年随后举行的大选中，托利党以压倒性优势胜出。为了庆祝这次胜利，托利党下议院普通议员自称"1922年委员会"（1922 Committee）。自由党仍处于分裂状态，工党成为官方反对派。"威尔士能人"（Welsh wizard）劳合·乔治下台。他是福利国家的主要创始人，并成功带领英国打赢了第一次世界大战。然而他造成了党内分裂，而且并非像小皮尔或格莱斯顿一样，是因为原则性问题，而是因为他贪恋个人权力。他面临着引导自由主义容纳工会工人的挑战，因此遇到了政治想象力的失败。在20世纪接下来几十年内，他所属的自由党再未能成为执政党。

鲍德温就任新一届托利党首相。和劳合·乔治截然相反，他行事稳妥，令人放心。他经验丰富，明白事理，脾气温和，心胸宽广，总爱叼个烟斗。遇到问题的时候，据说他会把自己关在房间里玩填字游戏，直到冷静下来。不过他一上台，就借鉴了约瑟夫·张伯伦的观点，深信英国经济的恢复需要关税。这是一项重大的政策变动，自由党和工党皆对此持反对意见，他觉得自己应该就这一问题举行提前选举。不过他在这一点上估算错误了。1923年选举的焦点是"食品税"，托利党处于不利地位。托利党仍是最大的党，不过却是少数派，工党排在第二位。再度出任自由党官方领导人的阿斯奎斯认为，多数选民强烈反对关税，由于工党是最大的反关税政党，因此工党应该在他的支持下组阁。

1924年1月，拉姆齐·麦克唐纳（Ramsay MacDonald）正式宣布就职，成为英国首位工党首相。工人阶级获得选举权一事尚未淡出人们的记忆，工党的上台被认为是耸人听闻的。很多左派人士认为这意味着俄国人要接管英国，意味着个人财产要被没收，意味着禁止结婚和自由恋爱。其中一些人逃往肯尼亚和罗德西亚（Rhodesia，津巴布韦的旧称），过上了及时行乐的生活。麦克唐纳带领高级大臣晋见国王的时候，媒体争论着他们是否戴高帽子，是否鞠躬，是否行吻手礼，以及是否任命世袭贵族（贵族问题的解决方法是只任命那些无男性子嗣的贵族）。在诸位新大臣等候国王驾临的时候，作为其中一员的J.R.克莱因斯（J. R. Clynes）回想起人们的闲言闲语："麦克唐纳是贫穷的书记员，托马斯是火车司机，亨德森是铸造工人，克莱因斯是磨坊工人，如今全都爬上权力的巅峰了！"麦克唐纳欣然接受了白金汉郡首相别墅，这栋别墅是李家族（Lee family）最近捐赠给政府的，以供"首相休息和娱乐之用"。他很快被指控犯了工党领导人的职业病，在职位魔咒的驱使下，他被英国上流社会所接纳，同时也沦为"香槟社会主义者"①。

麦克唐纳内阁并不成功。他依靠政府的少数派地位来遏制一些同僚的社会主义倾向，不过托利党和主要为托利党掌控的媒体对他的一举一动持怀疑态度。有一次，政府撤回对一份共产主义报纸的煽动罪指控，就被人批评受到革命派影响，因而未能通过信任投票。麦克唐纳认为他应该举行6年之内的第四次选举。俄国所发生的事对左派活动并无裨益，仍为英国政治蒙上一层阴影。反对派急于利用

---

① 英国政治用语，意指那些理念与实际生活不符的左翼政治家。——编者注

>> 拉姆齐·麦克唐纳，第一位工党出身的英国首相。尽管被讽刺是香槟社会主义者，他始终致力于帮助工党获取候选资格。

"红色恐怖"做文章，他们截获了一封苏联领导人格列高利·季诺维耶夫（Grigory Zinoviev）的亲笔信，他在信中主张"在英国工业区成功起事"，并"将列宁思想传播到英国和其他殖民地"，不过后来证实这封信是伪造的。鲍德温巧妙地利用新媒介广播，许诺"一个健全、明白事理的政府"，而非"革命理论和轻率的阴谋"。工党被踢下权力宝座，托利党议员以419张票击败工党的151张票。自由党仅仅获得40票。

当时的英国渴望回归战前状态，鲍德温正合心意。和平时期经济开始恢复，现代化的好处先前只有较为富裕的爱德华时期的人才能享受，如今却惠及更大范围的中产阶级。妇女的地位发生了剧烈变化。战后出现男人荒，人们必须学会自力更生。与此同时，零售业和文书工作为年轻城市女性带来了新的独立。新一代女性因采取避孕措施获得了性解放，玛丽·斯特普（Marie Stopes）向人们呼吁实行"计划生育"。登记离婚案数量从1910年的823起上升至1928年的4522起。消费经济蓬勃发展。英国道路上汽车的数量每年翻上一番。有房者比例从1910年的10%上升至30年代末的三分之一，遥遥领先于欧洲其他国家。由此带来的低密度住宅区在英国郊区呈"带状发展"。英国人口只有20%生活在乡村。

在国家治理方面，索尔兹伯里勋爵的精神回归。保守党的政策承诺"在国内外实现宁静和自由"，再不会充当"世界警察"，这种观点深受欢迎。1925年10月，洛迦诺（Locarno）峰会召开，与会的"一战"参与国一致表示同意永远尊重和平以及彼此边界。英国外交部对"洛迦诺精神"非常热衷，为其主要接待室取名为"洛迦诺大厅"。英国人渴望将战争的号角和锣鼓抛诸脑后。就连大英帝国也进行了改良。1926年，帝国会议决定将原先实行自治的加拿大、澳大利亚、新西兰和南非合并在一起，取名为"英联邦"（Commonwealth），颇有克伦威尔风格。英联邦并不包括非白人殖民地。

1924年，鲍德温使丘吉尔再度进入内阁，丘吉尔从前是自由党人，如今成为托利党人，出任财政大臣。丘吉尔后来犯了一个和加里波里半岛战役一样的错误，这个错误的阴影贯穿他此后的政治生涯，他把英镑和黄金之间的兑换率定得过高。英国的煤炭出口很快在世界市场上失去竞争力，直接导致采煤量下降，进而工人工资减少。1926年5月，英国劳工联合会议（Trades Union Congress，TUC）呼吁各个工会在接下来的英国第一次，也是唯一一次大罢工中声援矿工。罢工运动波及几乎各行各业，唤起了民众的战时情绪。丘吉尔编辑了一份政府报纸，并派禁卫军步兵旅（Brigade of Guards）护送从码头运来的粮食。牛津大学本科生驾驶公共汽车，玩得不亦乐乎。不过意见出现分歧，就连一向保守的国王据说也认为罢工者"赶在你们决定之前，试图保住自己的工资"。

内阁努力在各不相让的双方之间斡旋。一位大臣表示，矿工的领导人"或许被认为是英国最愚蠢的人，如果我们没有和矿主频繁会面的话"。鲍德温的调解工作进行得如鱼得水。据说他曾表示内阁绝不应该"与教皇或全国煤矿工人工会

（National Union of Mineworkers）"针锋相对。不过他听取调查委员会的意见，成功隔离煤炭工业，劳工联合会议在仅仅9天之后结束罢工，只留矿工们在徒劳无功地孤军作战。这次罢工运动成为工人阶级团结的传奇性标志，虽然工会在罢工结束时有一种遭到背叛的感觉，不过这也表明工会的权力存在局限性。此后，鲍德温缺乏必胜信念，习惯当和事佬，这一点自始至终都非常关键。他总是一副和蔼可亲的样子，至少对新的工党议员是如此，后来他还支持工党认为工会应该向其成员征税并上缴工党的要求。内维尔·张伯伦（Neville Chamberlain）负责卫生、福利和地方政府等事务，托利党继承了小皮尔、迪斯雷利以及内维尔之父约瑟夫·张伯伦的自由主义传统。旧有的法律监护人制度被废除，民选郡议会和自治市议会负责医疗与济贫工作。

尽管鲍德温民望颇高，托利党还是在1929年选举中落败，失败的原因可能是最后一批获得选举权的成年人，这些人是20多岁的妇女，她们的投票就是所谓的"低腰连衣裙票"（flapper vote，取名于时下流行的宽松垂坠连衣裙）。在无多数议会上，自由党决定推工党和拉姆齐·麦克唐纳再度上台。新一届政府没有时间证明其执政能力。数周后的10月24日，美国债券价格泡沫破裂，导致华尔街和西方各国股票市场崩溃。在凯恩斯的指导下，工党内阁提出立即开展公共工程建设，却遭到了新任财政大臣菲利普·斯诺登（Philip Snowden）的强烈反对。他要求削弱公共开支，而不是增加公共开支。

这种见怪不怪的矛盾在经济和政治领域引发一片混乱。从1929年股市崩盘到1930年末，登记在案的失业者人数从100万上升至250万，并继续攀升。第二年，欧洲各国银行破产，由此导致德国恶性通货膨胀和金融崩溃。1931年8月，斯诺登的"5月委员会"（May Committee）反"格迪斯大斧"而行，提出征收2400万英镑新税，并削减政府支出9600万英镑，其中6600万英镑直接来自失业救济金。大臣们一片恐慌。他们匆忙结束假期，重回工作岗位，银行利率飙升，英格兰银行的黄金销售一空，英格兰银行警告说离"国家破产不远了"，不过这没有什么帮助。报纸的大标题写道"迟早的事"。人们并不明白宣传和信心之间的关系。

第28章 气势低迷的岁月（1918—1939）

》英国货币采用金本位制，定值过高造成了1926年的大罢工。图中，巴士被示威者纵火烧毁。

工党诸位大臣无法容忍斯诺登的削减开支之举，于是内阁辞职。麦克唐纳向国王递交辞呈，他回来之后告诉目瞪口呆的同僚们，他已经主动要求以他为首与托利党暗中联合，而鲍德温并没有这么做。他要寻求选民的"医生授权"，实施削弱开支的政策。麦克唐纳的话也惊呆了忠心不二的斯诺登："明天，伦敦所有公爵夫人都会争相亲吻我。"他通过广播宣布："我并没有改变自己的理想。我负有国家责任。"1931年10月，举行新选举，麦克唐纳拿到了他想要的授权，不过只剩13名工党议员忠诚于他，他所依靠的只有473名"民族保守主义者"。和1918年的劳合·乔治一样，野心使他沦为托利党的囚犯。

政治越来越两极分化，政党偏向性很强的媒体更是推波助澜。比弗布鲁克（Beaverbrook）的《每日快报》（Daily Express）和罗瑟米尔（Rothermere）的《每日邮报》（Daily Mail）支持托利党，《新纪事报》（New Chronicle）支持自由党，《每日先驱报》和《每日镜报》则支持工党。1933年，J.B.普利斯特里（J.B.Priestley）在《英国游记》（English Journey）一书中记录了自己在英国贫困地区的所见所闻。1936年10月，"贾罗改革运动"（Jarrow crusade）爆发，200名失业工人从泰因赛德（Tyneside）步行到伦敦，一路上民众夹道欢送。乔治·奥威尔（George Orwell）在其纪实性作品《通往维根码头之路》（The Road to Wigan Pier）中对贫穷现状的批判更加庄重严肃。

一些左派人士向富有魅力的劳工大臣奥斯瓦德·莫斯利（Oswald Mosley）求助，莫斯利先前因斯诺登削减政府开支一事辞职，组建了一个"新政党"，成员最初都是凯恩斯社会主义者。1931年，莫斯利在意大利拜访了贝尼托·墨索里尼，此后将新政党改名为"英国法西斯联盟"（British Union of Fascists）。当时欧洲各国民主政府遭遇失败，"活力和阳刚之气"以及现代独裁者的呼唤对人们产生了一些吸引力，有人觉得墨索里尼"能够保证火车准点运行"。如果莫斯利没有背叛英国，走上法西斯之路的话，他本可以成为一位了不起的领袖。事实上，其他国家纷纷积极应对经济萧条，美国有罗斯福的"新政"，苏联有斯大林的"五年计划"，此外还有墨索里尼和希特勒的法西斯主义；而英国却躲进苏格兰书记员麦克唐纳和西米德兰兹郡商人鲍德温的庇护下。麦克唐纳和鲍德温实施斯诺登的计划，使英镑贬值，收入提高，失业救济金被削减。

英国从经济衰退中复苏过来，20世纪30年代，英国恢复了20年代中叶的经济发展步伐。伦敦西大街上出现了异国情调的装饰艺术工厂，主要生产生活消费品，譬如胡佛真空吸尘器、吉列安全剃刀和费尔斯通汽车轮胎。伍尔沃斯（Woolworth）超级市场在各大主要街道上随处可见。1927年，先前私人拥有的英国广播公司依照宪法被收归国有。其总经理是约翰·里思（John Reith），他是一位简朴的苏格兰人，他建立了一种独立的传统，这种传统克服重重困难，一直延续至今。1932年，英国和威尔士拥有1000万名无线电听众和200万名电话用户。1922年，继美国生产福特T型汽车之后，英国的奥斯丁7型车问世，这

》尽管处在经济复苏中，哈罗（Harrow）爆发的反饥饿游行（hunger march）体现出英国北部和南部的差距日益明显。

款车在20世纪30年代的价格降至125英镑。到30年代末，英国道路上的汽车数量高达300万。以"罗克西"（Roxy）、"雷加尔"（Regal）、"奥德昂"（Odeon）和"高蒙"（Gaumont）命名的大型电影院矗立在各个街区，瓦伦蒂诺（Valentino）、道格拉斯·费尔班克斯（Douglas Fairbanks）和玛丽·碧克馥（Mary Pickford）的电影为人们提供了逃避现实世界的空间。美国爵士乐风靡一时。

太平盛世，歌舞升平，英国民众将之前10年的和平主义进行到底。1935年，开展了有史以来最私人化的投票活动"和平投票"，1100万张选票结果显示，民众支持实力尚且不足的国际联盟，并赞成在世界范围内禁止武器生产。在同年大选中，麦克唐纳落选，鲍德温再次出任首相，他当着自家保守党选民的面被迫承诺"将不再有大批武器"。大臣们敏锐地意识到，德国自1933年希特勒担任总理以来并不是洛迦诺峰会精神的可靠盟友,德国此时正在迅速重新武装起来,不过当时人们对苏联国内的情况并不了解,更别说德国了。1936年,英国还有另一件事放心不下。乔治五世去世,王位由时年41岁的爱德华八世继承。新国王喜爱跳舞,不拘礼节,对公共生活抱有浓厚的兴趣,他在访问威尔士南部地区穷人的时候说过一句名言:"必须有所作为。"(something must be done.)不过他爱上了一个有夫之妇华里丝·辛普森(Wallis Simpson),并想娶她为妻。虽然已经封锁了消息,但流言还是越传越盛,鲍德温最后告诉爱德华八世,他必须在辛普森夫人和王位之间做出选择。鲍德温说道:"在王后的选择上,必须听取民众的意见。"虽然君主不再具有政治话语权,但仍有公众支持爱德华八世,国王必须做臣民的表率,因此他和辛普森夫人的关系是不会被公众所接受的。1936年12月11日,爱德华八世通过广播深情地表示,他选择了辛普森夫人,并宣布退位。王位由乔治五世的弟弟"害羞的伯蒂"(Shy Bertie)继承,是为乔治六世(1936—1952年在位),他就是女王伊丽莎白二世的父亲。

》在20世纪30年代,英国对于希特勒的态度始终暧昧不明:前国王爱德华八世即温莎公爵以及温莎公爵夫人,与希特勒在1937年的合影。

1937年,身心俱疲的首相鲍德温让位给内维尔·张伯伦。张伯伦担任大法官6年,他引导英国安全走出经济萧条,并推进了福利国家的进程。不过他在公众面前缺乏温情或人情味儿,人们戏谑地称他为"针头"和"泡菜头"。德国的好战之心迅速膨胀,不过张伯伦和鲍德温谁都无法使公众相信英国此时应该重整军备迎战。然而,英国从1938年起,喷火战斗机大批量生产,建立新工厂,并计划修建防空洞作民防之用。1938年9月,希特勒无视《凡尔赛和约》规定,公然表明其占领捷克苏台德区的企图,张伯伦赶往德国慕尼黑与希特勒会谈。

张伯伦乘坐飞机回国时,飞机在赫斯顿机场着陆,他手里挥舞着一张"象征着英德人民永不交战愿望的"的纸,人们对他致以最热烈的欢迎。他后来告诉人们,他带来了"光荣的和平。我相信这就是我们的和平时期"。他发表无线电讲话,认为"就因为某个远方国家爆发冲突,而且冲突双方我们一无所知,我们就连忙挖战壕,戴上防毒面具……这也太可怕,太不可思议,太难以置信了"。此时身为下议院普通议员的丘吉尔相对而言独树一帜,他公开反对德国,后来还称之为"被蝗虫吃掉的年月"。他在下议院说《慕尼黑协定》是"完完全全、彻头彻尾的失败",他的声音被淹没在其他议员的高声反驳声里。事后看来,《慕尼黑协定》的签署使英国民众大大放松了警惕。

历史对张伯伦并不友好,人们视他为希特勒德国时期重要的绥靖政策发起人,不过近年来,历史学家对他的批判有所减轻。当时,民众和大多数媒体强烈支持容忍欧洲独裁者,他们反对重返战场,抓住一切能够支持他们乐观心态的东西。此外,作为普选权实行之后英国政府统治下的第一代人,他们觉得必须遵从所谓的民意。民意统治的概念最终落到实处,却不料造成了危及国家安全的后果,这颇具讽刺意味。张伯伦及其同僚也被他们的军事顾问所束缚。他们自从20世纪30年代中叶就开始重整军备,不过张伯伦前往慕尼黑谈判的时候,众参谋长警告他说,他们并未准备好同希特勒作战。英国必会遭受德军攻击,张伯伦不得不争取时间。他争取到了6个月时间。1939年3月,希特勒违背了他对张伯伦的承诺,出兵占领布拉格。8月,希特勒和斯大林签署《苏德互不侵犯条约》;9月1日,希特勒向波兰发动"闪电战"。这些侵略行动打破了英德

》张伯伦在慕尼黑与希特勒达成协定,回国后受到英国民众的热烈欢迎。尽管这项协定暂时姑息了独裁统治者,但为英国争取了宝贵时间,对于日后抵抗希特勒有着关键性的作用。

《慕尼黑协定》有关波兰主权的保证,张伯伦被迫于两日后宣布英国对德国宣战。一支英国军队跨越英吉利海峡,正如他们在1914年和此前多次所做的那样。不过这一回,他们首次铩羽而归。

第29章

The Second World War
第二次世界大战
（1939—1945）

第二次世界大战的爆发仍是国与国之间的经典较量，这场战争的发起者是独裁国家德国和日本，两国旨在追求希特勒所说的"生存空间"。在20世纪30年代的欧洲，也许没什么能够阻止希特勒侵略波兰或捷克斯洛伐克，因为欧洲各国谁也没准备考虑派重兵攻打德国。德国进攻东部和西部国家的时候，各国唯恐重燃1914年"一战"的战火。1940年春天，斯堪的纳维亚开始沦陷，希特勒的野心昭然若揭，在政治领域也掀起一场腥风血雨。1940年5月，张伯伦因决策失误被迫辞职，丘吉尔接任首相，后者数10年来一直预言对希特勒采取绥靖政策必将导致目前的后果。丘吉尔以首相身份在议会发表的首次演讲中提出"（我们）能奉献的没有其他，只有热血、辛劳、眼泪和汗水"（nothing to offer but blood, toil, tears and sweat）。

德国装甲军团以前所未有的速度横扫欧洲大陆。5月19日，装甲纵队罔顾法国的反对，快速向巴黎挺进。英国远征军于8个月前抵达，此时奉命向北撤回法国北部港市敦刻尔克。在敦刻尔克,英国远征军在一支临时匆忙组建的皇家海军舰队的帮助下才离开海滩,随行护送的"小型船只"舰队浩浩荡荡,为后人津津乐道。从5月27日到6月4日,33.8万人疏散撤离,其中有12万是法国人。希特勒下令"将敦刻尔克留给德国空军处置",这才避免了大规模监禁的灾难发生。事实上,盟军的所有重武器都被迫遗弃。英军被彻底打败,虽然战败对英军而言是家常便饭,从克里米亚战争到加里波里半岛战役皆是例证,但"敦刻尔克精神"被誉为英国在逆境里坚定不移的一种精神胜利。

此时的英国处于孤身作战的状态。东欧、斯堪的纳维亚和低地国家处于希特勒的控制下。法国一半领土被德国占领,另一半领土由贝当元帅统治,他向德国投了降。德国与苏联、地中海和西班牙签订了互不侵犯条约。东方

》敦刻尔克大撤退是英国陆军遭受过的最惨烈失败。经过了四年多的时间,最终实现了诺曼底登陆日的反击。

的日本是德国的盟友，日本此时业已走上帝国扩张之路，不久便迅速占领中国香港和缅甸，并对新加坡和印度虎视眈眈，这是对大英帝国的羞辱。英国不可战胜的神话被打破。英国失去了查塔姆、小皮尔和帕默斯顿等前人打下的江山，并在30年后再度遭遇德国对英国进行海上封锁的威胁。

丘吉尔就当前形势发表了一系列演讲，这是英国历史上最了不起的演讲。演讲的对象是下议院议员及无线电听众，演讲内容没有虚假的乐观主义和陈词滥调，而是利用新闻报道和现实境况号召人们积极拿起武器。1940年6月4日，敦刻尔克撤退发生之后，丘吉尔宣誓："无论付出多大的代价，我们都要捍卫我们的岛国。我们要在海滩上战斗，我们要在陆地上战斗，我们要在田野和街道上战斗，我们要在群山里战斗，我们绝不投降。"6月18日，他宣布："所以，我们要勇敢承担责任，这样，如果大英帝国和英联邦能够千秋万世，人们仍然会说：'这是他们最光辉的时刻。'"

和"一战"爆发之初一样，美国此时选择明哲保身，无视丘吉尔三番五次的求助。华盛顿的孤立主义立场很坚定，在很大程度上对德国采取绥靖政策。不过希特勒认为，如果美国参战的话，将需要英国作为其跳板，而此时的英国是德国的死敌。希特勒必须扼杀这种可能性。同年夏天，北海和英吉利海峡沿岸被德军占领的港口集结了大批军队与登陆舰，为发动侵略作准备，这就是代号为"海狮计划"（Operation Sealion）的行动。1938年，众参谋长虽有所保留，不过英国的防御力量不容小觑，其中包括一支200万人的陆军、地方自卫队以及驻扎在苏格兰斯卡帕湾（Scapa Flow）皇家海军基地的海军，后者堪称是世界上最庞大的海军队伍。在英国空军和海军的防御下，任何入侵的德国舰队都将不堪一击。因此德国空军不得不粉碎英国东南部的空军力量。

从1940年7月到10月的英德战争被丘吉尔称为"不列颠之战"，其间英国战斗机与德国轰炸机和护航机展开了空中格斗，战场是苏塞克斯郡和肯特郡上空。从地面看，它们仿佛是罗马圆形大剧场中的角斗士。英国在这场空战中胜出，主要因为德国飞行员离基地较远，5架德国飞机坠毁，1架英国飞机坠毁。这次空中较

》纳粹德国对伦敦进行空袭,英国人首次在家门口尝到了战争的味道,这在近代史上尚属首次。

量对于避免德国侵略的意义仍有很大争议,因为当时英国海军力量尚未启动。事实上,希特勒于9月决定不能拿英军反向跨越英吉利海峡来袭的可能性冒险,于是下令终止"海狮计划",和拿破仑昔日在特拉法加海战失利之后放弃入侵计划如出一辙。和拿破仑一样,希特勒将目光投向东边,将英国留给了德国轰炸机。丘吉尔表扬了英国皇家空军,他表示"在以往人类战场上从没有一场像这场一样以少胜多的先例"。

1940年末,以英国平民百姓为目标的"闪电战"爆发,很可能是为了报复英国皇家空军早先在柏林轰炸平民的行为。欧洲城市之间的互相摧毁是"二战"期间最残忍的战争策略之一,因为作战双方认为针对民居的恐怖性空中轰炸能够摧毁敌人的战斗意志。为了"打击敌人的

》伦敦民众夜宿地铁站，体现出英国抵抗纳粹德国上下一心的团结精神。

士气",英国还轰炸了吕贝克和罗斯托克等德国历史古镇，德国人以牙还牙，轰炸了约克、埃克塞特和巴思，这就是人们所说的1942年春"贝德克尔空袭"。其后，在"二战"结束之前，德国还为了制造恐怖专门发明了V1火箭和V2火箭，德国火箭在毫无预警的情况下肆意向英国南部地区发射。文化遗址毁灭，甚至整座城市覆灭，不计其数的平民无辜殒命，但这些损失在军事上都是微不足道的。如此空中侵袭背后的概念一直延续至今。2003年，美国总统乔治·布什下令向伊拉克首都巴格达发动"震撼与威慑"之袭，此举即是对这一概念的重演。

慑于英国的空中优势，德军只能在夜间发动空袭，因此英国城市居民学会了在避难所和地下火车站睡觉，超过8处避难所和地下火车站被改造成内设铺位和简单厕所的招待所,英国雕塑家亨利·摩尔(Henry Moore)在其作品里描绘了这些招待所灯光昏暗的情形。"军中情人"薇拉·琳恩(Vera Lynn)的歌声陪伴着人们度过这些艰难时光,她当时演唱的歌曲有《多佛白崖》(*The White Cliffs of Dover*)、《这里永远是英格兰》(*There'll Always Be an England*)和《一只夜莺在伯克利广场歌唱》(*A Nightingale Sang in Berkeley Square*)。对很多人而言,那是一段痛苦、惊恐的岁月,当时政府大力宣传"伦敦大轰炸精神",人们无疑建立了患难之谊,他们大骂纳粹和德国政府。乔治六世和王后伊丽莎白成为抵抗的象征,他们没有逃离伦敦,而是被拍到亲自到白金汉宫视察轰炸所造成的损失。丘吉尔同样也坚信"伦敦能坚持下去",他被拍到身穿标志性的连衫裤工作服坐镇白厅指挥中心。

1941年春天,伦敦大轰炸的力度有所减弱,但也没什么好消息传来。德军正在朝南方和东方挺进。1941年5月,德军占领克里特岛,英国驻军逃往埃及,另一支英军第8纵队没等隆美尔将军的"非洲军团"(Afrika Korps)抵达便匆忙撤退。社会一片恐慌,审查制度几乎登峰造极,有人贴出海报警告说"危险的谈话会送掉你的性命"。U型潜艇对海运食品供应的威胁意味着配给制的广泛实施,食品、燃料、布料、纸张和建筑材料皆被囊括其中。炸鱼和土豆片并没有实行限量供应,渔业人员说服政府允许其继续出海捕鱼。

公职人员努力实施紧缩经济政策。他们不可避免地成为众人嘲笑的对象。他们打出"修补一下对付使用"等口号,并编写食谱,譬如拿鱼罐头做菜,用胡萝卜做蛋糕,以及烹制不含鸡蛋的烤苹果奶酥。他们甚至打着"实用"的旗号规定时装样式。女装必须是圆筒形,上面最多有2个口袋和5粒纽扣。女式短衬裤不准有花哨的装饰。短袜代替了后面印有一条深色直线的长筒袜。大约2000座"英国餐馆"开张,3道菜的售价是9便士。无线电喜剧节目"又是那个人"(*It's That Man Again*)讽刺了一名官员,这名官员的口头禅是"我有几百种方法治你们"。他的角色设定是战时一个从未复员的士兵。

1941年年中,仍然没有能够立足欧洲大陆的盟军军队。希特勒快要绝对掌控欧洲中部,英国是否有能力继续参战还是未知数。丘吉尔手下军事参谋长阿兰布鲁克爵士（Lord Alanbrooke）在日记里表示当时的他承受着巨大的压力，他和丘吉尔二人情绪激动，一边大吼，一边用拳头捶桌子："他讨厌我。他的目光告诉我他恨我！"丘吉尔这样说阿兰布鲁克爵士；阿兰布鲁克爵士则会反驳道："恨他？我不恨他。我爱他。可是……"他们两人待在一起，在"二战"大部分时间内彼此对立，却又彼此合作，阿兰布鲁克爵士的清晰头脑制约了丘吉尔的勃勃雄心，两者皆对"二战"的结果至关重要。

丘吉尔被迫请求美国伸出援手。他和美国总统富兰克林·罗斯福达成了战时借贷协议，即《租借法案》，不过美国国会仍保持中立态度，不想再次派援军出征欧洲，并坚持英国为美国物资付全价。希特勒此时做了一个决定，这个决定导致他输掉了战争。他渴望得到乌克兰和巴库的油田，而且总是对共产主义者疑神疑鬼，因此他不惜违反《苏德互不侵犯条约》，向苏联宣战。

1941年6月，希特勒旨在打击俄国的"巴巴罗萨计划"（Operation Barbarossa）是史上最大规模的军事行动，450万名士兵参战，并消耗了"二战"期间德国的剩余物资。1941年12月，日本同样作出了鲁莽的决定，抢在美国反对其东南亚帝国扩张行动之前炮轰驻扎在夏威夷珍珠港的美国舰队。由此两大轴心国分别公然向唯一能打败它们

》公务员管理战时经济，甚至涉足公共事业的女性服饰设计。裙子变短，以便节省更多布料。

的两个国家——苏联和美国发起挑战。"珍珠港事件"发生后,有人听见一名日本海军上将说:"我们打了一场大胜仗,却失去了一场战争。"美国勃然大怒,罗斯福总统对日本和德国宣战。自此以后,"二战"的结果不言而喻。

在北非,爆发了激烈的陆战。直到1942年11月,隆美尔将军的英国对手——脾气暴躁、傲慢自大的蒙哥马利将军才不负丘吉尔所望击败德军。炮火连天,旷日持久,兵力优势显著的英国军队在密码破解和空中支援的协助下在埃及阿拉曼击败了隆美尔将军,帮助埃及躲过了沦陷的命运。11月,美军抵达地中海地区,德国的非洲军团被迫投降。此前新加坡落于日军之手,大英帝国的东方殖民地相继覆亡,非洲战场的胜利使丘吉尔松了一口气。非洲的胜利"甚至不是结束的开始,不过也许这是开始的结束"。同盟国如今可以考虑进攻欧洲大陆,不过直到1943年7月,这一计划才得以实施,盟军在西西里岛登陆,在意大利展开了一场旷日持久的战争。那时,苏联已经在斯大林格勒击败希特勒,从而破坏了德国的东进行动。

同盟国海军和陆军指挥官纷纷取得对德胜利,飞速发展的声呐、雷达和恩尼格玛(Enigma)密码机等技术更使他们如虎添翼。1944年夏天,罗马被攻占,同盟国自认为足够强大,是时候在法国开辟一个西部战场了。不过这一计划似乎迟迟难以展开,因为英国南部成为一块重要的跳板,必须牵制德军的注意力才能瞒过德国情报部门,不把入侵路线的消息泄露出去,因此复杂的军事行动势在必行。在1944年6月6日这个"最漫长的一天",盟军实施"霸王计划"(Operation Overlord),派兵抵达诺曼底海滩。

》欧洲战局胜利,伦敦街头洋溢着轻松欢快的氛围:丘吉尔穿过人群,从怀特豪尔宫前往议会大厦。

第29章 第二次世界大战（1939—1945）

这是史上最庞大的海陆两栖部队，动用了5000多艘船和16万名士兵。德军竭力抵抗，最后不得不经由法国境内撤回德国边境。1944年和1945年之交，德军在比利时阿登高地"突出部战役"中反扑，盟军猝不及防，这一时间鼓舞了德军士气。不过盟军也不是手软的主儿。

苏联军队先行到达柏林，发现希特勒已经自杀。5月4日，幸存的德国将领在吕讷堡灌丛（Luneburg Heath）向蒙哥马利将军投降，欧洲的战争结束。4天后，英国举国欢庆"欧洲胜利日"（（Victory-in-Europe Day）。教堂和酒馆人满为患。彩旗销售一空。英国皇室成员频频亮相白金汉宫阳台，丘吉尔在白厅也是一样，身为工党大臣和战时联合一员的欧内斯特·贝文（Ernest Bevin）带头为丘吉尔唱起了《他是一个快乐的好小伙》(For He's A Jolly Good Fellow) 这首歌。人们如释重负，一切过去和可能的分歧被暂时搁置一旁。3个月后，盟军在远东打败日本，英军和尼泊尔军队苦苦奋战了一年，才将日军赶出缅甸丛林。8月6日和8日，两枚原子弹在日本广岛和长崎两座城市爆炸，同盟国最终获得胜利。

到此时，"二战"摧毁了全球近半领土，据估计有2000万士兵和400万平民在战争中丧生，这是人类历史上伤亡最大的战争。人们随后在德国发现了关押犹太人和少数族裔的集中营，举世震惊，日本战俘营幸存的英国士兵的故事亦始为外界所知。即时历史（即评论当前政局的文章、书籍），尤其是丘吉尔亲笔撰写的"二战"回忆录将这场战争描绘成英国单枪匹马对抗德国威势的斗争。然而这种说法只适用于1941年至1942年这段时期，而当时只有零星的战斗。1945年2月，雅尔塔会议召开，罗斯福和斯大林划分了世界。德国、法国和意大利等帝国沦为一片废墟，美国坚决要求英国解散大英帝国。子辈推翻了父辈。在美国看来，欧洲的帝国主义是20世纪两大灾难性战争的根源。帝国，或者说旧式帝国是时候终结了。

与世界其他国家相比，英国的损失相对较小。大约37.5万名士兵战死沙场，是"一战"牺牲人数的一半多一点，6万名无辜市民在空袭中丧生。英国死亡人数占"二战"总死亡人数的2%，苏联则占了65%。不过就国内来讲，"二战"给英国带来了难以磨灭的伤痛。伦敦大轰炸直逼英国大后方，比1914年"一战"更甚。国家权力扩大，征兵制度和配给制的实行影响到千家万户。平民的职业生涯被迫中断，家庭和邻里关系被打破。除了前线，女性在国家逆境中得到平等对待。

"二战"是英国作为一个统一国家的战争，"不列颠"一词的使用明显比"英格兰"一词更加频繁。胜利是要付出代价的，大英帝国失去了防御的屏障。好猜忌的政府势要收回公民的自由，英国公职人员认为他们的运筹帷幄是打赢"二战"的关键。争取和平的斗争如今结束了。

第30章

The Welfare State
福利国家
（1945—1979）

随着欧洲战争的结束，政治重新回到正常轨道上来。丘吉尔所领导的联合政府解散。1945年7月5日，英国旋即举行大选，此时远东的战事仍在继续。英国自1935年以来一直渴望民主，长期隐藏的矛盾此时浮出水面，民众对战时环境极其不满，渴望迎接新事物。昔日的联合伙伴如今互相看不顺眼。丘吉尔认为工党的社会主义提议具有"盖世太保"意味。工党政治家安奈林·贝文（Aneurin Bevan）自称"对托利党深恶痛绝……在我看来，他们连流氓都不如"。选举结果十分明确，工党首次大获全胜，获得393个席位。自由党人惨败，仅获得12个席位。丘吉尔被拒之门外，这一点令他惊诧不已。和祖先马尔堡伯爵一样，他意识到战争的胜利很少能引起英国民众的感激之情。属于他的胜利时刻已经过去，他被无情地扔在一旁。

新政府洋溢着乐观主义精神。新首相是工党联合领导人克莱门特·艾德礼（Clement Attlee），他为人谦逊，丘吉尔悻悻地表示："因为没什么可不谦逊的。"

艾德礼亲自开一辆小车载着妻子，下车后步行前往议会，然后穿过公园到俱乐部吃午餐。艾德礼是新政府的完美领导人，他带领一帮手下扬起新政府的风帆，这些手下的任性和自大也许会很快导致触礁事件发生。新内阁成员如下：说话直率的工会领袖欧内斯特·贝文出任外交大臣，脾气暴躁的安奈林·贝文出任卫生大臣，赫伯特·莫里森（Herbert Morrison）出任副首相。新内阁很多人虽在战时联合时期一起共过事，但是他们彼此之间的关系并不太好。贝文听说莫里森称其是"自己的死敌"之后，回答道："只要我还有口气在，他就不是。"

工党努力保持战时的紧急精神，声称帮助英国打赢"二战"的计划经济应该予以保留，"以赢得和平"。甚至比"一战"时还要变本加厉的是，国家控制扩大到英国社会经济生活的方方面面。工党利用国家控制，试图实现空想社会主义。早在1942年最黑暗的日子，《贝弗里奇报告》（Beveridge report）就已经提出建设一个新的福利国家，国家对每个公民的"生老病死"负责。1944年的一份白皮书也认为，未来国家有责任维持高而稳定的就业水平，这是中央计划经济的典范。1944年的《巴特勒教育法案》（Butler Education Act）将各地公立学校收归国有。该法案运用最新的教育科学，规定学生11岁时参加统考，根据考试成绩，不分阶级，将学生分配到以下三类学校里：文法学校、技术学校或中等技术学校。当然，这些举措不是社会主义的产物，而是丘吉尔领导下的保守党政府的成果。

1946年的《国民保险法》（National Insurance Act）开宗明义，没有绕弯子。《国民保险法》重申了《贝弗里奇报告》里的绝大多数提议，其中包括儿童津贴、国民救助金，甚至丧葬补助金。一年之内，国有化扩大到被工党称为"经济制高点"的英格兰银行、煤矿、铁路、航空、无轨运输，后来还扩大到汽油、电力和钢铁。在多数情况下，改革仅仅指财政部购买业已在战时处于国家干预之下的行业的股票。主要受益人是股东。还要修建10个国家公园，前4个公园覆盖了湖泊区、皮克区、斯诺登尼亚山和达特姆尔高原。

1948年，贝文制定了《国民健康服务法案》（National Health Service Act），该法案规定公民免费享受普通医生看诊和医院服务。贝文说道，"我用金钱堵上了他们的嘴",医学界才不再反对。见文预期的结果是慈善医院和公共设施会像学校一样,转为由地方当局管理。内阁选择了中央公共医疗卫生服务,这样做的部分原因是贝文不喜欢主张地方主义的莫里森。贝文表示"如果一只便盆掉到特里迪加医院的地板上,那么白厅也应该听到响声"。这个原则催生了国民医疗保健制度。当时已经不再是"白厅最具权威性"的年代。在接下来的半个世纪里,全民医疗服务的主要问题在于白厅朝令夕改的做法。

战后的兴奋情绪退却之后,英国似乎再度萎靡不振。城市景观灰暗单调,城市的天空雾蒙蒙的,建筑物被蒙上一层烟灰,大街小巷随处可见战争废墟。战争的混乱局面结束之后,大批士兵回到满目疮痍的家中,婴儿潮出现,犯罪率上升。仿佛是为了逃避,多达5万名英国女性嫁给了美国军人。1946年2月,"玛丽女王"号(Queen Mary)油轮载着344名移民新娘和116个婴儿由东向西跨越大西洋开往美国。与之相对应的,1948年,"帝国疾风"号(Empire Windrush)抵达英国,带来了492名响应伦敦招聘广告前来应征的牙买加人。

死气沉沉的局面愈演愈烈,政府继续实行配给制,面包也在其限制范围之内,要知道就算"二战"时面包也没有定量供应。每个村庄都有自己的黑市和"黑市商人",这些黑市商人自称能够偷偷弄到东西。人们渴望变化风格。1949年,迪奥时装系列"新风貌"(New Look)在巴黎发布,主打夸张的喇叭裙,不过却在伦敦遭到禁止,直至1949年服装配给制结束。住房严重短缺,成千上万个住房被炸毁的家庭仍住在招待所和收容所,甚至住在伦敦地下火车站。政府没有向私营部门寻求帮助解决住房问题,而是向他们提供建在旧时飞机工厂内的过渡安置房。这些"过渡安置房"的成本是私营部门建造传统房屋的两倍。这项工程很快终止,不过一些过渡安置房如今仍屹立在那里,并在21世纪初期成了人们宝贝的东西,甚至被"列为"历史建筑。

此时的大臣们更爱听对现代建筑的溢美之词,对破敝的市中心区视若无睹,梦想着在郊区大片空地上建立"新的耶路撒冷"。1946年,《新城法》(New Town Act)出台,提出在国内各地建造20个住宅城镇,其中包括克劳利(Crawley)、

第30章 福利国家（1945—1979）

》》帝国的终曲：牙买加移民乘坐"帝国疾风"号（Empire Windrush）抵达伦敦寻找工作。

斯蒂夫尼奇（Stevenage）、雷迪奇（Redditch）、朗科恩（Runcorn）和彼得里（Peterlee）。新城工程以战前花园城市运动为基础，政府的初衷是好的，一心打算为城市居民提供宽余的房子居住，但却忽视了市中心的地方自治主义。"出城"的突然转变引发了"新城忧郁症"。斯蒂夫尼奇①的别称是"斯尔金格勒"（Sikinggrad），取自住房大臣刘易斯·斯尔金（Lewis Silkin）的名字。

1946年冬天，英国遭遇了史上最低温度，这更是雪上加霜。煤矿冻得结结实实，工厂因燃料匮乏关闭。民众不得不排队购买面包和煤炭，这种无奈而愠怒的境况令人想起了欧洲大陆的难民。1947年1月，肉类配给量削减，还不及战时。对很多人而言，这种情况下的和平就是一场没

---

① 斯蒂夫尼奇（Stevenage），伦敦北部城镇。——编者注

有杀戮的战争。1947年，内阁最终遭受压力。托利党媒体猛烈抨击艾德礼，他两度遭遇阴谋，有人想让欧内斯特·贝文取代他，不过好在贝文不肯配合。

1947年，美国宣布对欧洲经济实施马歇尔援助计划，借出130亿美元，如今此举被认为是毫无意义的。英国在第一年收到7亿英镑，不过这笔钱全被用作高水平的国防支出，这正合美国心意。作为昔日绥靖政策的主要反对者，丘吉尔此时警告有心之人："一道横贯欧洲大陆的铁幕已经降落下来"，这道铁幕将自由的欧洲与苏联分割开来。1945年，英国加入总部设在美国纽约的联合国，后者的前身是业已失败的国际联盟。1949年，英国和其他西方国家共同缔结了一个更为强大的联盟，这便是北大西洋公约组织（NATO），该组织旨在抵御苏联扩张，并且如一句口号所说，"遏制德国人，推美国人上台，赶走苏联人"。英国的世界霸主地位越来越不稳固。1947年，内阁听从已故印度总督蒙巴顿勋爵（Lord Mountbatten）的建议准许印度独立。1948年，英国收回了旧时国际联盟所规定的权力，撤出分割后的巴勒斯坦，这引发了战争。在美国的庇护下，英国的海外政策焦点转移，从维持大英帝国变成遏制共产主义。

1950年2月，工党在选举中以微弱优势胜出。6月25日，朝鲜战争爆发。此时，英国和平时期的国防支出花费比以往任何时候都要高。为了资助前往朝鲜与美军并肩作战的英国军队，政府提高医疗费用，贝文和其他左派人士辞职。应征入伍的年轻人原本以为已经摆脱战争，此时却突然被运往远东地区，插手别国事务。最重要的是，正是因为这次战场的经历，英国在20年后没有参与越南战争。

工党临下台前的最后举动是执着于"振奋国家士气"，这是1851年泰晤士河南岸世界博览会的重演。"发现之穹"（Dome of Discovery）英国艺术节活动以及工业和艺术展览馆意在用五光十色的现代事物同过去的阴暗作告别。尽管整个夏季雨水连绵不绝，但是这次节日庆祝活动被认为是成功的。同年秋天的第二次选举中，托利党赢得多数议席，时年76岁高龄的丘吉尔再度执政。他上台后第一件事就是下令取消英国艺术节和皇家节日音乐厅（Royal Festival Hall）。新政府打出"控制之火"（a bonfire of controls）的口号，意即使民众摆脱工党战后的严格管制和官僚主义，不过托利党没有废止福利国家或国有化。当前看来，过去半个世纪的福利共识仍然有效，这被称为巴茨凯尔主义（Butskellism），此称谓取自两位当代政治家的名字，一位是中左翼的休·盖茨克（Hugh Gaitskell），另一位是中右翼的巴特勒（R. A. Butler）。

20世纪50年代的英国仍以世界领导国家自居。孩子们看杂志了解"我们如何打赢战争"；观察世界地图，辨认覆盖全球大片领土的大英帝国。1952年，英国试飞首架民用飞机彗星（Comet）客机，还试验了欧洲首颗原子弹。1953年5月29日，约翰·亨特爵士（Sir John Hunt）领导一组人登上珠穆朗玛峰；4天后，新女王伊丽莎白二世加冕登基。这两件事极大地鼓舞了英国民众的士气。女王加冕礼是通过电视播出的首起全国性事件，举国欢庆，盛况堪比昔日维多利亚女王加冕。

新女王刚登基，就目睹了帝国的瓦解。在英属殖民地肯尼亚和塞浦路斯，英军奉命镇压暴力起义活动，英国在1956年后本已打算允许加纳独立，不过经此一闹只好押后。同年，丘吉尔的继任者安东尼·艾登（Anthony Eden）使英国陷入帝国事务模式。苏伊士运河公司被埃及收归国有，艾登联合以色列和法国公然侵略埃及，三

》年轻的伊丽莎白二世女王在1953年进行了加冕仪式，鼓舞了全国人民的士气。伊丽莎白二世女王被预测将在时间跨度和繁荣程度上媲美维多利亚女王。

》英国作为全球帝国的势力迅速衰落,通常伴随着暴力抵抗。图中,肯尼亚茅茅党(Mau Mau)俘虏正在接受审讯。

国联军在塞得港(Port Said)登陆,意图占领运河区。美国政府迫切希望与埃及总统纳赛尔搞好关系,因而对此次侵略大为光火,美国向英国施压,威胁对其实行经济制裁和石油制裁。艾登一看美国要实行经济制裁,连忙做出让步,下令撤回英军。战斗情绪高涨的英国民众支持苏伊士侵略行动,认为撤军之举着实丢脸。这是英国失去其世界强国地位的最后一个标志。美国政府如今才是发号施令的强者。

苏伊士事件结束不久,艾登辞职,哈罗德·麦克米伦(Harold Macmillan)继任首相。麦克米伦上了年纪,曾经历过第一次世界大战,他的绰号叫"常胜将军"(Supermac),这颇具讽刺意味。托利党重拾一贯的谨慎作风，使英国远离世界事务。1957年，托利党拒绝签署《罗马条约》（Treaty of Rome），该条约旨在联合欧洲战后主要国家建立共同市场（Common Market）。麦克米伦坚持英国的独立核能国家地位，暗含"坐上座"之意。1958年，反核示威者团结起来，掀起核裁军运动（Campaign for Nuclear Disarmament），示威人群从奥尔德马斯顿（Aldermaston）的原子研究所出发步行至伦敦，这就是后来一年一度的抗议节。文雅一点的变革是，伊丽莎白二世宣布初进社交场合的年轻富家女子不必再每年一次"亮相"白金汉宫。

1959年选举后，麦克米伦获得连任，支持他的是两年前被他称作"从未这么好"的英国民众。不过自我怀疑心态很快就产生了。1962年，美国政治家迪安·艾奇逊（Dean Acheson）表示"不列颠失去了一个帝国，至今还找不到自己的角色"，这句话明显指英国继续远离欧洲事务的立场。同年，政府首次禁止英联邦非白人国家的人移民英国。移民地区爆发种族冲突，尤其是1958年的诺丁山种族暴动。移民劳工为纺织业、卫生和交通领域提供了至关重要的劳动力，而此时政府决定禁止这种特有的帝国遗留行为。内政大臣巴特勒指出"相当一部分世界人口目前有权来这片业已人口稠密的土地定居"。《英联邦移民法案》（Commonwealth Immigrants Act）严重损害了英国的自由主义名声，但却没有产生长期影响，国外出生的英国公民在总人口中所占比例从1962年的5%上升至20世纪末的10%。

20世纪60年代，和很多执政时间较长的政党一样，托利党人的表现大不如前。1963年，托利党政府最终决定加入欧洲共同市场，不过却遭到法国总统查尔斯·戴高乐的反对；1967年，他再次投了反对票。麦克米伦政府此时忙于应对间谍活动和性丑闻，新闻爆出战争大臣约翰·普罗富莫（John Profumo）的性丑闻。这起丑闻成为英国新兴讽刺行业的灵感来源，令人想起了摄政时期漫画家詹姆斯·吉尔雷（James Gillray）和乔治·克鲁克尚克（George Cruikshank）的辛辣笔锋。1961年，《侦探》杂志（Private Eye）首次发行；1962年，内容麻辣的电视节目《一周拾景》（That Was the Week that Was）首次播出。它们的出现预示着讽

》麦克米伦对于保留英国核武器的决定,引发了民众长达十几年的持续抗议。

刺手法较为保守的老牌杂志《笨拙》(*Punch*)即将走下坡路。

工党新领袖哈罗德·威尔逊(Harold Wilson)很快准确把握住了"摇摆的60年代"(swinging sixties)的脉搏。他鼓励工党规范"白热化的"科技进步,重申政府实施经济重建计划的权力。1964年选举中,他获得连任,与1906年的自由党和1945年的工党一样占了行事不拘一格的便宜。威尔逊是一名意志坚定的现代主义者。政府修订了巴特勒的选择性《教育法案》,鼓励"全面"开展中等教育。政府大刀阔斧进行社会改革,这场社会改革的主要发起人是自由派内政大臣罗伊·詹金斯(Roy Jenkins),具体内容包括废除死刑,在法律上放宽对离婚、堕胎和同性恋的限制。1970年,政府颁布《同工同酬法》(*Equal Pay Act*),规定女性和男性同等工作同等报酬,从而开启了旷日持久的旨在减少社会不平等现象的运动。政府甚至废除了旧时宫务大臣有权审查剧院演出内容的做法，导致一时间舞台上满耳脏话，甚至有不雅内容的音乐剧《毛发》（Hair）在伦敦上演，因而此举是好是坏，不能一概而论。英国的时尚和流行音乐行业蒸蒸日上，闻名世界。1965年，"披头士狂热"蔓延，威尔逊为披头士4名成员颁发英帝国勋章，惹起一片嘲讽声。

工党政府认为更全面的经济规划能够推动竞争力渐失的英国工业走向现代化，不过结果不遂人愿。其失败主要在两个方面：一是没有改革伦敦货币市场，二是没有通过工会改革实现劳动力弹性化，这是因为工党需要工会的资金和选票。1967年，威尔逊不得不利用货币贬值来维持国际收支平衡，他绝望地辩称："这并不意味着你口袋里的钱贬值了。"货币贬值打击了政府的士气，导致接下来10年间经济政策方面偏离主题，失败主义盛行。

英国的旧患爱尔兰仍是无法治愈的痛。在阿尔斯特，19世纪20年代的分割状态僵化成为新教党派优越性。1968年，一场天主教民权运动被爱尔兰共和军接手，在接下来长达20年的时间内，爱尔兰共和军和英军一直冲突不断。1970年，地方陷入武装混乱，爱尔兰共和军派人轰炸伦敦街道。政府竭尽全力也找不到结束爱尔兰乱局的方法。昔日克伦威尔、威廉三世和劳合·乔治都无计可施，现在同样如此。英国政府又苦苦寻觅了30余年。

有些人认为英国面临着不同的威胁。20世纪60年代，工党政府撤出苏伊士以东的大英帝国殖民地，包括马来西亚、新加坡，最后在1967年撤出也门亚丁。人们认为这标志着英国世界霸主地位的终结。不过帝国并不是这么容易舍弃的。1968年，政府决定准许英联邦现有移民的5万名家眷来英定居，这些移民是根据1962年移民法规获准留居的，不过一项民意调查显示74%的英国民众对此持反对意见。托利党变革派演说家因诺克·鲍威尔（Enoch Powell）称政府此举"疯了，简直是疯了"，他大呼自己眼中的英国街道就像"血沫翻腾的台伯河"。鲍威尔这番煽动性极强的话，再加上他对欧洲的强烈反对，很难被其保守党同僚接受，他失去了反对党领袖的地位，此后他和阿尔斯特腹背受敌的新教徒一拍即合。

》英国人创造性地推出著名的Mini车型，但仍不足以确保本国的汽车产业在国际市场上的竞争优势。

1970年，托利党再次执政，悲观的前党鞭长爱德华·希思（Edward Heath）出任首相。经济管理如今是英国政治的主旋律，尤其是政府和工会工人之间的权力平衡。希思表示要同战后共识决裂，宣布将解放市场并解除对公有和私有经济领域的管制，决定洗个痛快的"冷水澡"，最终要带领英国加入欧洲共同市场。1973年，英国加入欧洲共同市场，这引起了民众对英国和欧洲之间关系的讨论，这个话题的讨论要追溯到英法百年战争时期。洗澡水即使一开始比较冷，很快也会变热的。希思政府似乎厄运连连。财政部不得不实施前一任政府不得人心的决定，即改货币为十进制，废除了深受喜爱（却不方便）的1先令等于12便士、1英镑等于20先令的货币制度。伦敦德里郡爆发民权示威活动，伞兵部队奉命镇压，开枪打死了13名手无寸铁的示威群众，这被称作"血色星期天"（Bloody Sunday）。世界石油价格飙升引发通货膨胀，工会和政府之间摩擦不断。希思不得不采取与此前截然相反的立场,意在拯救劳斯莱斯和其他"不中用的"行业。不久矿工爆发大罢工。

内阁的应对措施和20世纪以前所有政府的做法一样。遇到麻烦时,内阁选择加强控制。政府下令在公有和私有经济领域推行复杂的法定收入政策,此举打破和违背了希思的自由市场理念,并进一步引发混乱,其中最严重的是能源供应。1973年12月,战时精神回归,工业实行3日工作周,人们排长队购买汽油,并进行选择性断电。这时的伦敦司机可能会觉得怪怪的,有时后面是明晃晃的街灯,前面却是黑漆漆的一片,颇具讽刺意味,甚至有人表示黑暗里的交通更为通畅。绝望之下,矿工的工资上涨35%,煤炭业在接下来10年内覆亡近半。

20世纪70年代的英国民众自信心崩溃。一度叱咤风云的政府再也无法掌控时局。城市街道抹去了多半战争伤疤,不过取而代之的城市新面貌并没有好到哪里去。现代建筑表明,人们不知风格为何物。伯明翰、曼彻斯特和利物浦等城市中心地带大变身,推倒了熟悉的地标建筑,取而代之的是死气沉沉的混凝土建筑和柏油路。洋溢着"新残酷主义"的摩天大厦、购物中心以及带内置阳台的居民区单调乏味。伦敦差点修建围绕市中心层层发散的"高速公路格",届时高速公路将从摄政公园北边穿过,白厅很多地方都要被拆除。西欧很多饱受战争蹂躏的城市正在一丝不苟地重建其战前的市中心景观,与此同时,英国建筑师却渴望效仿拆掉重建的现代主义做法。

1974年2月,灰心失望的希思就"谁来治理英国"的问题提前举行选举。艰难的选举活动结束后,选民们回答道:"不是你。"工党政府在一年之内两次上台,第一次出现无多数议会,第二次出现勉强多数状况,不过这届政府仍没什么新招儿,除了把个人所得税最高税率提高到83%,股利税率为15%,而这是和平时期税率之最。经济形势不容乐观。政府消耗掉将近一半国民产值。年通货膨胀率接近30%,经济停滞不前,这种现象被称为"滞涨"。无论1945年以来福利共识如何落实,经济业已无力支付。外国评论员谈起"英国病"的时候,称英国是"欧洲病夫"。1976年,威尔逊把唐宁街10号交给旧同僚詹姆斯·卡拉汉(James Callaghan)。卡拉汉精力充沛,是唯一一个担任过内政大臣、外交大臣、大法官和首相的人。他沮丧地告诉威尔逊:"我今天早晨刮胡子的时候,我心里在想,如果我是年轻人的话,我会移民的。"他坦言自己不知该从何下手。

北海油田虽自1975年起开始出产石油,但其利润只占政府收入很小比例,不足以帮助财政部摆脱困境。1976年,大法官丹尼士·希利(Denis Healey)被迫毕恭毕敬地从国际货币基金组织(IMF)借出23亿英镑,为了偿还,他不得不将公共开支预算削减30亿英镑。卡拉汉的观点发生大逆转,认为应该约束行业行为。旧盟友工会的行为令他震惊不已,他问内阁:"你们对不预先通知便离开儿童医院、罢工了事的行为怎么看?"1976年,党内大会召开,他告诫与会人员警惕20世纪40年代的无效解决方案,不能再"大法官大笔一挥保证充分就业……我不怕坦白讲,不能再这么做了"。20世纪公司式政府长期乐观情绪洋溢,从艾德礼的计划经济到威尔逊的政权规划莫不如此,不过无人能够给出解决问题的答案。1976年的货币危机标志着战后共识的结束,而不是后来出现的撒切尔主义。政府可以管控福利,却不能指挥经济为福利买单。经济可不是战场上的军队,任君差遣。

卡拉汉如同对牛弹琴。公有领域的发展壮大了工会主义的力量,他和希思一样,深受其扰,工会工人数量高达1200万,这是前所未有的。作为一股政治力量,工会此时进入垂死挣扎期。1978年至1979年,"不满之冬"(winter of discontent)罢工爆发,差点引发公有领域大罢工。街上堆满了冻得硬邦邦的垃圾,传言有人去世后遗体都无法下葬。据说卡拉汉曾一度对工会领导人说:"我们比你们还可怜。"1979年3月,卡拉汉没有通过不信任动议,苏格兰议员因他拒绝把权力下放给他们而纷纷反对他。他登上了《经济学人》的封面,照片中的他到苏格兰、威尔士和爱尔兰盛装出席各种活动,意在争取保住首相职位。事实证明,他也是被凯尔特人推翻的英国"统治者"。他真正的敌人是民众不再相信政府具备过去半个多世纪内证明过的治国能力。

1975年,托利党改革领导人选举程序,一匹黑马杀出,继任希思首相一职的是时年49岁的玛格丽特·撒切尔。玛格丽特·撒切尔是格兰瑟姆(Gelansemu)一位杂货店商人的女儿，毕业于牛津大学，不过她从来不是她口中所说的孤身对抗男权主义的公立学校女孩。保守党此时迫切想提拔有才华的女性，她因此很快得到晋升。希思执政时，她担任教育大臣。在此期间，她目睹了希思政府不光彩的立场大转变，暗下决心绝不犯这样的错误。她开口不离约瑟夫·鲁德亚德·吉卜林①书中的话："我们一直在犯同样的错误，这对我们没有任何好处。"1979年5月3日，英国选出了史上首位女首相，撒切尔夫人入主唐宁街。她要将吉卜林的理论付诸实践。

>> 玛格丽特·撒切尔是英国首位女首相，她在就职演说中提到，"我们有过无数的教训，这将使我们得到无数的益处。"她是首位公开反对福利政策共识的政治领袖。

---

① 约瑟夫·鲁德亚德·吉卜林（Joseph Rudyard Kipling，1865—1936），英国诗人、作家，于1907年获得诺贝尔文学奖。——编者注

Thatcherism
撒切尔主义
（1979—1990）

那时的人们还不了解撒切尔夫人。她所在的党认为她是个外人，甚至参与了针对希思的"农民起义"，希望借此换一个更可靠的希思的接班人。她脾气不好，爱好打扮，独断专行，"见闻不广"。幸好她的丈夫丹尼斯（Denis）性情开朗，他爱打高尔夫球，有点怕老婆，甚至是音乐喜剧《谁找丹尼斯》（Anyone for Denis）的人物原型。据报道，撒切尔夫人的前内阁同僚没有一人将票投给她。

新内阁上台之时，所面临的是上一届焦头烂额的内阁留下的烂摊子。抛却撒切尔夫人的右翼直觉，她上台时没有豪言壮语，只有两点认识：一是各种各样的限制性贸易惯例是英国经济的症结所在，二是民众对国家过度依赖。她认为，希思、威尔逊和卡拉汉皆未能下定决心解决这些

〉〉查尔斯王子和戴安娜·斯宾塞的婚礼赢得全球瞩目，彰显出英国人在仪典方面的天赋。

问题。"我们之所以把票投给她，不是因为她有多少想法，而是因为她有坚定的信念。"她的一位同僚说。站在唐宁街的台阶上，她引用了圣弗朗西斯（St.Francis）的话："凡是有不和的地方，我们都要为和平而努力。"（Where there is discord, may we bring harmony.）不过这并不是她的真心话。当时通货膨胀率高达22%，新内阁大法官杰弗里·豪伊爵士（Sir Geoffrey Howe）与1931年的斯诺登一样采取强硬措施。他的1979年预算宣布降低个人所得税最高税率，从原先的83%降至60%；并在通货膨胀急剧之时保护福利性支出和削减公共支出。政府的支持率锐减至不足20%。撒切尔夫人表示自己不会手软，哪怕失业人口数量高达200万。她多次强调："我别无选择。"事实上，她的行为和1976年的卡拉汉没什么区别。

1981年7月，威尔士亲王查尔斯王子和戴安娜·斯宾塞女爵（Lady Diana Spencer）的"世纪婚礼"短时间缓解了焦躁不安的国民情绪。举国欢庆，人们笑逐颜开。英国人觉得自己还是能办成一件事的。伦敦参加观礼的群众多达60万人，婚礼向全世界实况直播，据说观众超过5亿人次。然而欢声笑语戛然而止，伦敦、利物浦和其他城市的市中心爆发了史上最严重的暴动。暴动的原因有很多，譬如种族冲突、失业和治安不良。这表明，撒切尔夫人的严厉政策不仅未见成效，还引发了严重的社会动乱。364名经济学家联名写信给《泰晤士报》，请求她转变方向。

命运此时给了撒切尔夫人两张牌。卡拉汉下台后，工党推举上了年纪的左翼人士迈克尔·富特（Michael Foot）为其领导人，工党"四杰"随后出走，新创了一个中左翼政党，称为社会民主党（Social Democrats）。此事对工党的影响类似于劳合·乔治昔日对自由党的影响，那就是工党内部分裂，托利党渔翁得利。1981年和1982年某段时间内，社会民主党的民意支持率超过工党，社会民主党领导人罗伊·詹金斯被视为最有可能继撒切尔夫人之后出任首相的人选。

令人意想不到的是，海外形势也帮了撒切尔夫人不少忙。昔日，身为反对派，她发表了一篇好战演说；而一个意外的惊喜是，莫斯科由此称她为"铁娘子"。除此之外，她当时在外交方面并不惹人注目。上台之久，她派外交大臣卡灵顿勋爵

（Lord Carrington）前去处理大英帝国最后的事务，打垮伊恩·史密斯（Ian Smith）在罗德西亚的政权，并且创立津巴布韦。类似谈判相继展开，中英两国开始商讨将英属殖民地香港的主权归还给中国。国防大臣约翰·诺特（John Nott）借此机会结束了皇家海军的"区域外"权力，规定在1982年年中落实。这并未引起多大关注，除了阿根廷军政府，该军政府长期声称拥有南大西洋英属殖民岛福克兰群岛（Falklands）的主权。1982年4月，布宜诺斯艾利斯方面连夜派海军前去抢占福克兰群岛。这虽然是非法行为，但阿根廷有理由认为英国不会对此采取军事行动。

福克兰群岛被占领一事令英国极其震惊，由于缺少政党支持和国内支持，撒切尔夫人面临着被迫辞职的窘境。外交大臣和国防参谋长此时远在国外，撒切尔夫人决定冒

>> 运兵舰"堪培拉"号离开福克兰群岛。这场战争挽救了撒切尔的政治危局，挽回了一丝帝国的脸面，但是付出了惨重的代价。

险一搏，她以个人名义派一支海军特遣部队前去收复福克兰群岛。此举极其危险，因为撒切尔夫人能依靠的只有她和美国新总统罗纳德·里根所建立的紧密关系。里根虽不肯派兵参与，却也在物资和情报方面大力支持英军，还秘密准备了一架飞机随时待命。两个月后，英军以损失5艘舰船和255名士兵的代价夺回福克兰群岛。

民主从未如此奖励过军事胜利。弗兰克斯勋爵（Lord Franks）对最初的侵略行动展开调查，这次调查巧妙地掩饰了撒切尔夫人没有派兵把守福克兰群岛的过失。她的民意支持率上升了10%，一举闻名世界，并受到了美国总统里根和苏联领导人米哈伊尔·戈尔巴乔夫的追捧。自丘吉尔以来，还从未有哪位英国首相如此声名显赫。撒切尔夫人乐在其中，也以世界领导人的身份自居。她呼吁南非白人废除种族隔离。她与欧洲联盟（European Union）的新兴社会主义展开日益尖锐的斗争，并在欧盟没完没了的首脑会议上直言不讳地指出问题。她的所作所为虽不圆滑，却着实有效。她表示："我们还没有成功解决英国边疆的问题，只看到它们被暂时压制……某个欧洲大国通过布鲁塞尔向英国施加影响。"1984年，撒切尔夫人为英国要求欧盟的退款，以表彰英国对欧盟事务所作出的杰出贡献。

1983年，托利党赢得战后最大的选举胜利，作为托利党领导人的撒切尔夫人由此大胆实施"撒切尔主义"（Thatcherism）。不过她得先躲过爱尔兰共和军1984年10月的刺杀行动，当时托利党正在英国南部城市布莱顿格兰德酒店（Grand Hotel）召开年会，一枚炸弹在夜深人静之时爆炸。有5人被炸死，不过撒切尔夫人大胆拒绝终止年会，只是要求玛莎百货（Marks and Spencer）第二天早点开门营业，好让受到爆炸影响的代表们有衣服可换。她的表现可圈可点。不过布莱顿年会结束之后，她开始在身边配备安保人员，这使她与同僚和民众的距离拉大。而她只是说道，此事坚定了她推进改革的决心。

政府和以阿瑟·斯卡吉尔（Arthur Scargill）为首的矿工公开发生冲突，罢工的原因是政府计划关闭20口矿井，届时将会有2万名矿工失业。新法规禁止"纠察员"前往罢工地点，规定进行投票，不过斯卡吉尔不肯按章办事，纠纷演变成工人阶级的最后战役。南约克郡一家炼焦厂爆发冲突，称之为"欧格里夫之战"

(the Battle of Orgreave),警察和罢工者打了起来,斗争风格和中世纪时期一样,棍棒、石头和骑马作战一样不少。罢工活动持续开展,罢工群众越来越愤恨不已,直到1985年3月才终结。政府随后下令大范围关闭矿井。工会工人还组织了其他斗争,尤其是位于伦敦东部沃平(Wapping)的《新闻国际》(News International)印刷厂。随着传统行业不断衰落,更具竞争力的服务行业创造了大量工作岗位。工会的力量逐渐减弱,到了20世纪80年代中叶,撒切尔夫人的药方似乎终于起作用了。

私有化政策被称为撒切尔夫人的王牌政策,她在这个问题上比较犹豫,因为她已经在20世纪80年代为上台后制定的前3个严苛预算付出过巨大的政治代价。在地方政府,她下令在垃圾收集等方面实施私人招标,并要求现任租户"有权购买"公共房。她对地方政府支出的限制比欧洲其他国家都更加严格,并于1985年废除伦敦的战略管理机构大伦敦议会(Greater London Council),大伦敦议会当时的领导人是左翼人士肯·利文斯通(Ken Livingstone)。然而撒切尔夫人对煤矿、铁路或邮政的私有化犹豫不决,在她看来,这些行业都是"国有的"。她对英国的认同感极深,具体反映在她称英伦

》阿瑟·斯卡基尔(Arthur Scargill)发起罢工,反对矿井关闭,体现出劳动阶级走投无路背水一战的特性。最终,撒切尔赢得了对抗工会的胜利。

石油公司（Britoil）为"我的油"，并为"我的钱"和欧洲联盟发生争吵。虽然在多数情况下她是皮尔派保守党员，不过她也善于仿效迪斯雷利行事。

1983年，尼格尔·劳森（Nigel Lawson）取代豪伊，出任财政大臣。劳森做过财经记者，是一位热忱满怀的自由市场经济主义者，他认为私有化势在必行。排队争相出售的企业名单表明，在战后共识的推动下，国有化覆盖领域曾经多么广阔，汽车制造、火车制造、石油公司、航空公司、机场、渡轮、海港、电脑生产、电话、钢铁、汽油和电力莫不涵盖其中。战前主要私营的活动被稳妥地卖回给私人。1986年，劳森着手改革迄今仍神圣不可侵犯的领域——金融服务。10月27日，伦敦发生"金融大爆炸"，政府宣布准许外国公司进入受到最谨慎保护的市场，即商业银行，并允许建房互助协会参与竞争。壁垒被打破，曾经的小心翼翼烟消云散。在私有化公用事业股票的推动下，伦敦经济蓬勃发展，直到一年后的"黑色的星期一"。1987年10月，市场崩溃。巧合的是，此时史上最强烈的风暴出现，大风以每小时120英里的速度呼啸而来，英国东南部森林大片倒下，有些人认为这是不祥之兆。不过伦敦金融商业区比树木恢复得还快，其后不到10年时间，伦敦已跻身世界金融中心，可与纽约媲美。不过经济在金融服务方面获得的独立在20年之后造成了严重后果。

此时"撒切尔夫人治下的英国"发生了巨大的变化。英国从20世纪70年代的创伤中恢复过来，重登欧洲最繁荣国家榜单。大多数人比从前更加富裕，其中包括领取社会保障金的人们，备受媒体瞩目的是汽车开支和"雅皮士"（城市年轻专业人员）房屋。新建大学发展迅速，第一批从这里毕业的学生男女数量相当，工作竞争激烈。1987年，卡里尔·丘吉尔（Caryl Churchill）在《一大笔钱》（*Serious Money*）一剧中讽刺了腰缠万贯的市场交易员和向上爬的工人阶级"埃塞克斯人"。伦敦剧院、伦敦金融区（Canary Wharf）建筑，以及《达拉斯》（*Dallas*）和《王朝》（*Dynasty*）等外国引进电视节目成为时髦事物。伦敦和纽约越来越像。如果说20世纪的60年代是食草动物，70年代是食肉动物，那么80年代就是来者不拒的杂食动物。

虽然撒切尔夫人给人留下了冷酷无情的印象，可是事实证明她和她认为臭名昭著的共识之间的关系比很多人认为的更近。她发现很难控制福利开支，整个20世纪80年代，福利开支节节攀升，就连住房补贴的花费也增长了，她特别讨厌住房补贴，除非是发放给置业者的抵押贷款补贴。左翼人士尼古拉·雷德利（Nicholas Ridley）甚至认为1983年政府是"撒切尔荒废的时日"。当然，直到1987年撒切尔夫人赢得第3次选举之时，她才觉得自己强大到足以拿出昔日处理地方政府和国营贸易的劲头，将矛盾对准白厅各部门。在这个问题上，她没有将国民健康保险制度私有化，而在教育方面，她的主张是集中化，而不是私有化。她制定了英国有史以来第一份国民教育课程，课程"核心"是英语、科学和技术，历史和地理地位下降。大学运营方式的改变结束了大学的自主权，这种自主权可追溯到中世纪时期。在1988年白皮书中，教育大臣肯尼斯·贝克（Kenneth Baker）宣称学校课程应该"更贴近商业世界"。这是40年代中央计划的复兴。先前相对独立的大学教育资助委员会（University Grants Committee）被废除，学术评估直接由白厅管辖，学者按照图书出版和论文写作的成果"打分"。

撒切尔夫人精力非凡。她经常熬夜到很晚，喝威士忌提神，第二天又起很早，每天睡眠时间不超过4个小时，起床后，她一边让美发师为自己梳头，一边收听农业新闻。她的私人秘书会到农业部向值班人员转达她对"补贴过度的农民"的强烈不满，这种情况时有发生。然而，20世纪80年代末，她明显力不从心。1989年11月，柏林墙倒塌，她为此欣喜不已。不过她没有把握住时代脉搏，选择强烈反对德国重新统一。在与同僚相处方面，她以自我为中心、恃强凌弱的行事风格导致她和大家合不来，和很多在职时间较长的人一样，她没躲开沦为唐宁街政治阴谋小集团攻击对象的命运。

在执政最后一年，撒切尔夫人的权力瓦解。在1987年的竞选宣言里，她承诺废除地方财产税，代之以"人头税"。实际上，这是自爱德华三世之子冈特的约翰时期以来第一次征收人头税。1989年，苏格兰开始征收人头税，非常不得人心，苏格兰不再支持托利党。在英格兰，从1990年开始征收人头税，由此引发特拉法加广场3月的一场严重暴乱。到1990年年底，280万人拒绝缴纳人头税。托利党议员对人头税对其党连任前景所产生的影响感到近乎绝望。雪上加霜的是，此时撒切尔夫人遭到了她最忠诚的两名下属的背叛，他们是担任大法官的劳森和担任外交大臣的豪伊。两人都希望英国加入新的欧洲汇率机制（European Exchange Rate Mechanism，ERM），这是欧洲共同货币的前身。这个问题在当时看来并非至关重要，不过内阁成员之间的关系异常糟糕，两人分别在1989年和1990年辞职，撒切尔夫人失去了政治上的左膀右臂。1990年11月13日，豪伊发表了具有摧毁性的辞职演说，他提到，自己的同僚在欧洲商谈期间发现"没等第一局开始，球拍就在赛前练球时被队长弄坏了"。

局面迅速紧张起来。长期对撒切尔夫人独裁执政风格不满的迈克尔·赫塞尔廷（Michael Heseltine）有样学样，开始同她争权夺利。撒切尔夫人赢得了首轮投票，不过这次的投票结果不足以避开第二轮投票，届时垫底的候选人将退出选举。在第二轮选举中，她似乎有可能落败。11月2日，她逐个把内阁同僚叫进办公室征求意见。每个人都建议她主动辞职，不要去冒被赫塞尔廷击败的风险，但也没几个人欢迎赫塞尔廷做他们的领导人。这对她而言是一次重大的打击，被称作"唐宁街集体抛弃事件"。令国内外惊诧不已的是，她真的辞职了。宣布辞职的当天下午，在下议院最后的质询时间，工党领导人尼尔·基诺克（Neil Kinnock）试图攻击她，不过他的问题并没什么力度。她后来表示，自己终于可以自由地回击他和所有批评她的人，她对此心怀感激："否则我可能会哭的。"她大笑着总结道："我开始享受这一切了。"

玛格丽特·撒切尔的个性是她执政成败的关键，可谓成也萧何败也萧何。她塑造了托利党厚颜无耻、具有阶级偏见的形象，导致托利党被政敌称为"下流"党。她最为人诟病的一句话是："没有所谓的社会。"（there is no such thing as society.）撒切尔夫人对内阁和下议院牢牢掌控，不过她的判断力不断退化，直至下台。在政治发生根本性改变时，这种判断力尤其羸弱。在大城市，她差点摧毁托利党机器，而在郡县，她又几乎用人头税摧毁了支持托利党的工人。她也未能应付得了那些自古以来喜欢攻击

>> 伦敦爆发动乱,抗议征收人头税,反映出撒切尔改革的不少政策并不符合民意。

英国统治者、凯尔特人领导人和欧洲大陆各国领导人的其他人。在这些人和很多英国工人看来,撒切尔主义的"遗产"就是倒闭的炼钢厂、寂静的矿井、俯瞰伦敦和港口码头区的冰冷玻璃高塔,以及荷包满满的房地产业金融家。

　　撒切尔夫人的执政风格是诺曼式的,而不是撒克逊式的,她是中央集权主义者,绝不是权力下放或自由主义的拥趸。她相信国家权力,认为自己上台后有权行使国家

》民众对于同性恋行为的普遍接受，推动了20世纪90年代的反歧视立法。

权力。她将很大一部分旧有的公共交易部门出售之后，其余为政府所有的企业处于更严格的私人掌控和财政部控制之下。地方民主是英国85%的政治参与的来源，而其也遭到削弱。法院、大学、教育当局、卫生当局，以及警察曾经相对独立，可是大量立法转移政策规定将这些部门移交给白厅，导致这种独立性被削弱。撒切尔夫人治下的英国是一个总部设在伦敦的政府机器，其法规多是"亨利八世式"条款，大臣们甚至可以在议会不知情的情况下做出决定。

虽然如此，撒切尔夫人也取得了非凡成就。她是半个世纪以来首位获得世界性地位的英国领导人。20世纪70年代的英国曾是"欧洲病夫"，充满自我怀疑和不确定性，首都伦敦的欧洲商业中心地位受到德国法兰克福和比利时布鲁塞尔的挑战。撒切尔夫人结束了这种状态。她重申希思以来悬而未决的"施政能力"的概念，重拾权威、勤劳和道德约束等维多利亚价值观，使英国成为"保姆式国家"，并迅速推广卫生和安全监管。撒切尔夫人执政时期，社会越来越宽容，人们越来越不服从权威。无论她希望如何，20世纪60年代和70年代的社会革命不可逆转。有关离婚或堕胎的改革是既成事实。最显著的是，她对公众对同性恋的接受持认同态度，这是她任期内最重大的变化之一。

到20世纪90年代，外国政府成群结队地向白厅寻求有关"撒切尔道路"的建议。在各国缔结战后福利共识的过程中，德国、法国、墨西哥、巴西，甚至美国都曾出现过因罢工而停顿的"不满之冬"。人们相信民主政府有能力建立政治经济，不过这种信念不断消退，因为公有部门似乎超越了经济的承受能力。撒切尔夫人通过重申中央集权恢复控制。她降低了英国的通货膨胀率，从22%跌至4%，并减少了政府对国内产品的占有率，从43%减少至36.5%。她通过平衡预算和私有化的方法，使经济重新走上增长的道路。撒切尔夫人手段强硬，她虽受人钦佩，却很少受人爱戴。但直至1990年，她在三分之一世纪时间内所创造的辉煌是历届英国前首相所不能超越的。

第32章

Thatcher's Children
撒切尔的继承者们
（1990—2011）

1990年11月，从唐宁街血色斗争中胜出、出任新首相的是撒切尔夫人最忠实的助手约翰·梅杰（John Major）。有人说，梅杰是由其同僚选出的，其目的是"为撒切尔主义添加一丝人性化色彩"。他性情和善，其貌不扬，常受人嘲讽。在这一切背后，作为一名托利党政治家，他拥有一段不寻常的过去，他是布里克斯顿一名马戏团艺人的儿子，没有接受过大学教育。他行事稳妥，是撒切尔主义兴旺晚期的完美监管人。

梅杰颇为低调地开始了其首相生涯。他邀请撒切尔夫人的劲敌迈克尔·赫塞尔廷出任副首相，并且废除了人头税。他联合美国打响了第一次海湾战争，将伊拉克赶出科威特。在欧洲未来问题上，他商议英国"退出"马斯特里赫特会谈（Maastricht talks），这使英国置身于新建欧元区之外，避免了对社会和就业法律的诸多限制。1992年，梅杰带领托利党人赢得选举胜利，这个结果和民意测验结果截然相反，震惊了工党。他获得了史上最多的普选票，是唯一一位得票超过

1400万张的英国政党领袖，不过仅以21个议席之差在下议院获得多数席位。新政府继续推行私有化，甚至涉及撒切尔夫人昔日不敢触碰的地方：出售水、煤和铁路，私募融资修建新道路、学校和医院。他这么做的主要目的是扩展"公民宪章"的舒适毯，这是管理者和被管理者之间含糊的"契约"，这对身处新千年之交的政治家而言颇具吸引力。

梅杰并没有好好把握他1992年的选举胜利成果。尽管撒切尔夫人顾虑重重，英国还是于1990年加入了欧盟货币汇率机制，而此时英国经济出现轻度衰退，英镑惨遭挤兑。在1992年9月16日的"黑色星期三"，英镑危机爆发，英国退出欧盟货币汇率机制。事实证明，作为此次危机后果的货币贬值是有益的，证明撒切尔夫人对汇率管制的反对是正确的，不过这次危机却让英国颜面尽失。梅杰经常和其右翼手下在欧洲问题上意见不合，还树立了苏格兰和威尔士两个没必要的敌人，因为他拒绝了两者所有有关权力下放的请求。托利党的支持率比工党落后了10%，至今也未能追上。

更具戏剧性的是1992年选举对工党所产生的影响，约翰·史密斯（John Smith）时任工党领袖，他把工党交给了一名魅力非凡的年轻议员托尼·布莱尔（Tony Blair）。约翰·史密斯和魅力平平的苏格兰人戈登·布朗（Gordon Brown）一起创立了所谓的"新工党项目"，该项目旨在从上至下重建工党活动。最初的活跃派掀起了一场革命。史密斯于1994年突然去世之后，布莱尔当上了工党领导人。在工党大会上，新工党项目主张改革章程，削弱工会权力，瓦解中央集权，用一人一票内部选举制代替原先的工会集体投票制，并废除工党年会起草宣言的传统做法。工党创立百年间性质近乎未变的群众活动发生转变，几乎一夜之间变成了一台在强大领袖带领之下争取选举胜利的机器。工党的彻底改造令人惊诧。以往的争执、火冒三丈的会议和内部分裂烟消云散，工党变得更像是布莱尔和布朗认真研究过的美国民主党。

1994年至1997年，布莱尔和布朗，连同政治助手彼得·曼德尔森（Peter Mandelson）和从前做过小报记者的"媒体顾问"阿拉斯泰尔·坎贝尔（Alastair

》布莱尔和布朗将工党从群众运动塑造成强有力领袖领导之下的现代政治机器。在他们的领导之下,工党连续执政长达13年。

Campbell)4人实现了第二次转变。他们向公众保证,工党政策不会废除撒切尔主义中那些深受民众欢迎的元素。布莱尔不肯许诺废除撒切尔夫人的反工会法规或私有化计划。他曾参与过核裁军运动,如今却赞成英国保留核武器和采取亲美外交政策。布朗大力主张"审慎"处理公共财政,同时承诺,如果工党当选的话,将不会提高个人所得税。作为象征性的姿态,布莱尔和布朗抹去了印在每名工党党员会员证上具有历史意义的党章"第四项"目标:"生产工具,分销渠道和交易媒介均为共同,在此基础之上,确保工人,不论劳心或劳力者,能尽享其工作成果……"(To secure for the workers by hand or by brain the full fruits of their industry...upon the basis of the common ownership of the means of production, distribution and exchange.）正如约翰·梅杰迫切希望工党远离撒切尔主义比较极端的主张一样，布莱尔努力使工党抛却其社会主义的过去，带领工党走上"第三条道路"，这是他美化自己项目的众多口号之一。双方争相抢夺中心地盘，结果布莱尔赢了。1995年，布莱尔的民意支持率形势一片大好，他对陷入困境的梅杰嘲笑道："我带领我的党。他跟着他的党。"左派和右派的传统理念已经发生逆转。

20世纪90年代，撒切尔主义寿终正寝。经济的工业生产能力严重削弱，国家财富主要来源于金融服务、信息技术、旅游业、文化和休闲。伦敦重建码头区，高楼大厦拔地而起，成为金融和金融家的地盘。英国省会城市的市中心地带仍远不及欧洲其他各国，主要是因为中央政府和地方企业限制；与此同时，长期受到严格规划法规保护的乡村地区取得迅速发展。剑桥郡MII走廊地带与塞汶河峡谷东中部地带兴建居民区和调运仓库，每年消耗掉一块相当于布里斯托尔面积那么大的土地。

农业初步恢复生机，这主要归功于根深蒂固的欧洲农业补贴。不过英国乡村地区有了种种新用途。散步、骑自行车、露营，甚至冲浪等活动人气飙升。国民托管组织的成员数量从1990年的200万上升至90年代末的将近300万。格拉斯顿伯里音乐节（Glastonbury music festival）每年吸引超过10万人次参加。1997年，有关气候变化问题的《京都议定书》签署。此后，政治抹上了一层"浅绿色"，环保行动主义呼吁英国民众限制温室气体排放。从20世纪90年代中叶起，互联网进入千家万户，改变了人们的日常交际和信息检索方式。人们可以在家工作，英国偏远地区的经济活动得到发展。

1997年，工党打败托利党，取得压倒性胜利。工党获得前所未有的419个议席，托利党遭遇自1906年以来最惨烈的一次失败。布莱尔的竞选活动展现了前所未见的浮华之气，竞选主题曲选用了流行歌曲《情况只会越来越好》（Things Can Only Get Better）。5月，布莱尔携妻子切丽（Cherie）就任首相，他的执政风格明显偏向总统式。唐宁街打出了"时尚英伦"（Cool Britannia）的口号。工党"演员"纷纷被封爵，上至艺术界，下至娱乐业。唐宁街成为新时期的卡米洛特（即亚瑟王所居住的宫殿）。拉姆齐·麦克唐纳的香槟社会主义被重塑，意在迎合这个名人辈出的年代。

重视外包装成为布莱尔执政时期的特点之一。与他关系最密切的属下是他的新闻秘书坎贝尔，坎贝尔个性很强，是布莱尔内阁举足轻重的人物。政府统治似乎变成了连绵不绝的一系列动议，每个动议都要经受"明天的《每日邮报》会对此怎么写"的审查。布莱尔的执政风格被称为拿破仑式或"沙发政府"。工党资深议员塔姆·达尔耶耳（Tam Dalyell）把布莱尔政府比作路易十六朝廷。

1997年8月，威尔士亲王查尔斯王子的离异妻子戴安娜王妃在巴黎出车祸丧生，布莱尔行事风格初步表露。公众一片哀恸之情，媒体纷纷"讲述"一位年轻无辜的生命惨遭沉闷无情的当权者倾轧的故事，这些悲情故事令民众更加悲伤。对戴安娜王妃向来不甚喜爱的英国皇室受公众舆论所迫从苏格兰返回伦敦参加公开哀悼活动。塑料纸包裹的鲜花在戴安娜的肯辛顿宫居所前堆成了小山。布莱尔盛赞戴安娜是"人民的王妃"（people's princess），戴安娜的弟弟斯宾塞在葬礼上毫不掩饰地抨击生前批评她的人，在场观众对此报以热烈的掌声。

布莱尔迅速着手处理前任们烦恼不已的一个问题。他通过立法在苏格兰、威尔士和伦敦成立选举大会。苏格兰议会在1999年之前成立，这是自1707年以来苏格兰的首个议会。同年，威尔士议会成立，这是自中世纪以来威尔士的首个议会。早在梅杰当政时期，他就已偷偷和北爱尔兰共和党领导人展开会谈；1998年，布莱尔促成新教人士和天主教人士达成《耶稣受难节协议》（Good Friday Agreement），不过该协约所规定的权力分享在10年后才得到落实。这些措施改变了大不列颠联合王国的政治面貌。爱丁堡、加的夫和贝尔法斯特展开非英语对话，这三座城市的独立派政党得到发展，苏格兰民族党党员（Scottish Nationalists）于2007年最终在苏格兰组建政府。在经历上千年的伦敦权力集中化之后，不列颠群岛最终恢复些许宪法均势。英国人和凯尔特人之间向来不愉快的联合也许能变成一个更为松散的联盟，不至于重蹈爱尔兰彻底分割的覆辙。

第32章 撒切尔的继承者们（1990—2011）

》戴安娜王妃去世，民众流露出哀恸情绪，王室几乎未作出任何反应：肯辛顿宫外的鲜花。

"新"工党的到来并不是撒切尔主义的终结，虽然布莱尔一直在巧妙地掩饰这一点。撒切尔夫人是布莱尔上台后第一位公开受邀造访唐宁街10号的客人。在财政部，布朗严格执行托利党支出计划，并对自己的革新之举颇为自豪，他允许苏格兰银行规定利率。布莱尔充分尊重工党的立党之本，提出推行最低工资，针对贫困儿童开展"稳健起步计划"（Sure Start），最重要的是，颁布政府信息自由法案。他后来对最后一项改革懊悔不已，表示"蠢得令他想哭"。其他针对学校、医院和地方政府运行的改革措施贯彻了托利党一向主张的私营部门参与公共服务机构运营的做法。布莱尔尤其希望实现公共投资私有化，认为这对城市金融机构大有益处。不过这一切并未回归地方主义。在欧洲大多数国家，福利由地方政府负责管理，无须不断整顿；但在英国这个福利国家，投资和工资水平仍然是由中央政府决定的。

到千禧年之交时，越来越多的迹象表明"从摇篮到坟墓"福利的稳步推进遭遇压力。布莱尔政府努力提供更多选择，方法是差异化、外包和退出。需要付给私营服务承包商的资金从1997年的1.12亿英镑上升至2005年的14亿英镑。所有工党执政时期修建的新医院都是私人投资，总金额高达60亿英镑。新的二级"学院"——退出公办体系、私人支持者出资建立的学校在全国各地不断涌现。私营企业还运营监狱，并提供交通管理员和超速照相机。布莱尔希望私有化能够打破白厅死气沉沉的气氛，他抱怨多番失败的尝试使"他背负骂名"。内阁废弃不用。内阁秘书巴特勒勋爵（Lord Butler）向特别委员会报告说，内阁文件数量从1975年的146份跌至2002年的4份。

公众认可布莱尔的工作方法，他于2001年获得连任，此后公共开支开始迅速增加。领导的表现形式不是内阁的决议，而是内阁办公室传达部门所公布的工作目标和排名表。一名资深公职人员抱怨"整日都是没完没了的命令和动议"。"改革顾问"的花费于2005年达到25亿英镑，此时白厅运营的成本增长倍数是通货膨胀率的3倍之多。尽管花费如此之巨，民意调查持续显示人们对政府服务的质量颇为不满。舆观（YouGov）调研公司定期报告称，大多数受调查民众表示国家"在工党治理下愈加恶化"。

和大多数在国内备受压力的领导人一样，布莱尔只

>> 首相布莱尔决定出兵伊拉克，引起广泛争议，酿成了伦敦有史以来最大规模的反战游行示威，给他的政治生涯蒙上了阴影。

第32章 撒切尔的继承者们（1990—2011）

有在外交政策上才能得到一丝喘气的机会。他倚重和美国总统比尔·克林顿早期建立的友谊，于1998年受邀出席盛大的白宫晚宴，并带去一大群"绝不给国家丢份儿"的随行人员，英国驻华盛顿大使克里斯托弗·迈耶爵士（Sir Christopher Meyer）如是说。一年以后，英军与美军并肩作战，将塞尔维亚人赶出科索沃，布莱尔在芝加哥宣扬这是"新一代自由人道主义战争"，旨在将英国的干涉行为合理化，英国领导层则认为这是一个国家在凌辱另一个国家，甚至是政府凌辱本国人民。尽管很少有人注意到，原先19世纪和20世纪多半时间以审慎为主要特征的英国外交政策被废弃，撒切尔夫人对此的贡献占一小部分，而布莱尔的贡献则占一大部分。时任美国总统的是雄心勃勃的共和党人乔治·沃克·布什，小布什的一名助手抱怨道，布莱尔"往他的玉米片上撒了太多肾上腺素"。

2001年9月11日，基地组织袭击位于曼哈顿的世界贸易中心，此后新的干涉主义成为核心。布莱尔在工党年会上表示"我们要把握这个机会。万花筒已经被转动……让我们建立世界新秩序"。英国联合美国派兵对阿富汗首都喀布尔进行报复性打击，此后又"偏离使命"发展长期国家建设项目。布莱尔毫无保留地支持小布什单方面宣布反恐战争，并于2002年4月在小布什的克劳福德（Crawford）农场与其达成秘密协议，阿富汗报复行动发展成为无缘无故的伊拉克战争。

布莱尔虽然对战争的合法性及伊拉克是否拥有"大规模杀伤性武器"持保留态度，不过他仍然决定与美国联起手来攻打伊拉克。2003年2月15日，伦敦爆发史上规模最大的反战游行，超过100万人参加。英国的伊拉克占领行动耗时长达6年，导致179名英国士兵战死。2009年4月，英国撤军，其时在布莱尔的命令下英军已在阿富汗南部地区逐步升级的战争中起带头作用。2006年，英军领头远征，意在主张北大西洋公约组织对赫尔曼德省（Helmand）的控制权，此次出征遭遇失败，美军不得不于2010年接手这一切。布莱尔在2005年赢得第3次选举，不过他的选票数创现代政府新低。福克兰群岛战争胜利为撒切尔夫人带来了荣誉，但伊拉克战争和阿富汗战争却没有给布莱尔带来任何好处。2007年6月27日，在上台10年之后，布莱尔辞职，让位给他的老朋友戈登·布朗，布朗此次就任没有遭遇任何竞争对手，而他的脾气也越来越火暴。

布莱尔政府在绝大多数公有部门推行私有化，力求柔化撒切尔主义的坚硬棱角。2004年，同性伙伴关系被法律认可；2005年，议会公开承认11名同性恋议员。气候变化被提上议程，至少表面如此。人们仍然贪婪地消费"1英镑加税"廉价航空机票，不过至少有些人担心这些廉价航空的"碳排放量"问题。一度前景不妙的铁路所运载的乘客数量逐年递增，于2010年达到其和平时期最高运载量。2005年11月，戴维·卡梅伦当选为托利党新任领导人，他觉得必须派一支强大的探险队到日益缩小的北极圈实地考察，并为其伦敦住宅安装一台风力蜗轮机。汽车、房屋和食品广告开始着重强调绿色、安全或有益健康的特质。

另外，政府行为越来越具有干扰性和压迫性。"保姆式国家"政策执着于各种各样的安全问题。每天都上演着旅行、活动和音乐会被禁止的故事，原因仅仅是出于"健康和安全考虑"。英国的监控摄像机数量以及警察和公共安全的花费是欧洲之最。美国9·11事件发生后，2005年7月，伦敦公共交通工具上发生自杀性炸弹袭击，此后内政部准许未经审判拘留可疑人员。除了在北爱尔兰，这种做法是和平时期前所未有的。公共建筑周围垒起了高高的混凝土防护栏。工党的刑事政策非常严厉，2010年的监狱关押人员数量高达85000人，创历史之最。国家机构利用反恐战争的名号为本质上是国家安保战时模式的状态作辩护。几乎每一年都要颁布新的反恐法规。

布莱尔将工党从失败中解救出来，带领工党接过撒切尔革命的接力棒。他效仿撒切尔夫人，对外国展现出咄咄逼人的姿态，但他对战争的选择是不明智的。在国内，他又缺乏撒切尔夫人使政府机器积极执行首相命令的本事。他被中间偏右倾向无党派投票人所束缚，一如撒切尔夫人昔日被工会所束缚。布莱尔的"新工党"实际上是一种市场策略。他的本能是避开麻烦，生存下去。他上台时满心是撒克逊"社群主义"，然而下台时撒切尔夫人的诺曼式国家仍完好无损。事实上，堪称原封不动。他上台时，政府开支占国内生产总值的36%，他下台时，这个数字上升至47%，政府负债累累。

》英国军队在伊拉克。

布莱尔在一件事上是正确的，那就是他私底下认为布朗不适合担任国家领导人。他的助手坎贝尔承认引用了他的一句话，说布朗"有心理缺陷"。曾任大法官一职的布朗监管财政部多年，几乎可与格莱斯顿匹敌，不过他和首相布莱尔之间的矛盾愈演愈烈，结果导致对公共开支的控制崩溃。在财政部的象牙塔之外，布朗的内向性格和暴躁脾气使他并不适合担任高职。他无法和与之意见分歧的大臣共事，这是一道严重的政治障碍，他最终向老伙伴彼得·曼德尔森求助，虽然二人后来成为敌人。2008年，曼德尔森被封为贵族，成为实际上的副首相。

后来，布朗的财政部过度花费状况得到报应。他最初承诺使国民健康保险制度支出达到欧洲平均水平，并重修国内各地中学，结果预算所承受的压力呈螺旋状上升。2008年秋天，全球股票市场崩溃，英国负债累累。英国人引以为豪的金融服务业内受冲击最大的多家银行支撑不住，不得不依靠国家解救，首先是北岩银行（Northern Rock），接着是劳埃德银行（Lloyds）和苏格兰皇家银行（Royal Bank Of Scotland，RBS）。在危机最严重的时候，布朗要求纳税人支持高达5000亿英镑的银行纾困贷款。这无益于公众对政府的信心。2009年，数百名议员被爆出递交乱七八糟，有时候甚至是欺诈性的报销申请。政治家和银行家一样，成为公众最难以尊重的对象。

2010年5月，布朗在选举中落败，但托利党也没有赢，出现了无多数议会的局面，这令他的落选显得没那么不堪。自由民主党（Liberal Democrats）暂时兴奋不已，和20世纪20年代和30年代时一样。不过他们是一日的造王者，其后则是永远的囚犯。经过与托利党领导人戴维·卡梅伦一个漫长周末的谈判之后，自由民主党领导人尼克·克莱格（Nick Clegg）成为托利党主导的联合政府的副首相，谈判结果还包括一项正式谈判好的项目以及建立5年议会的要求。这是对宪章的奇怪改写，因为任何联合政府都很容易被削弱和瓦解。新政府立即拯救公共财政，重拾1921年、1931年和20世纪80年代的削减做法，制订了5年削减计划，几乎覆盖了公有领域的方方面面。经济出现了衰退。虽然20世纪90年代叫嚣着"繁荣与萧条的轮回已经结束"，可是劳合·乔治、麦克唐纳和撒切尔夫人的影子再次在威斯敏斯特议会的走廊上出现。学生、国有部门工会、警察、教师和卫生工作者纷纷上街抗议和游行。英国公共生活的种种现状似曾相识。

除了这些当务之急之外，旧有

》2010年，卡梅伦和克莱格联合政府被迫采取严厉措施，应对2008年金融危机的严重后果。

>> 英国议会制度不仅确立了政府的未来走向,同时引领着政治改革的道路。在世纪之交,英国依然保持宪法中心。

的矛盾也显露出来。政府再次声称希望权力从伦敦下放到地方,并缩小现代国家的规模和范围,不过却发现这些很难实现。英国仍是欧洲最集中化的政治经济体,地方没有税收自由裁量权,没有辅助性的民主,也没有摆脱国家控制的公共机构,如同2011年时一样,地方民主得到极度延伸,中央政府拼命在方方面面节省开支。权力下放的苏格兰、威尔士和北爱尔兰议会也被要求执行同样的节约政策。作为英国自由守护者长达1000多年的英国议会也被迫依照2009年的《里斯本条约》(Lisbon Treaty)和英吉利海峡对岸的各国分享立法权,英国法庭不得不和欧洲法庭分享司法权。

换句话说,自中世纪以来一直困扰着英国的种种压力依然未曾改变。政府拼命治理国家。民众拼命抗议、抱怨和屈服。不过站在舞台中央的依然是那个千百年来捍卫着宪法的机构——以宪法为基础的议会。没有任何迹象表明世袭君主制将要终结,也没有理由实行直接选举制,或者在下议院推行比例代表制。议会创造了2010年的联合政府,而这也决定了其稳定性和最终命运。西蒙·德·蒙福尔的议会反抗过亨利三世,长期议会反抗过查理一世,1832年议会使英国免于革命,因此议会仍对英国政府具有决定性影响。

第32章 撒切尔的继承者们(1990—2011)

后 记

　　英格兰是一个成功的国家。英格兰早早成立国家，没有付出多少流血杀戮的代价，历史上只有两次持续时间比较久的内战，分别发生在15世纪和17世纪。到乔治时代结束之前，大多数英格兰人实现了安全、繁荣和公民自由，这在当时是世界其他地方所罕见的。时至今日，即使被其他国家赶上甚至超越，英国仍自认为世界强国——拥有核武器，并且和美国并称"世界警察"。英国在教育、医学、科学和文学方面遥遥领先。英国首都伦敦、乡村、历史遗迹和艺术活动吸引着世界各地的游客。

　　英格兰的成功是许多因素综合作用的结果。在历史早期，不列颠群岛东半部有利的地理条件非常适合撒克逊农业定居者生活。虽然北海、英吉利海峡以及威尔士和苏格兰高地所组成的边境地带很少风平浪静，但事实证明却是抵御入侵的有效屏障。维京人和诺曼人的侵略活动势不可当，但这些侵略之举未能消灭撒克逊英国人。新来者被同化，撒克逊人的定居地、文化和语言仍基本完好无损。从那时起，如莎士比亚所说，英格兰的岛国地理位置"就像是一堵围墙，或是一道沿屋的壕沟"。这道防御屏障抵御过西班牙菲利普的无敌舰队、法国拿破仑的庞大军团和德国希特勒的闪电战袭击。

后　记

英格兰的中世纪历史有一个关键的事实，那就是英格兰受到战争不断的诺曼王朝的影响。英法战争持续了近400年，从1066年到1453年，直到金雀花家族开始内部争斗之时才结束，而后者的激烈程度甚至超过英法战争。不过这次内部斗争催生了"民意统治"（consent to rule）的传统，为了支付军费，君主必须筹款，这就需要大众的配合。遏制诺曼独裁统治最有效的方法就是国王对税收的需求，由此产生了理查一世统治时期的伦敦权力，约翰国王时期诞生了编纂入册的法治，亨利三世和爱德华一世时期议会设立下议院。这种权力的交易是绝对的。哪怕是残忍无情的爱德华一世也担心人民会反对自己，还担心"他们出于慷慨和好心上交给我们的贡金和税收……有朝一日会成为他们及其子孙后代的强制性义务"。他说得没错。

在16世纪和17世纪，英格兰有幸拥有极富才能的君主、顾问和政治家，他们带领英格兰穿越革命的风暴，最终达成新的宪法协议。亨利八世在其婚姻问题的驱使下搜刮教会的财富并装进自己腰包，其后还把社会财富分配给由商人、律师和政府官员组成的新兴中产阶级。财富带来权力，历史一贯如此。亨利八世的次女伊丽莎白一世女王巩固了他所开展的宗教革命，她是欧洲少数主张共识政府君主政体的统治者。在17世纪，新获得权力的中产阶级发动了针对斯图亚特王朝的第二次政治革命。议会打破了君权神授的传统观念，于1649年处决了查理一世，并挑战君主特权，于1688年欢迎荷兰奥兰治亲王威廉前来统治英国。到18世纪初，英国已经摆脱中世纪的独裁统治，成为一个现代国家。英格兰、威尔士、苏格兰和爱尔兰参与其中的大会确立了党派政治、议会程序和司法独立，时至今日仍可觅其影踪。

这些举措带来了稳定局面，增强了英格兰的海上力量，查塔姆及其儿子皮特由此缔造了世界上最广阔的海外帝国。这个帝国经历了18世纪80年代的美洲殖民地独立，也经受住了法国大革命的冲击，这些事件没有像许多人预料的那样引发叛乱，而是引起了一场全国性讨论，这场讨论的最终结果是1832年的《改革法案》，这是一次不寻常的变革。这促成了维多利亚时代的繁荣局面，议会同意扩大民意统治的范围,越来越多的英国民众获得选举权。这是彼时联合王国蹿升为主要世界强国的基础,自然资源、自由贸易、自由主义传统、科学探究的精神和进取心应有尽有,未来无可限量。

在这段时间里,英国的中央机构两院制议会从未失控。议会是非代表制,对变革的态度一直犹豫不定,不过议会尊重公开辩论,并最终将政府和民意连接在一起,在20世纪带领英国朝民主和福利国家迈进。被称为英国政治"变革者"的有克伦威尔、沃波尔、查塔姆、皮尔、迪斯雷利、格莱斯顿和劳合·乔治,不过是议会引导他们的才智为国家所用。英国历史上从未有过议会权力以外的行动为政治所用的先例,当这种情况在爱尔兰发生之时,造成了灾难性后果。如果说本书中有英雄的话,那么至少在20世纪之前,非议会莫属。

维多利亚女王于1901年去世,英格兰取得的这些成果遭遇威胁。自由贸易破坏了大英帝国的经济实力。欧洲其他国家和美国在资本主义发展方面超越了英国,各国均在开发自己的自然资源和人力资源。帝国主义竞争的兴起,尤其是德国,使英国在两次世界大战中付出沉重代价,第二次世界大战之后大英帝国在短短20年内瓦解。然而英国失去的不仅仅是其海外帝国的领土。成立较早的英国在不列颠群岛内也受到了挑战。1921年,爱尔兰在很大程度上脱离英国,阿尔斯特后来给英国带来了不少麻烦。在爱尔兰和威尔士,分裂主义复兴最终迫使英国赋予两国部分自主性。作为君主国的联合王国虽然仍是安全的,但这是英国议会有史以来第一次被迫将权力交给不列颠群岛的凯尔特地区以及西欧各国组成的新联盟。如若知晓后代的这些退让之举,金雀花家族的成员一定会在九泉之下不得安宁。

这些改变引发了矛盾。正如美国人迪安·艾奇逊1962年所说,后帝国时代的英国"还没有在世界上找到自己的位置"。岛国对相邻大陆的态度通常是矛盾的,英国对欧洲大陆的一举一动都非常紧张。在对待欧洲大陆的问题上,英国一直是存在分歧和悬而未定的。放弃一个帝国相对容易,可摒弃创造这个帝国的思想就相对困难了。21世纪,英国接连参与"自由干预"战争,打着不同的旗号:推广人道主义、民主，推动国家建设，实现区域稳定，等等，不一而足。有时候，一副昔日诺曼十字军披荆斩棘、所向披靡的架势。一旦当选之后，执政者对待议会的态度不像是将其当作政府行为的监察人，而是纯粹把议会当作一枚橡皮图章。

关于执政者的权利范围也令人产生疑虑。在20世纪，战争意味着国家规模和范围的迅速扩大，这在和平时期满足了大众对"从摇篮到坟墓"福利的需求。20世纪中叶，英国的卫生、教育、社会福利事业、公共设施以及部分工商业处于国家控制之下，权力的集中化最初被大众接受，视其为福利共识的组成部分；可是到了20世纪80年代，政府规模过大，而且政府不能实现自我约束和自我变革，因此这种共识被消除。其中一个后果是公有部门大量被私有化，无论是当时的托利党还是工党政府都如此主张。不过即使政府活动被分包给私有企业，也似乎并没有能够削减政府开支。21世纪初，政府消耗了英国国内生产总值的47%，这创造了和平时期的历史记录。

失去海外帝国之后，英国的统治者似乎希望在国内建立一个帝国。不过这个新帝国和旧的大英帝国一样难以治理。规模经济收效甚微，白厅和各政府部门对仍不正式的宪法的制衡问题迟迟没有回应。税收似乎不能供养日益老龄化的人口，卫生法案和福利法案不断涌现，政府欠下巨债。诺曼国家的潜力被激发出来，不过这一次那些一度力主遏制诺曼国家强硬手段的撒克逊人成了心怀感激的受惠者。选民们划定了国家权力的目标，不过却不肯为实现这些目标多纳税。

每个时代都有预言家告诫人们警惕庞大的国家机器。21世纪初，人们普遍认为国家权力，无论其意图多么好，都不能不受制约地增长，因为经济无法支撑这样庞大的国家机器。在欧洲，各国政府都不肯放弃自己手中的权力。在希腊、爱尔兰、葡萄牙，甚至是英国，公共开支的增长速度距离政府收入的增速越来越远，而民主似乎对约束公共开支效果甚微。如果你问政治家，他们为什么不能表现出更强的领导才能，他们会说，因为选民们不准他们这么做。长期作为纪律机构的中央政府成了纪律缺乏的帮凶。

纵观历史，只有当统治者对人民疾苦或至少对事件进展无视的时候，英格兰的宪制才会被迫变革。中世纪时期，君主对贵族权力和领土权力让步时，情况就是这样；教会对宗教改革和新兴商人阶级让步的时候，也是如此；斯图亚特王朝国王对法治和下议院议员让步的时候，亦是如此。在每种情况下，国家的整体趋势遭到社会新兴力量的对抗，最终不得不让步。议会是英格兰对欧洲文明的最大贡献，哪怕是19世纪的议会也不得不屈服于大众要求变革的压力，福利国家的根本不是源自议会，而是源自革新性的市政当局。

我认为英国社会的这种开放性是历史要传达的重要信息。如今，这种开放性仍被实践检验着。除非中央政府更加尊重社区和领土的忠诚，否则一定会从根本上丧失其革新性、创新性、实验性和新生力量。19世纪的英格兰实力强大，当时国家深受远离大都市的地方风格的影响。当代表大众行使国家权力的执政者变得越来越遥远、越来越陌生的时候，人们很可能会失去对自我管理的政府的信心。人们对公共服务的信心明显越来越弱，转而使用私营服务，譬如卫生、教育和安全。很少有英国人能够辨认出本地领导人或说出其名字。这种匿名性抹去了社区的政治色彩，在一个独特的本土阶级体系中巩固了社会分工。西班牙、意大利、德国，甚至法国等国将权力下放给省市、城镇和市长，英国则继续将权力集中在伦敦、威斯敏斯特和白厅。

即便如此，并不是所有情况都这么令人沮丧的。大学、媒体和法律仍然很强大，相对多元化，近年来创新事物的推动作用不小，譬如互联网、信息自由、人权法和新的最高法院。在中央集权的总体形势下，并非没有例外，联合王国内部发生权力下放，对象分别是爱尔兰、威尔士和北爱尔兰。中世纪早期确定的英国边界渐渐从时间的迷雾中再次显现出来。当时撒克逊人和诺曼人需要中央集权来定义英国与保护英国免受古不列颠人伤害，如今这种情况发生了逆转。业已撤出海外大英帝国的伦敦权力如今也撤出了国内帝国。批准在爱丁堡、加的夫和贝尔法斯特成立大会的法案很可能被视为宪法协议的首批文件。

英格兰因此失去了统治边境之外非英语人民的意愿，甚至是不列颠群岛内其他地方的人。只要苏格兰人、威尔士人和一些爱尔兰人愿意，"联合王国"体系的继续存在就是必需的。不过由于英国政府在一定程度上受到半自治的凯尔特地区议员的牵制，因此威斯敏斯特议会的不对称性质不可能长期持续下去。这是被扭曲的民主。英格兰迟早需要自己的大会，无论在威斯敏斯特议会内外。

我过去认为成文的宪法是不成熟国家的手段。现在我的这个想法改变了。《欧洲人权公约》纳入英国法律，这是赠予英国的重要"书面"宪章，无论这份宪章后来是否得到补充或被新的人权法案取代。用坦尼森的话来说，宪法传统就是"自由慢慢扩大/从无到有"（freedom slowly broadens down / from precedent to precedent），然而这种宪法传统今后并不足以对抗民选独裁制。权利必须写下来，因为权利时刻受监控技术、对监禁的痴迷，或是国家越来越审慎的行事风格的威胁。地方民主的范围需要编纂入典，旨在为伦敦政府人员格局带来新鲜血液，并督促消耗掉三分之一英国财富的公有部门打起精神。这并没什么新奇的，这种多层次、辅助性政治贯穿英格兰历史多半时间，并仍然在被欧洲其他国家采用。

英格兰历史上的这些开放传统正是18世纪美国革命人士的灵感来源，哪怕他们反抗的对象恰好是英国国王。他们借鉴了都铎时期独立的市镇、县、郡治安官和市长，以及镇民大会的神圣民主。他们研究英国早期法治、长期议会、光荣革命和权利法案。英联邦成员国，譬如加拿大、澳大利亚，甚至是位于次大陆的印度，都有样学样。这些国家将重要事项记录下来，并遵照这些重要内容创建了如今被视为世界民主典范的民主国家。

历史传达给我们的信息是，当变革潮流自下而上涌动的时候，无论是在社会、经济、还是政治领域，这时国家的发展往往是最成功的。中央权力令行使这种权力的人堕落，沦为一股保守、压迫性的力量。凡是相信自由和民主的人都必须永远约束权力。因此吉卜林赞美了最早对权力具有约束性的《大宪章》，他的话此刻仍萦绕在我耳边：

然而当暴民或君主，

粗暴干涉英格兰道路之时，

低语声响起，兰尼米德的芦苇荡

  颤抖不已。

泰晤士河啊，他了解这些骑士、

人群、僧侣们的心意，

深不见底的河水阴森可怖，

  他带来了兰尼米德的警示之语！

系的继续存在就是必需的。不过由于英国政府在一定程度上受到半自治的凯尔特地区议员的牵制，因此威斯敏斯特议会的不对称性质不可能长期持续下去。这是被扭曲的民主。英格兰迟早需要自己的大会，无论在威斯敏斯特议会内外。

我过去认为成文的宪法是不成熟国家的手段。现在我的这个想法改变了。《欧洲人权公约》纳入英国法律，这是赠予英国的重要"书面"宪章，无论这份宪章后来是否得到补充或被新的人权法案取代。用坦尼森的话来说，宪法传统就是"自由慢慢扩大/从无到有"（freedom slowly broadens down / from precedent to precedent），然而这种宪法传统今后并不足以对抗民选独裁制。权利必须写下来，因为权利时刻受监控技术、对监禁的痴迷，或是国家越来越审慎的行事风格的威胁。地方民主的范围需要编纂入典，旨在为伦敦政府人员格局带来新鲜血液，并督促消耗掉三分之一英国财富的公有部门打起精神。这并没什么新奇的，这种多层次、辅助性政治贯穿英格兰历史多半时间，并仍然在被欧洲其他国家采用。

英格兰历史上的这些开放传统正是18世纪美国革命人士的灵感来源，哪怕他们反抗的对象恰好是英国国王。他们借鉴了都铎时期独立的市镇、县、郡治安官和市长，以及镇民大会的神圣民主。他们研究英国早期法治、长期议会、光荣革命和权利法案。英联邦成员国，譬如加拿大、澳大利亚，甚至是位于次大陆的印度，都有样学样。这些国家将重要事项记录下来，并遵照这些重要内容创建了如今被视为世界民主典范的民主国家。

历史传达给我们的信息是，当变革潮流自下而上涌动的时候，无论是在社会、经济，还是政治领域，这时国家的发展往往是最成功的。中央权力令行使这种权力的人堕落，沦为一股保守、压迫性的力量。凡是相信自由和民主的人都必须永远约束权力。因此吉卜林赞美了最早对权力具有约束性的《大宪章》，他的话此刻仍萦绕在我耳边：

然而当暴民或君主，

粗暴干涉英格兰道路之时，

低语声响起，兰尼米德的芦苇荡

  颤抖不已。

泰晤士河啊，他了解这些骑士、

人群、僧侣们的心意，

深不见底的河水阴森可怖，

  他带来了兰尼米德的警示之语！

百件大事记

> 日期是历史的路标。
> 我认为以下是英格兰历史上最重要的一百件具有转折意义的事件。

410年　大不列颠的罗马殖民者陷入和撒克逊人的孤军奋战中

597年　奥古斯丁主教所派罗马传教士抵达英格兰

602年　坎特伯雷大教堂建成

664年　英格兰教会在惠特比宗教会议上站在罗马一边,而不是爱奥那岛

731年　比德完成教会史一书

785年　奥法堤成为英格兰和威尔士之间的边界线

865年　丹麦人抵达英格兰

878年　阿尔弗雷德国王在爱丁顿击败丹麦首领古特仑

991年　为了避免维京人侵略,埃塞尔雷德二世缴纳丹麦税

1016年　克努特大帝成为英格兰国王

1066年　黑斯廷斯战役,威廉一世打败哈罗德国王

1086年　《土地调查清册》完成

1154年	亨利二世掌权
1170年	贝克特主教被杀结束了亨利二世和教会之间的对抗关系
1199年	狮心王查理一世去世
1215年	约翰王向贵族妥协，签署了《大宪章》
1264年	西蒙·德·蒙福尔召开议会
1277年	爱德华一世侵略威尔士，打败卢埃林王子
1295年	爱德华一世召开"模范议会"
1314年	爱德华二世在班诺克本被苏格兰人打败
1327年	爱德华二世在伯克利城堡遇害
1337年	和法国的百年战争开始
1346年	爱德华三世在克雷西战役中获胜
1348年	黑死病夺取了英格兰四分之一人口的生命
1381年	理查二世结束农民起义
1399年	亨利四世篡位，理查二世下台
1415年	亨利五世在阿金库尔战役中获胜
1431年	圣女贞德被处以火刑
1453年	英国在卡斯蒂隆打了败仗，百年战争结束
1455年	圣奥尔本斯战役拉开了玫瑰战争的序幕
1469年	造王者沃里克伯爵转而效忠兰开斯特王朝的亨利六世
1471年	约克家族在图克斯伯里战役中获胜
1483年	两位王子在伦敦塔遇害
1485年	亨利·都铎在博斯沃思原野战役中打败理查三世，玫瑰战争结束
1509年	亨利八世加冕为王
1520年	亨利八世在法国金缕地会见法国国王弗兰西斯一世
1533年	亨利八世娶安妮·博林

1534年	亨利八世颁布《至尊法案》，规定英格兰教会为国教会
1536年	修道院被解散，安妮被处死
1547年	亨利八世去世，爱德华六世加冕为王
1553年	玛丽一世登基，反宗教改革开始
1556年	克兰麦主教被处以火刑
1558年	伊丽莎白一世登基，恢复宗教改革
1588年	击溃西班牙无敌舰队
1603年	伊丽莎白一世去世，斯图亚特家族掌权
1605年	盖伊·福克斯的火药阴谋失败
1628年	议会通过针对查理一世的《权利请愿书》
1640年	长期议会召开
1642年	内战爆发
1644年	保皇党军队在马斯顿荒原战役中失败
1649年	查理一世被处死
1653年	克伦威尔称"护国主"
1660年	查理二世复辟
1665年	伦敦爆发瘟疫
1666年	伦敦大火
1688年	威廉三世入侵，光荣革命爆发
1704年	马尔堡公爵在布伦海姆战役中获胜
1707年	与苏格兰制定联合法案，合并成为大不列颠王国
1714年	安妮女王去世，汉诺威王朝掌权
1720年	南海泡沫事件
1746年	卡洛登战役结束了詹姆斯党叛乱
1759年	七年战争掀起军事胜利高潮

1781年 英军首领康沃利斯在约克城投降

1793年 法国革命派向英国宣战

1800年 与爱尔兰制定联合法案,大不列颠联合王国成立

1805年 纳尔逊在特拉法尔加战役中获胜

1807年 大不列颠废除奴隶贸易

1815年 拿破仑大败于滑铁卢

1819年 彼得卢屠杀导致广泛镇压工人运动

1832年 出台《改革法案》

1837年 维多利亚女王继位

1828年 《人民宪章》公布于世

1846年 废除谷物法

1851年 海德公园举行博览会

1853—1856年 克里米亚战争

1867年 通过第二次改革法案

1876年 迪斯雷利宣布维多利亚女王为印度女皇

1899年 布尔战争爆发

1901年 维多利亚女王去世

1909年 劳合·乔治提出"人民预算"

1914—1918年 第一次世界大战

1920年 爱尔兰自治

1926年 大罢工

1929年 大崩盘和大萧条

1936年 爱德华八世退位

1939—1945年 第二次世界大战

1947年 印度独立

1948年	国民健康服务系统建立
1953年	伊丽莎白二世继位
1956年	苏伊士运河危机
1973年	大不列颠加入欧洲共同体
1976年	卡拉汉向国际货币基金组织借贷缓解经济危机
1979年	撒切尔夫人成为大不列颠首位女首相
1981年	查尔斯王子和戴安娜王妃举行婚礼
1982年	撒切尔夫人赢得马岛战争
1990年	撒切尔夫人下台
1997年	布莱尔当选首相
2003年	伊拉克战争
2008年	全球金融危机爆发
2010年	卡梅伦组建联合政府

自1066年以后的英格兰国王

诺曼王朝	1066—1087年	威廉一世诺曼底公爵
	1087—1100年	威廉二世·鲁弗斯
	1100—1135年	亨利一世
	1135—1154年	史蒂芬和马蒂尔达
金雀花王朝	1154—1189年	亨利二世
	1189—1199年	理查一世
	1199—1216年	约翰
	1216—1272年	亨利三世
	1272—1307年	爱德华一世
	1307—1327年	爱德华二世
	1327—1377年	爱德华三世
	1377—1399年	理查二世

兰开斯特王朝	1399—1413年	亨利四世
	1413—1422年	亨利五世
	1422—1461年，1470—1471年	亨利六世
约克王朝	1416—1470年，1471—1483年	爱德华四世
	1483年	爱德华五世
	1483—1485年	理查三世
都铎王朝	1485—1509年	亨利七世
	1509—1547年	亨利八世
	1547—1553年	爱德华六世
	1553—1558年	玛丽一世
	1558—1603年	伊丽莎白一世
斯图亚特王朝	1603—1625年	詹姆斯一世
	1625—1649年	查理一世
	1649—1660年	摄政期
	1660—1685年	查理二世
	1685—1688年	詹姆斯二世
	1689—1694年	威廉三世和玛丽二世
	1694—1702年	威廉三世
	1702—1714年	安妮
汉诺威王朝	1714—1727年	乔治一世
	1727—1760年	乔治二世

	1760—1820年	乔治三世
	1820—1830年	乔治四世
	1830—1837年	威廉四世
	1837—1901年	维多利亚

萨克森—科堡—哥达 王朝/温莎王朝	**1901—1910**年	爱德华七世
	1910—1936年	乔治五世
	1936年	爱德华八世
	1936—1952年	乔治六世
	1952年至今	伊丽莎白二世

联合王国历任首相

1712—1742年	罗伯特·沃波尔爵士，辉格党
1742—1743年	威尔明顿伯爵，辉格党
1743—1754年	亨利·佩尔汉姆，辉格党
1754—1756年	纽卡斯尔公爵，辉格党
1756—1757年	德文郡公爵，辉格党
1757—1762年	纽卡斯尔公爵，辉格党
1762—1763年	比特伯爵，托利党
1763—1765年	乔治·格伦维尔，辉格党
1765—1766年	罗金汉侯爵，辉格党
1766—1768年	查塔姆伯爵，辉格党
1768—1770年	格拉夫顿公爵，辉格党
1770—1782年	诺斯勋爵，托利党
1782年（3月—7月）	罗金汉侯爵，辉格党
1782—1783年	谢尔本伯爵，辉格党

1783年（4月—12月） 波特兰公爵，辉格党

1783—1801年 威廉·皮特，托利党

1801—1804年 亨利·阿丁顿，托利党

1804—1806年 威廉·皮特，托利党

1806—1807年 格伦维尔勋爵，辉格党

1807—1809年 波特兰公爵，辉格党

1809—1812年 斯潘塞·帕西瓦尔，托利党

1812—1827年 利物浦伯爵，托利党

1827年（4月—8月） 乔治·坎宁，托利党

1827—1828年 戈德里奇子爵，托利党

1828—1830年 威灵顿公爵，托利党

1830—1834年 格雷伯爵，辉格党

1834（7月—11月） 墨尔本子爵，辉格党

1834年（11月—12月） 威灵顿公爵，托利党

1834—1835年 罗伯特·皮尔爵士，托利党

1835—1841年 墨尔本子爵，辉格党

1841—1846年 罗伯特·皮尔爵士，辉格党

1846—1852年 约翰·罗素勋爵，自由党

1852年（2月—12月） 德比伯爵，保守党

1852—1855年 阿伯丁伯爵，托利党

1855—1858年 帕尔姆斯顿子爵，自由党

1858—1859年 德比伯爵，保守党

1859—1865年 帕尔姆斯顿子爵，自由党

1865—1866年　约翰·罗素勋爵，自由党

1866—1868年　德比伯爵，保守党

1868年（2月—12月）　本杰明·迪斯雷利，保守党

1868—1874年　威廉·尤尔特·格莱斯顿，自由党

1874—1880年　本杰明·迪斯雷利，保守党

1880—1885年　威廉·尤尔特·格莱斯顿，自由党

1885—1886年　索尔兹伯里侯爵，保守党

1886年（2月—7月）　威廉·尤尔特·格莱斯顿，自由党

1886—1892年　索尔兹伯里侯爵，保守党

1892—1894年　威廉·尤尔特·格莱斯顿，自由党

1894—1895年　罗斯贝利伯爵，自由党

1895—1902年　索尔兹伯里侯爵，保守党

1902—1905年　阿瑟·詹姆斯·贝尔福，保守党

1905—1908年　亨利·坎贝尔-班纳曼爵士，自由党

1908—1916年　赫伯特·亨利·阿斯奎斯，自由党

1916—1922年　大卫·劳合·乔治，自由党

1922—1923年　安德鲁·伯纳尔·劳，保守党

1923—1924年　斯坦利·鲍德温，保守党

1924年（1月—11月）　拉姆齐·麦克唐纳，工党

1924—1929年　斯坦利·鲍德温，保守党

1929—1935年　拉姆齐·麦克唐纳，工党（从1931年国民工党发展而来）

1935—1937年　斯坦利·鲍德温，保守党

1937—1940年　内维尔·张伯伦，保守党

1940—1945年	温斯顿·丘吉尔	保守党
1945—1951年	克莱门特·艾德礼	工党
1951—1955年	温斯顿·丘吉尔	保守党
1955—1957年	安东尼·艾登	保守党
1957—1963年	哈罗德·麦克米伦	保守党
1963—1964年	亚历克·道格拉斯-休姆爵士	保守党
1964—1970年	哈罗德·威尔逊	工党
1970—1974年	爱德华·希思	保守党
1974—1976年	哈罗德·威尔逊	工党
1976—1979年	詹姆斯·卡拉汉	工党
1979—1990年	玛格丽特·撒切尔	保守党
1990—1997年	约翰·梅杰	保守党
1997—2007年	托尼·布莱尔	工党
2007—2010年	戈登·布朗	工党
2010年至今（2016年）	戴维·卡梅伦	保守党

作者的话

在研究此类性质的书时，我无可避免地在姓名、地点和至少早期年表方面遇到了各种说法。我在本书中采用了最为常见的说法，其中一些直接从比德和盎格鲁—撒克逊编年史借鉴而来。简史主要依靠第二手资料，我主要参考了《牛津英国史》(*Oxford History of England*)、丘吉尔所著的具有纪念碑意义的《英语国家史略》(*History of English-Speaking Peoples*)，以及G.M.特里维廉（G. M. Trevelyan）的社会史系列丛书。朗文出版社的《大不列颠编年史》(*Chronicle of Britain*) 也是很有用的参考资料。我还深入钻研了近期问世的一些优秀通史书目，它们的作者分别是戴维·斯塔基（David Starkey）、西蒙·沙玛（Simon Schama）、罗伊·斯特朗（Roy Strong）和丽贝卡·费雷泽（Rebecca Fraser）。

我在写作本书时所参考的书目不胜枚举。特别需要单独提及的是本书伊始在英国人起源这个争论经久不息的问题上，我借鉴了戴维·迈尔斯（David Miles）所著《大不列颠部落》(*The Tribes of Britain*) 一书的说法。对我帮助比较大的参考书目还有约翰·文森特（John Vincent）的《聪明人的历史指南》(*An Intelligent Person's Guide to History*)、乔纳森·克拉克（Jonathan Clark）"反事实思维"的《遗世而立》(*A World *by Itself*）和一向与我志同道合的芭芭拉·塔奇曼（Barbara Tuchman）所著的《刚愎自用进行曲》(*The March of Folly*) 等书。后者是整个世界史资料库的严肃矫正之作。

感谢肯·摩根（Ken Morgan）、汤姆·詹金斯（Tom Jenkins）、杰里米·布莱克（Jeremy Black）、我的出版人丹尼尔·克鲁（Daniel Crewe）以及其他很多阅读本书全部或部分内容并纠正错漏之处的人。也感谢西莉亚·麦基（Celia Mackay）杰出的图片研究工作。我还要感谢 Profile Books 出版社的安德鲁·富兰克林（Andrew Franklin）最初试图用简短文字传达大量信息的奇思妙想。